Annita Kalpaka, Nora Räthzel,
Klaus Weber (Hg.)

Rassismus

texte kritische psychologie 7

Annita Kalpaka, Nora Räthzel,
Klaus Weber (Hg.)

Rassismus

Die Schwierigkeit, nicht rassistisch zu sein

texte kritische psychologie 7
Argument Verlag

texte kritische psychologie im Argument Verlag

Bisher erschienen:

Kinder (texte kritische psychologie 1)
Sucht (texte kritische psychologie 2)
Soziale Arbeit (texte kritische psychologie 3)
Störungen (texte kritische psychologie 4)
Adolf Hitler nach-gedacht (texte kritische psychologie 5)
Alltägliche Lebensführung (texte kritische psychologie 6)
Rassismus (texte kritische psychologie 7)
Psychologie: Theorien und Begriffe (texte kritische psychologie 8/I)
Psychologie: Schulen und Praxen (texte kritische psychologie 8/II)

Die Deutsche Nationalbibliothek verzeichnet diese Publikation in der Deutschen Nationalbibliografie; detaillierte bibliografische Daten sind im Internet über http://dnb.d-nb.de abrufbar.

Glashüttenstraße 28, 20357 Hamburg
Telefon 040/4018000 – Fax 040/40180020
www.argument.de
Umschlaggestaltung: Martin Grundmann
Druck: docupoint magdeburg
Gedruckt auf säure- und chlorfreiem Papier
ISBN 978-3-86754-813-7
Dritte Auflage 2018

Inhalt

Annita Kalpaka und Nora Räthzel

Die Schwierigkeit, nicht rassistisch zu sein – 30 Jahre später

I

»Plus ça change, plus c'est la même chose« (Jean Baptiste Karr 1849), je mehr die Dinge sich verändern, umso mehr bleiben sie gleich? Texte aus den 1980er und 1990er Jahren werden hier im Wesentlichen unverändert zugänglich gemacht.[1] Sie legen Zeugnis ab vom Stand der damaligen Diskussionen, die teilweise frappierende Ähnlichkeit mit heutigen Debatten haben: Vieles ist also nicht neu, aber neu in Erinnerung zu rufen.

Neu sind die Gleichzeitigkeit einer »Willkommenskultur« und pogromartiger Anschläge gegen Geflüchtete sowie die Etablierung einer offen rassistischen Rechtspartei mit zweistelligen Wahlergebnissen in Landesparlamenten und wohl bald auch im Bundestag. Staatliches Handeln changiert zwischen Grenzschließung, Ausgrenzung und Integrationsdiskursen. Zivilgesellschaftlicher Widerstand richtet sich sowohl gegen Grenzschließungen als auch gegen die Aufnahme von Flüchtlingen. Geflüchtete organisieren sich in vielfältigen Bewegungen als politische Subjekte, die ihre Rechte artikulieren und einklagen. Die öffentliche Debatte wird jedoch zunehmend durch Ter-

1 Wir danken Klaus Weber, der die Idee zu diesem Buch hatte und uns überzeugt hat, es in Angriff zu nehmen. Wir danken ihm auch für seine Mitarbeit bei der Auswahl und Redaktion der Texte von Klaus Holzkamp und Ute Osterkamp.

roranschläge bestimmt, die Flüchtlinge unter Generalverdacht stellt und die menschenrechtswidrige Schließung Europas für Notleidende als legitim erscheinen lässt.

Heute wie damals stellt sich aus subjektwissenschaftlicher Sicht die Frage nach der Funktionalität von Rassismus für die Handlungsfähigkeit der Subjekte in restriktiven gesellschaftlichen Verhältnissen. Es ist diese Fragestellung, die von allen Autorinnen und Autoren dieses Bandes geteilt, wenn auch unterschiedlich interpretiert und beantwortet wird, die diese Analysen nützlich macht für die Entwicklung nicht-reduktionistischer Handlungskonzepte.

Unser Text »Wirkungsweisen von Rassismus« wurde zuerst 1986 in dem Buch *Die Schwierigkeit, nicht rassistisch zu sein* veröffentlicht. Er wird hier zum vierten Mal nachgedruckt, diesmal nach einer Pause von ca. 23 Jahren (nach der ersten Auflage 1986 folgte eine zweite 1990 und eine dritte 1994). Der Text entstand im Kontext einer Neuorientierung der damals so genannten Ausländerarbeit. Wir arbeiteten in einer der vielen »Ausländerinitiativen« in Hamburg, die sich schon in der Namensgebung ein anderes Ziel setzte. Der Verein nannte sich »Wir – Internationales Zentrum«. Damit sollte der Gegensatz zwischen »uns«, die wir zur Gesellschaft gehörten, und »ihnen«, den »Ausländern«, denen wir helfen sollten, aufgebrochen werden. Trotz seiner kritischen Positionierung zu Fragen von Ausländer- und Integrationspolitik wurde der Verein als Träger für eine »deutsch-ausländische Begegnungsstätte« anerkannt. Das vom Hamburger Senat finanzierte Programm von dezentralen »deutsch-ausländischen Begegnungsstätten« beruhte auf dem Paradigma, dass ›Ausländer‹ das Problem seien, das durch Begegnung und Integration zu lösen wäre.

Die daraus folgenden Arbeitsaufträge waren ambivalent: Auf der einen Seite ging es darum, »ausländische Arbeitnehmer und ihre Familien« zu beraten, Deutschkurse anzubieten und »Begegnung« zu organisieren. Sicherlich gab es darunter notwendige und nützliche Aktivitäten. Sie basierten jedoch auf der Vorstellung, dass »Ausländer« sich nur integrieren, sich die nötigen Kulturfertigkeiten aneignen und ihre als rückständig oder dysfunktional angesehenen Lebensweisen ablegen müssten, um in Deutschland leben zu können.

Auf der anderen Seite sollten die Initiativen mit begrenzten und befristeten Ressourcen unter dem Label »Ausländerberatung« ein breites Spektrum von Aufgaben der Regelversorgung übernehmen, wie z. B. Beratung und Begleitung bei Wohn- und Arbeitsproblemen, in der Schule oder Gesundheitsversorgung. Das heißt, die Einrichtungen hatten letztlich die Aufgabe, die Regeleinrichtungen von dieser Klientel zu befreien. Hinzu kam, dass die Kategorie »Ausländer« für eine hinreichende Beschreibung der Zielgruppe gehalten wurde. Diese Vorstellung ist auch heute noch nicht überwunden, selbst wenn Begriffe wie Migranten und Migrationshintergrund den Begriff Ausländer abgelöst haben.

Gegen diese Konstruktion eines »Ausländerproblems« wandten wir ein, dass das eigentliche Problem rassistische Ausgrenzungsmechanismen und der Unwille und/oder die Unfähigkeit deutscher Institutionen sei, sich der Tatsache zu stellen, dass Deutschland ein Einwanderungsland war.[2] Mindestens bis zur Vorbereitung eines veränderten Zuwanderungsrechts 2001 existierte die offizielle

2 Der Migrationsforscher Klaus J. Bade spricht von »politische[r] Erkenntnisverweigerung« (Klaus J. Bade (2017): Migration – Flucht –

Doktrin, dass Deutschland kein Einwanderungsland sei, dass die Gastarbeiter früher oder später »nach Hause« zurückgehen würden. Gegen dieses Paradigma wandten wir uns mit der Forderung nach Veränderungen des deutschen Alltags und der deutschen Institutionen und argumentierten, dass diese Veränderungen zu den Aufgaben der Begegnungsstätten gehören müssten. Wir nannten das in provokatorischem Gegensatz zum Begriff »Ausländerarbeit« »Arbeit mit Deutschen«.

Darunter verstanden wir einerseits die Notwendigkeit, den Alltagsrassismus in der deutschen Gesellschaft zum Untersuchungsgegenstand zu machen. Andererseits wollten wir Institutionen wie das Arbeitsamt, die Ausländerbehörde und ja, auch die eigenen Initiativen zum Untersuchungs- und Veränderungsgegenstand machen: Welche Bilder von »Ausländern«, von ihrer »Kultur« existierten in diesen Institutionen? Welche rechtlichen Vorgaben, Arbeitsabläufe und Handlungskonzepte? Und wie waren sie zu verändern? Der Politik, die darauf gründete, dass »Ausländer« sich dadurch emanzipieren könnten, dass sie sich an die als deutsch definierten Werte und Lebensweisen anpassten, wollten wir ein Projekt entgegensetzen, das auf Selbstreflexion und verändernder Kritik der bestehenden institutionellen Praxen sowie der Selbst- und Fremdbilder beruhte. Darüber hinaus traten wir ein für das Schaffen von Räumen und das Bereitstellen von Ressourcen für die Selbstorganisation von Migrant_innen. Nicht zuletzt forderten wir die Quotierung von Stellen, so dass die Personalzusammensetzung der Initiativen und

Integration. Kritische Politikbegleitung von der ›Gastarbeiterfrage‹ bis zur ›Flüchtlingskrise‹. Von Loeper Literaturverlag, Karlsruhe)

staatlichen Institutionen die Zusammensetzung der Bevölkerung des jeweiligen Stadtteils widerspiegelte.

Um diese Arbeit theoretisch begründen zu können, suchten wir nach Literatur zum Rassismus in der BRD. Zu unserer Überraschung fanden wir nur wenig: das Buch *Ausländerfeindlichkeit* von Georgios Tsiakalos (1983), das u. a. den Begriff »Kulturrassismus« als Ideologie und Alltagspraxis einführte und den Zusammenhang zwischen Ausländerpolitik und den Bildern und Auffassungen der Bevölkerung quer durch alle Bevölkerungsschichten aufzeigte, und das Buch *Zur Soziologie der Ausländerfeindlichkeit* von Lutz Hoffman und Herbert Even (1984), das die Diskriminierung von Eingewanderten in der Gegenwart der BRD beleuchtete. Die übrige Literatur behandelte entweder den Antisemitismus in der deutschen Vergangenheit, im Faschismus, oder wenn Rassismus in der Gegenwart analysiert wurde, dann waren lediglich rechtsradikale Gruppen Gegenstand der Untersuchung. Uns ging es dagegen um den gewöhnlichen alltäglichen Rassismus, um die Diskriminierung von Eingewanderten bei der Wohnungssuche, am Arbeitsplatz, in den Behörden. Es ging um die Kritik an einer Politik, die sich weigerte, die Eingewanderten als integralen Bestandteil der deutschen Gesellschaft zu betrachten, unabhängig davon, wie sehr sie sich an das angepasst hatten, was gerade als deutsches Normalverhalten galt.

Mit der Kritik an Integrationsforderungen und der daraus abgeleiteten Perspektive von »gleichen Rechten für alle« als einer Voraussetzung für ein gleichberechtigtes Zusammenleben sowie mit der Behauptung, es gebe alltäglichen Rassismus, nicht nur Rassismus bei Rechtsradikalen, gerieten wir in Konflikt mit unseren Geldgebern:

»Sie müssen entscheiden, ob Sie eine Begegnungsstätte führen oder politische Arbeit machen wollen«, wurden wir belehrt (Brief an den Vorstand des Trägers im November 1985). Es wurde uns vorgeworfen, den deutschen Faschismus zu verharmlosen und die Opfer des Holocaust zu beleidigen, wenn wir die alltäglichen Diskriminierungen von Eingewanderten als Rassismus bezeichneten. Wo wir von institutionellem Rassismus sprachen, wurden die Bediensteten von Behörden gegen den »Rassismus-Vorwurf« in Schutz genommen.

Mit ähnlichen Argumenten wurden wir auch von vielen Kolleg_innen aus anderen Begegnungsstätten kritisiert. Angesichts des Mangels an Literatur zum alltäglichen Rassismus gegenüber Eingewanderten und den heftigen Diskussionen, die wir in unserem Arbeitsumfeld führten, entstand die Idee, selbst einen Text zu schreiben, der diese Themen diskutierte. Aus diesem Kontext heraus lassen sich einige Redeweisen erklären, die vom heutigen Standpunkt aus merkwürdig anmuten, vor allem die Entgegensetzung von »Einwanderern« und »Deutschen«. In dieser Redeweise zeigt sich, wie sehr wir selbst Gefangene einer Denkweise waren, die wir gerade überwinden wollten: die Dichotomisierung von Deutschen und Einwanderern, die auf der Vorstellung beruhte, dass als Deutsche nur diejenigen zu bezeichnen seien, die keine Migrations- und Rassismuserfahrungen hatten. Unser Insistieren darauf, dass eine »Arbeit mit Deutschen« notwendiger Bestandteil aller »Ausländerarbeit« sein müsse, (ver)führte uns dazu, die Begriffe Deutsche und Einwanderer als Gegensätze zu fassen. Dies war aber nicht nur ein Begriffsproblem. Im Widerstand gegen eine Integration, die in der Praxis auf Assimilierung hinauslief, und gegen eine Politik, die den

Eingewanderten das Recht auf Selbstorganisation verweigerte, weil sie angeblich zur Abschottung in einem Ghetto führte, verfielen wir zuweilen ins bloße Gegenteil, indem wir die »Selbstorganisation der Eingewanderten« als Lösungsweg überhöhten. Kurz, bei aller Hervorhebung der Notwendigkeit, Kultur und kulturelle Identität als ständig sich verändernde Prozesse zu betrachten, bei aller Kritik an der Entgegensetzung von »uns« und »ihnen« gelang es uns damals nicht, aus dieser dichotomisierenden, statischen Sichtweise ganz auszusteigen.

Allerdings: Die dichotomisierende Sichtweise hatte eine Basis in der Wirklichkeit. Denn erst im Jahr 2000 wurde eine erste noch zögerliche Veränderung des Staatsangehörigkeitsrechts vollzogen, die das vorherrschende *ius sanguinis*-Prinzip (die Staatsangehörigkeit leitet sich aus der Abstammung her) durch einige Elemente des *ius soli* ergänzte (die Staatsangehörigkeit leitet sich aus dem Geburtsort her). In Deutschland geborene Kinder ausländischer Eltern erhielten ein Optionsrecht auf die deutsche Staatsbürgerschaft. Danach kam ein eingeschränktes Recht auf eine doppelte Staatsbürgerschaft, das heute schon wieder infrage gestellt wird. Auch wenn um differenziertere Begriffe gerungen wird, sind Bürgerrechte weiterhin an Nationalität gekoppelt und Staatsbürgerschaft bedeutet eine Ungleichverteilung von Lebensmöglichkeiten. Nicht zuletzt deshalb sind heute Konzepte von *urban citizenship* im Gespräch, die gängige Zugehörigkeitsordnungen infrage stellen und neu definieren (siehe dazu Lebuhn 2012). Faktisch und gefühlt gab es also eine Trennung zwischen »Deutschen« und »Einwanderern«. Insofern markieren diese Begriffe auch ein Machtgefälle.

Ein anderes Charakteristikum des Textes, das sich aus heutiger Sicht merkwürdig liest, ist die problemlos verallgemeinernde Verwendung des Begriffs »Linke« (in Formulierungen wie »Auch Linke sind Teil dieser Strukturen« oder »Wir als Linke« etc.). Auch diese Redeweise muss im Kontext unserer damaligen Auseinandersetzungen verstanden werden. Unsere Kolleg_innen in den anderen Hamburger Initiativen definierten sich durchweg als links und, so erschien es uns zumindest damals, empfanden sich daher als per se immun gegen jegliche Form rassistischen oder diskriminierenden Denkens und Handelns. Wenn sie z. B. forderten, dass »Ausländer« sich anpassen müssten, weil »wir hier in Deutschland sind«, kam es ihnen nicht in den Sinn, dass sie sich damit gefährlich nahe ins Lager rechter Diskurse begaben, die die nationale Identität durch kulturelle und religiöse Vielfalt bedroht sahen. Zugleich warfen sie uns vor, die bayerische Rückkehrpolitik zu unterstützen, wenn wir, die Kämpfe von migrantischen Elternvereinen unterstützend, uns für muttersprachlichen Unterricht und zwei- bzw. mehrsprachige Bildung an den Schulen einsetzten. Unser Text ist also zu verstehen als Intervention in einen linken Diskurs von Akteuren in der »Ausländerarbeit«, als dessen Teil wir uns verstanden. Mit anderen Worten, der Text ist auch als ein Dokument zu verstehen, das sich auf konkrete Auseinandersetzungen bezog und das Ziel hatte, eine theoretische Grundlage für praktisches Handeln in der »Ausländerarbeit« zu liefern. Das hieß für uns, deren Einengung auf »Ausländer« zu hinterfragen und umfassender, in die Analyse und Veränderung der »Ausländerpolitik« einzugreifen. Statt des globalen Begriffs Linke, der unterstellte, es gäbe eine homogene Gruppe, die dieses Etikett verdiente, wäre es sinnvoller gewesen, von Akteuren oder Positionen in der »Ausländerarbeit« zu sprechen.

Trotz dieser (und anderer, u. E. weniger signifikanter) Schwächen haben wir uns entschlossen, diesen Text weitgehend unverändert (abgesehen von einigen Kürzungen) zu veröffentlichen. Warum?

II

In seiner Stoßrichtung und mit seinen Schwächen kann man ihn als Zeitdokument begreifen, insofern er der erste weit verbreitete Text zu Alltagsrassismus und institutionellem Rassismus in der Bundesrepublik war, der ideologietheoretische, kulturtheoretische und subjektwissenschaftliche Erkenntnisse miteinander zu verknüpfen suchte. Weil aus ihm zudem ersichtlich ist, was die wesentlichen Diskussionslinien in den 1980er Jahren waren, wollten wir auch diejenigen Teile nicht verändern, die wir heute anders schreiben würden.[3]

Was bei der Lektüre jedoch sichtbar wird und deshalb eine Wiederveröffentlichung sinnvoll erscheinen lässt, ist die Erfahrung, dass so viele der damals diskutierten Themen nach wie vor debattiert werden: Integration als Bedingung für Zugehörigkeit, wobei unklar bleibt, was die Maßstäbe für gelungene Integration sind, das Kopftuch als Symbol der Unterwerfung unter ein Patriarchat für die einen, der Identifikation mit der eigenen Kultur für die anderen, Rassismus als Resultat der »Ängste« von Teilen marginalisierter oder sich marginalisiert wähnender Bevölkerungsgruppen (Barskanmaz 2009). Westliche Werte

3 Ein Überblick über ausgewählte spätere Veröffentlichungen findet sich im Anschluss an diesen Text.

(oder nationale Kultur, wie es damals hieß), die es gegenüber der rückschrittlichen Kultur (oder der Religion) der Eingewanderten zu verteidigen gilt. Sicherlich, die Worte haben sich (zum Teil) gewandelt und der Kontext, in dem diese Themen diskutiert werden, hat sich verändert und damit auch die Bedeutung der jeweiligen Argumente in diesem veränderten Kontext (Ha 2007). Zum Beispiel ist die Debatte in den Medien heute weitaus kontroverser, die Rechte der Eingewanderten und die Vorzüge kultureller und religiöser Vielfalt werden nicht mehr nur von kleinen Gruppen innerhalb der Linken verteidigt. Die verschiedenen Konzepte von Diversität, die zwischen Nützlichkeitsargumenten, demografisch begründeten Notwendigkeiten, aber auch menschenrechtsorientierten und anerkennungstheoretischen Überlegungen changieren und für die Akzeptanz von Vielfalt werben, werden von unterschiedlichen Interessengruppen vertreten. Menschen, die man früher als »Ausländer« identifiziert hätte, sind zunehmend an qualifizierten Arbeitsplätzen präsent, Kopftuchverbote sind nicht ohne weiteres durchsetzbar, die Gesetzgebung hat sich diesbezüglich ausdifferenziert. Das erst 2006 verabschiedete Allgemeine Gleichbehandlungsgesetz (AGG)[4] zog die Gründung von offiziellen Antidiskriminierungsstellen nach sich, Beratung gegen

4 Das nach zähem Ringen verabschiedete »Allgemeine Gleichbehandlungsgesetz« – nicht Antidiskriminierungsgesetz genannt, wie in den anderen europäischen Staaten – definiert das Ziel: »Benachteiligungen aus Gründen der Rasse oder wegen der ethnischen Herkunft, des Geschlechts, der Religion oder Weltanschauung, einer Behinderung, des Alters oder der sexuellen Identität zu verhindern oder zu beseitigen« (§ 1 AGG unter: https://www.gesetze-im-internet.de/agg/BJNR189710006.html).

Diskriminierung, die früher nebenbei und unbezahlt geleistet wurde, bekommt einen anderen Stellenwert.

Insoweit gilt: Die Dinge haben sich verändert. Aber sind sie dennoch im Wesentlichen gleich geblieben? Was sich unserer Auffassung nach wenig verändert hat, ist die Vorstellung, dass Rassismus ein Problem marginalisierter Bevölkerungsgruppen ist, ein Problem derjenigen, die gerne ›vereinfachen‹ und AfD wählen. Deshalb sind unserer Ansicht nach unsere früheren Untersuchungen zu Rassismus und kultureller Identität, die wir auf Basis einer marxistischen Ideologietheorie, der Kritischen Psychologie und den von Stuart Hall, Philip Cohen und anderen entwickelten Cultural Studies anstellten, noch heute nützlich.

III

Wo können also die damaligen Überlegungen für die Analyse heutiger Probleme bzw. für die Entwicklung von Handlungskonzepten von Nutzen sein?

Eine immer wieder gestellte Frage ist: Woher kommt die Zustimmung zu einer rassistisch argumentierenden Partei wie der AfD? Woher kommt die Ablehnung von Flüchtlingen durch eine größer werdende Zahl von Bürger_innen in Deutschland und, weit verbreiteter noch, in anderen Ländern Europas und der Welt? Die häufigste Erklärung, die wir finden, ist die der Ängste, die man ernst nehmen müsse. Oft bleibt es bei dem diffusen Begriff und bei der ebenso diffusen Absicht. Zumeist konkretisiert sich dieses »Ernstnehmen« darin, dass Grenzen dichter gemacht, Asylrechte eingeschränkt und Überwachungslogiken ausgedehnt werden. Das Problem ist nicht nur, dass diese Maßnahmen keinen oder nur einen sehr eingeschränkten

Schutz vor Terroranschlägen bieten, sondern dass diese Art des Ernstnehmens die Ängste nicht beseitigt, sondern bestärkt.

Je mehr Sicherheitsmaßnahmen gegen Einwandernde gerichtet werden, desto mehr wird die Angst bestätigt, dass man sich vor diesen Menschen fürchten muss. Wenn dann noch trotz aller propagierten Sicherheitsmaßnahmen Anschläge stattfinden, können noch mehr Ängste als vorher das Resultat sein. Und so ad infinitum bis zur Wahl eines Trump mit all den Folgen, die wir fast täglich erleben.

Eine andere Form, die Ängste ernst zu nehmen, ist das Versprechen, den Benachteiligten und Marginalisierten zuhören zu wollen und soziale Maßnahmen gegen die soziale Ungleichheit zu ergreifen. Auch solche Maßnahmen treffen aus mehreren Gründen nicht ins Zentrum des Problems. Zum einen sind es nicht nur benachteiligte oder marginalisierte Menschen, die anfällig für rassistisches Denken und Handeln sind. Schon ein Blick auf die Führungsriege der AfD zeigt dies, aber auch die Wähler_innen der AfD gehören in ihrer Mehrheit keineswegs zu den Benachteiligten und Marginalisierten der deutschen Gesellschaft. Wie eine Studie des Instituts der deutschen Wirtschaft zeigt, gehören 33,9 Prozent aller AfD-Sympathisant_innen zum reichsten Fünftel der Bevölkerung, weniger als zehn Prozent der AfD-Anhänger_innen machen sich große Sorgen um die eigene wirtschaftliche Situation (Bergmann, Diemeier, Niehues 2016; Zick et al. 2016). Zum anderen sind Prozesse der Marginalisierung nicht durch Zuwendungen materieller Art aufzuheben (auch wenn sie sicherlich hilfreich sind).

Im ersten Teil unseres Textes analysierten wir anhand

einiger Beispiele aus Leserbriefen und auf Basis unserer Arbeit mit Teilnehmer_innen unserer Seminare, wie das Bedürfnis nach »gesellschaftlicher Kontrolle der eigenen Lebensbedingungen«, um es in der Sprache der Kritischen Psychologie zu sagen, der Ablehnung von Eingewanderten zugrunde liegt. In Geschichten über Eingewanderte und Geflüchtete, die die Kassen des Sozialstaats durch Betrug leeren, werden Bilder über betrügerische »Ausländer« produziert. Aber diese Bilder lassen sich nicht durch »Sozialneid« erklären. Vielmehr sind Gefühle von Sozialneid und Hass Resultat der eigenen Unterwerfung unter bestehende Herrschaftsverhältnisse. Was den Anderen letztlich vorgeworfen wird, ist, dass sie sich nicht an die Regeln halten, denen man sich selbst unterworfen hat. In späteren Veröffentlichungen haben wir diesen Prozess »rebellierende Selbstunterwerfung« genannt (Räthzel 1991, 2011). Theoretisch entwickelt haben wir ihn im vorliegenden Text, in dem wir Rassismus als eine Form ideologischer Vergesellschaftung von oben analysiert haben.

Rassistisches Denken und Handeln verstehen wir als eine Rebellion gegen die eigene Unterwerfung unter Normen, Regeln und Gesetze, an denen man nicht selbst mitgewirkt hat. Die Ablehnung von Anderen bis hin zum Hass auf die Anderen, die sich (angeblich oder tatsächlich) diesen Normen nicht unterwerfen, ist eine Form, gegen die eigene Unterwerfung zu rebellieren. Indem aber den Anderen vorgeworfen wird, diese Regeln zu brechen, unterwirft man sich ihnen noch einmal. Die Ausschließung/Ausweisung der Anderen soll die Normen legitimieren und damit auch die eigene Unterwerfung unter sie in einen Akt der Autonomie, der Subjektwerdung verwandeln. Die innere Widersprüchlichkeit dieses Prozesses zeigt sich relativ deutlich in der Gleichzeitigkeit rebellischer Sprache und der autoritären Strukturen rassistischer Organisationen. Die Rebellion richtet sich gegen »das Establishment«, gegen den Staat, gegen die Eliten etc. und praktiziert dabei eine viel schärfere Form von Unterordnung unter Autoritäten als diejenige, die sie kritisiert. Der Widerspruch zeigt sich z. B. deutlich in der Trump'schen Politik: Man vergleiche seine Inaugurationsrede, in der er behauptet, die Macht dem Volk zu geben, mit seinem Regierungsstil, der aus Dekreten besteht, die nicht einmal mit den entsprechenden Sachbearbeitern besprochen, geschweige denn Resultat eines demokratischen Entscheidungsfindungsprozesses sind. Dem entspricht jedoch die Haltung seiner Anhänger_innen, die sich gegen den Washingtoner »Sumpf« und die Privilegien der Herrschenden wenden und gleichzeitig ihr Schicksal in die Hände eines Privilegierten legen, der es schon in ihrem Sinne richten wird. Es ist ebendiese Widersprüchlichkeit, die es Menschen erlaubt, sich als autonome Subjekte zu imaginieren, ohne aus ihrer eingeübten Unterwerfung, an der sie leiden, die ihnen jedoch auch Sicherheit gibt, heraustreten zu müssen oder zu können.

Wenn wir in dieser Perspektive die Tatsache betrachten, dass die AfD und andere rassistische Organisationen in den Ländern der ehemaligen DDR prozentual mehr Anhänger_innen haben als in denen der ehemaligen BRD, erscheint es sinnvoll zu fragen, ob nicht die Art und Weise, wie diese Länder vom Westen überrollt wurden, wie ihnen Gesetze, Lebensweisen, Institution oktroyiert wurden, ohne dass ihre Bewohner_innen die Möglichkeit hatten mitzuentscheiden, eine der Erklärungen für die Unterstützung von Organisationen sein kann, die versprechen, »das System« zu bekämpfen und »dem Volk« die Macht über ihre Lebensweise zu geben. Legt man unsere Begriffe der ideologischen Vergesellschaftung und der rebellierenden Selbstunterwerfung zugrunde, dann reicht es nicht, den AfD-Wähler_innen ökonomische Hilfe zu versprechen (zumal viele von ihnen sie ohnehin nicht benötigen) oder sie zu kritisieren, weil sie »einfachen Lösungen« auf komplizierte Probleme nachlaufen. Vielmehr müssten Strategien gefunden werden, wie das Bedürfnis nach Kontrolle und Selbstbestimmung realisiert werden kann, d.h. wie die sich in rassistischen Praxen äußernden Bedürfnisse aus diesem Zusammenhang gelöst und zum Bestandteil einer Politik gegen Rassismus werden könnten.

Es liegt eine Ironie darin, wie in den öffentlichen Diskursen von Politik, Kultur und Medien »unsere Werte«, insbesondere »unsere Demokratie« als das artikuliert wird, was es zu verteidigen gilt gegenüber Terroristen und sogenannten populistischen Organisationen, während gleichzeitig die demokratische Mitbestimmung der Mehrheit der Bevölkerung sich im Wesentlichen auf Wählen und Reden beschränkt. Angesichts der terroristischen Bedrohung und der Bedrohung von rechts erscheint die Verteidigung dessen, was wir unsere Werte nennen, als die erste Bürgerpflicht. Die Notwendigkeit ihrer Verteidigung, so schrieben wir damals, lässt diese Werte als ideal erscheinen, erschwert die Kritik an ihnen und damit die nötigen Aushandlungsprozesse für ihre produktive Weiterentwicklung.

Der Effekt dieser kritiklosen Werteverteidigung ist die Verschiebung der inneren Widersprüche auf äußere Feinde. Diese, wie wir sie nannten, Externalisierung innerer

Widersprüche ist der Konstruktion der Dichotomie zwischen »Wir« und den »Anderen« analog. Den »Anderen« wird dabei die Rolle des »mauvais sujet« (Althusser 2010) zugeschrieben, der das Böse in die ansonsten heile eigene Welt hineinbringt. Ein Paradebeispiel ist die Form der Kritik an der Frauenfeindlichkeit der »Anderen«, mit der suggeriert wird, die Geschlechtergleichberechtigung sei »bei uns« schon Realität.

Es gerät in den Hintergrund, dass diese Werte (wenn wir diesen Begriff einmal so stehen lassen) gerade durch ihre mangelhafte Realisierung bedroht sind. Es ist die Unfähigkeit der Aufnahmegesellschaften, Eingewanderten und Geflüchteten eine Chance auf ein gleichberechtigtes Leben zu geben, es sind Ausgrenzung, Alltagsrassismus, ein soziales System, das Menschen, die Unterstützung benötigen, demütigt, die undemokratischen Verhältnisse in der Arbeit, kurz, es ist die Unvollständigkeit der Demokratie, die eine zentrale Quelle rassistischen Denkens und Handelns sowie terroristischer Gewalt ist. Sicherlich, die begrenzten Möglichkeiten demokratischer Mitgestaltung, d.h. der Teilhabe an der gesellschaftlichen Kontrolle der eigenen Lebensbedingungen, reichen nicht aus als Erklärung für das rassistische, gewalttätige Handeln von Individuen und Gruppen (damit meinen wir sowohl Rechtsextremisten wie Extremisten, die sich auf ihre Interpretation des Islam berufen). Es kommen immer spezifische Bedingungen hinzu, die Individuen dazu führen, ihre Marginalisierung, ihr Gefühl der Ohnmacht in hassgeleitetes Denken und Handeln zu übersetzen. Um dies verstehen und somit bekämpfen zu können, ist eine konkrete Analyse der jeweiligen konkreten Situation notwendig.

Unsere Analysen der »Ausländerpolitik« und der »Ausländerarbeit« in den 1980er und 1990er Jahren zeigen, wo und wie die Grundlagen für die Ausgrenzung und damit für die Entfremdung vieler Eingewanderter von der Aufnahmegesellschaft gelegt worden sind. Um die heutige Situation zu verstehen, zum Beispiel die Tatsache, dass Kinder und Jugendliche aus migrantischen Familien nach wie vor in Schulen und bei der Berufssuche benachteiligt sind, ist es notwendig, sich an diese verfehlte Politik zu erinnern.

Auch wenn die Verwendung von Begriffen wie institutionelle Diskriminierung und Rassismus an Selbstverständlichkeit gewonnen haben, wird Rassismus nach wie vor oft als Vorwurf oder Schuldzuweisung aufgefasst und abgewehrt und nicht als Analyseperspektive rezipiert. Insbesondere in der politischen Öffentlichkeit bleibt das Sprechen über Rassismus schwierig. Ein geäußerter Verdacht von Racial Profiling kann, statt einer unabhängigen Untersuchung, schnell eine Klage wegen »übler Nachrede« (§ 186 StGB) nach sich ziehen (Kampagne für Opfer rassistischer Polizeigewalt 2016). Aber auch in institutionellen Kontexten wie Schule oder Hochschule kann zwar Rassismus als Lern- oder Forschungsgegenstand behandelt werden, kaum aber als Mechanismus, der in die Funktionsweise der Bildungseinrichtungen eingewoben ist (Gomolla/Radtke 2007).

Unser Ansatz, rassistische Unterscheidungsschemata und Handlungen nicht als ein Problem von individuellen Einstellungen vermeintlich irregeleiteter Individuen aufzufassen, sondern nach ihrer Funktionalität und Sinnhaftigkeit in den gegebenen Verhältnissen zu fragen, ist nach wie vor hilfreich, um den Blick auf die Strukturen und Verhältnisse zu richten, in denen sich handelnde Individuen bewegen und von denen sie bewegt werden (Kalpaka 2003; 2009). So kann das Verhältnis von Alltags- und institutionellem Rassismus herausgearbeitet und die Verstrickung in rassistische Verhältnisse nicht bloß als individuelles Problem gedeutet werden. Nicht zuletzt aus solchen Überlegungen heraus hatten wir das Buch *Die Schwierigkeit, nicht rassistisch zu sein* genannt.

Im zweiten Teil unseres Textes analysierten wir anhand der Kopftuchdebatte theoretische Grundlagen pädagogischer und Sozialer Arbeit mit Einwander_innen. Wir kritisierten den statischen Begriff von Kultur und kultureller Identität, der die Basis bildete für die Behauptung, Einwander_innen würden notwendigerweise darunter leiden, zwischen zwei Kulturen hin- und hergerissen zu sein. Daraus folgten Handlungskonzepte in der pädagogischen Arbeit, die entweder darauf zielten, Eingewanderte an das anzupassen, was jeweils als deutsche Kultur definiert wurde, oder sie aufzufordern, ihre Kultur zu ›bewahren‹. Oft wurden beide Anforderungen gleichzeitig formuliert. Ausgehend von Einsichten der Cultural Studies (siehe auch Philip Cohen in diesem Band) argumentierten wir, dass es die Herabsetzung der als fremd definierten Kulturen ist, die den »Konflikt zwischen zwei Kulturen« verursacht, nicht die Tatsache, dass verschiedene Lebensweisen aufeinandertreffen und von den Individuen zu neuen Praxen verschmolzen werden. Man könnte meinen, dass die vielen Debatten um Hybridität, das Feiern von kultureller Vielfalt und pluralen Identitäten diese Debatte inzwischen überflüssig gemacht hätten. Die neue Furcht vor DER frauenfeindlichen Kultur DER Araber/Syrer/Nordafrikaner und die entsprechenden Vorstellungen, man müsse ihnen diese Kultur abgewöhnen mittels Trainingskursen in deutscher Geschlechtergleichheit, zeigt aber, dass die Homogenisierung von Bevölkerungsgruppen und deren Festlegung auf eine von außen definierte Kultur nach wie vor Teile der pädagogischen und Sozialen Arbeit dominiert. Es ist diese Homogenisierung von Bevölkerungsgruppen und die Naturalisierung gesellschaftlicher Praxen durch ihre Verknüpfung mit körperlichen Merkmalen und geografischer Herkunft, die wir mit Robert Miles als Prozess der Rassifizierung, als Bestandteil des Rassismus definiert haben. Sie bildet die Basis für institutionelle Diskriminierung und rassistische Ausgrenzung im Alltag.

Ein Wechsel des Fokus von den Migrant_innen auf die gesellschaftlichen Bedingungen, die Auseinandersetzungen um ein adäquates Rassismusverständnis und einen differenzierteren, dynamischen Kulturbegriff bleiben aktuell und umkämpft im Kontext der Entwicklung von Handlungskonzepten für pädagogische und Soziale Arbeit.

Zwar haben viele unserer damaligen Überlegungen Eingang gefunden in pädagogische Konzepte und wurden von anderen übernommen und weitergedacht, aber nach wie vor haben Ansätze, die den Fokus auf den Abbau individueller Vorurteile u.a. durch Begegnung und Kulturinformation legen, nicht an Attraktivität verloren. Das Erklärungsmuster »Kulturdifferenz« für alle möglichen Probleme, die Professionellen im Kontakt mit Migrant_innen begegnen, behält in der Praxis von Bildung und Beratung seine Relevanz. Kultur als Platzhalter für »Rasse« als Natureigenschaft gedacht, die das Verhalten von Menschen determiniert, gehört zum Alltagswissen. Es ist erstaunlich, dass kulturalistische Konzepte, die den

Fokus auf das Verstehen der Kultur der Anderen legen, weiterhin Konjunktur haben, obgleich die »Kämpfe der Migration«, insbesondere seit 2012 mit Platzbesetzungen in den Städten, Protestcamps, Märschen u. a. die Frage der Rechte offensiv stellen und explizit politisch sind.

Ermutigend ist es nichtsdestotrotz, dass auch die Nachfrage nach selbstreflexiven Konzepten der politischen Bildungsarbeit sowohl in der Erwachsenen- als auch in der Jugendbildung steigt und dass, auch wenn nicht immer nur produktiv, über die eigene Eingebundenheit in Herrschaftsverhältnisse gesprochen wird. Die Perspektive dabei besteht darin, Handlungsalternativen für die Veränderung von Institutionen der Migrationsgesellschaft zu erarbeiten. Die Erkenntnis, dass Pädagogik und Soziale Arbeit nicht einfach Differenzen beschreiben, sondern dass sie die Unterscheidung in ›Wir‹ und ›nicht-Wir‹, die in Gesetzen, Regeln und gesellschaftlichen Institutionen verankert ist, durch ihre Problemdefinitionen, Konzepte und ihr Handeln mit herstellen, scheint stärker ins Bewusstsein zu rücken. Dadurch, dass Diskriminierung aufgrund der Staatsbürgerschaft weiterhin erlaubt ist – sie gehört nicht zu den Merkmalen, für die das Allgemeine Gleichbehandlungsgesetz (AGG) Schutz vor Benachteiligung vorsieht –, wird die Selbstverständlichkeit der Unterscheidung in Wir und die Anderen untermauert. Allerdings führt die deutsche Staatsbürgerschaft alleine nicht automatisch dazu, dass Rechte tatsächlich lebbar werden können. Dafür sind rassistische Ausgrenzungsmechanismen institutionell und gesellschaftlich zu breit verankert. Dies verdeutlicht, dass Institutionen und ihre Mitarbeiter_innen sich mit der Frage beschäftigen müssen, welche Entscheidungen und Konzepte, welche Routinen in alltäglichen Abläufen diskriminierende Wirkungen haben könnten und was rassistische Diskriminierung ist. Zugleich sollten sich Pädagogik und Soziale Arbeit verstärkt an der Entwicklung und Etablierung veränderter Diskurse beteiligen.

Lange wurden Rassismuserfahrungen von als »ausländisch« markierten Adressat_innen und Mitarbeiter_innen in Bildungs- und Beratungseinrichtungen bagatellisiert und ihre Thematisierung oder Bearbeitung nicht zu den Aufgaben von Pädagog_innen gezählt. Die Analyseperspektive Rassismus ist nicht zuletzt deshalb zentral, weil mit ihrer Hilfe die Bedeutung von Erfahrungen mit offenen und subtilen Rassismen für Subjektivierungsprozesse und das Erlangen von Handlungsfähigkeit der als ›anders‹ markierten in der Migrationsgesellschaft untersucht und begriffen werden kann.

Zu den hier skizzierten Entwicklungen haben viele Debatten, Perspektiven, Aktivitäten und Konzepte wesentlich beigetragen. Auf einige davon soll hier verwiesen werden: Da ist zunächst die Entwicklung einer Migrationspädagogik, die sich nicht als Pädagogik für Migrant_innen, sondern als Allgemeine Pädagogik für die Migrationsgesellschaft versteht. Mit der Perspektive »Migrationspädagogik« etabliert sich im fachwissenschaftlichen Diskurs langsam ein Ansatz, der das Feld Migration und Bildung in einer distinkten Weise macht- und differenztheoretisch thematisiert und reflektiert (Mecheril u. a. 2010; Mecheril 2016). Da ist ferner das Konzept »Rassismuskritik«, das macht- und selbstreflexive Betrachtungsperspektiven auf Handlungen, Institutionen, Diskurse und Strukturen beinhaltet. Für die an die Tradition des Antirassismus anschließende und aus ihr entwickelte rassismuskritische

Perspektive ist »das Bestreben konstitutiv, rassistische Handlungen und Strukturen zu kritisieren, zu verhindern, zu schwächen und abzubauen« (Mecheril/Melter 2009, 14f.). Der Begriff Rassismuskritik setzt sich vom Begriff des Antirassismus insofern ab, als Letzterer so interpretiert wird, als würde er einen Ort außerhalb rassistischer Verhältnisse implizieren, von dem aus gehandelt werden kann. Daher, so wird argumentiert, seien Antirassismusansätze nicht hinreichend standpunktsensibel und selbstreflexiv. Das Konzept Rassismuskritik dient als Bezugspunkt für viele Ansätze und Gruppen, die theoretisch und praktisch gegen Rassismus arbeiten.

Die oft kontrovers geführten Debatten unter dem Begriff der Critical Whiteness haben die Ausblendung kolonialer Wirkungsverhältnisse in der akademischen Rassismusdebatte in Deutschland sichtbar werden lassen (Espahangizi et al. 2016, 18). Vertreter_innen dieses Konzepts verfolgten das Ziel, »Weißsein in seiner historischen Dynamik und Komplexität als Analysekategorie in Deutschland fruchtbar zu machen« und den Fokus auf das »weiße Subjekt« und seine »Privilegien« zu verlagern. Dabei sollten im Sinne einer postkolonialen Perspektivenerweiterung die Relevanz rassifizierter Hierarchien für die deutsche Gesellschaft aufgezeigt und als selbstverständlich begriffene Privilegien sichtbar gemacht werden. (Eggers et al. 2005) Die vielfach geäußerte Kritik an diesem Konzept, die auf die Gefahr von Essenzialisierungen und Schwarz-Weiß-Dichotomien hinweist, darf nicht dazu führen, spezifische Rassismuserfahrungen von Menschen, die sich als Schwarze oder People of Color (POC) definieren, auszublenden. Sicherlich erschweren manche Auslegungen von Critical Whiteness die Bildung von

Bündnissen oder schließen sie sogar aus. Wir müssten sie jedoch kontextualisieren, um sie auch als Reaktion auf solche Ausblendungen nachzuvollziehen. Die Perspektive Rassismuskritik erweist sich dabei als verbindend.

Auch diese Debatte ist nicht neu, wenn man sich erinnert, dass in den 1990er Jahren Frauen den Begriff Schwarze für alle von Diskriminierung Betroffenen favorisierten, obgleich viele Migrant_innen sich nicht als Schwarze identifizierten und diese Subsumierung nicht als wirkliches Bündnisangebot sehen konnten.

Als ein weiterer wichtiger Baustein für die Entwicklungen der letzten Jahre ist die Antidiskriminierungsarbeit zu nennen. Zwar war sie in unseren Analysen und in der Praxis unserer oben skizzierten »Ausländerarbeit« angelegt, sie hat aber erst durch das 2006 verabschiedete Allgemeine Gleichbehandlungsgesetz (AGG) öffentliche Bedeutung bekommen. Die Antidiskriminierungsstelle des Bundes (ADS)[5] als eine unabhängige Anlaufstelle für Menschen, die von Diskriminierung betroffen sind, wurde 2006 eingerichtet. Die ADS und ihre Aufgaben sind im AGG gemäß den EU-Gleichbehandlungsrichtlinien festgeschrieben. Die dort entwickelte Expertise durch Forschungsprojekte, Publikationen etc. und die Projekte und Expertise der lokalen und regionalen Antidiskriminierungsstellen haben eine zentrale Funktion bei der Offenlegung von rassistischer Diskriminierung in verschiedenen Lebensbereichen. Trotz ihrer Unterfinanzierung und der oft prekären Arbeitsverhältnisse dienen viele Antidiskriminierungsstellen mit ihren Beratungs- und Empowerment-Angeboten und ihrer Öffentlichkeitsarbeit als Insti-

5 http://www.antidiskriminierungsstelle.de/DE/UeberUns/ueberUns_node.html

tutionen der Mobilisierung und Selbstermächtigung für Menschen mit Rassismuserfahrungen. Ihre Vernetzung mit verschiedenen Gruppen von Migrant_innen und Geflüchteten und ihren Selbstorganisationen bildet wichtige Knotenpunkte für die Arbeit gegen Diskriminierung und Rassismus.

Wichtig erscheint uns noch ein kurzer Blick auf Selbstorganisierungsformen, die sich verändert und diversifiziert haben. Zur Zeit der Entstehung unseres Textes war die Forderung nach Autonomie und Selbstorganisation von Einwander_innen zentral. Sie bezog sich oft auf nationalitätenspezifische Organisierungsformen. Während Nationalitätenvereine für Eingewanderte der sogenannten ersten Generation nach und nach an Bedeutung verloren, werden sie in den letzten Jahren teilweise erneut aktiv.[6] Inzwischen sind aber andere Formen entstanden, die sich nicht auf ethnische Zugehörigkeit, Religionszugehörigkeit oder Sprache beziehen, sondern geteilte Rassismuserfahrungen und/oder den Anspruch, dazuzugehören, als Ausgangspunkt nehmen.[7] Manche organisieren sich als

6 Gründe dafür sind z.B. die Zuwanderung aus früheren Anwerbeländern (z.B. Griechenland, Spanien). Denn für diese Migrant_innen gibt es kaum Maßnahmen, auf die sie zurückgreifen können, und der Kontakt zu Landsleuten mit ihrer migrationsspezifischen Expertise ist für das Überleben zentral. Zum anderen sind es Vereine, die aufgrund von politischen Entwicklungen in den Herkunftsländern (z.B. Türkei) wieder aktiviert werden.

7 Hier wäre die erste Publikation in Erinnerung zu rufen, die die Geschichte von schwarzen Deutschen dokumentiert und einen Anknüpfungspunkt für die Selbstorganisation geboten hat. Oguntoye, Katharina, May Opitz, Dagmar Schultz (1986): Farbe bekennen: Afro-deutsche Frauen auf den Spuren ihrer Geschichte, Orlanda-Frauenverlag, Berlin.

People of Color, andere verstehen sich als Neue Deutsche.[8] Die Präsenz vieler der o.g. Gruppen und Initiativen hat neue Akzente in der politischen Bildungsarbeit gesetzt, u.a. im Kontext von Empowerment-Trainings und weiteren Qualifizierungsangeboten. Dadurch wurde ein Zugang für Menschen mit Rassismuserfahrungen ermöglicht, die die »interkulturell« ausgerichteten Bildungs- und Beratungsangebote nicht zu erreichen vermochten. Auch in der Antidiskriminierungsarbeit setzen Menschen mit Migrations- und Rassismuserfahrungen ihre Akzente und nehmen sich Themen wie Analyse und Bekämpfung von Racial Profiling an.

Nicht unerwähnt lassen wollen wir abschließend Netzwerke wie das kritnet – Netzwerk Kritische Migrations- und Grenzregimeforschung (http://kritnet.org/) und das Netzwerk rassismuskritischer Migrationspädagogik (http://www.rassismuskritik-bw.de/). kritnet versteht sich als ein Zusammenschluss von Aktivist_innen, Künstler_innen und kritisch Forschenden in Deutschland, Österreich, der Schweiz, Großbritannien und Italien, die sich seit 2008 mit den aktuellen Entwicklungen des europäischen Migrations- und Grenzregimes auseinandersetzen. Ziel ist es, »politische Praxis und kollaborative Wissensproduktion zu verbinden«. Im Kontext dieses Netzwerks ist eine Reihe von Publikationen kritischer Migrations-

8 Beispielhaft ist hier der Bundeskongress »Neue Deutsche Organisationen« zu nennen, der erstmals 2015 zahlreiche Organisationen und Initiativen zusammenbrachte. Weitere Kongresse und Aktionen folgten. Die Botschaft: Wir gehören dazu und wollen mitreden. Der 2. Bundeskongress der Neuen Deutschen Organisationen stand unter dem Motto: Deutschland – weiter gedacht (http://neue-deutsche-organisationen.de/de/).

und Grenzforschung sowie von Interventions- und Widerstandsformen entstanden (Hess u.a. 2017; movements 2016). Das Netzwerk rassismuskritischer Migrationspädagogik versteht sich als Forum von Menschen aus den Feldern Soziale Arbeit, Schule, Bildung/Weiterbildung, Hochschule sowie angrenzenden Professionen, die sich einer rassismuskritischen Migrationspädagogik verpflichtet fühlen. Über die Entwicklung und Implementierung von Praxis- und Weiterbildungskonzepten hinaus organisiert das Netzwerk politische Interventionen zu aktuellen Themen (z.B. »Pädagog_innen gegen Abschiebung von Flüchtlingen«), und zwar aus dem eigenen professionellen Verständnis einer machtkritischen Perspektive auf Phänomene der Migrationsgesellschaft heraus und mit Rückbindung auf die pädagogische Praxis. Diese Netzwerke leisten mit ihrer Expertise und ihrem Engagement einen wichtigen Beitrag für die Analyse und das Sichtbarmachen von Migrationsbewegungen und Rassismus, ordnen diese in globale Ungleichheitsverhältnisse ein und entwickeln Konzepte für notwendige Veränderungen. Diese Schlaglichter erheben keinen Anspruch auf Vollständigkeit. Sie verweisen darauf, dass viel in Bewegung begriffen ist.

IV

Den zweiten Teil dieses Bandes bilden die Texte von Philip Cohen, Klaus Holzkamp und Ute Osterkamp. Ihre Arbeiten bleiben für uns nach wie vor eine Quelle der Inspiration – selbst wenn unsere Schlussfolgerungen nicht immer mit den ihren übereinstimmen.

Der Beitrag von *Philip Cohen* erschien in der zweiten und dritten Auflage des Buches *Die Schwierigkeit, nicht rassistisch zu sein*. Er untersucht die vielschichtigen Strukturen von Rassismus und Antisemitismus im Alltag des Vereinigten Königreichs und verknüpft sie mit einer Analyse der Fallen des Antirassismus. Die Arbeit von Cohen gehört unserer Auffassung nach zu den besten der englischen Rassismusdiskussion. Cohen nutzt Erkenntnisse aus dem Marxismus, der Psychoanalyse (einschließlich Lacans), der englischen Kulturforschung in der Tradition des Centre for Contemporary Cultural Studies (CCCS) und der französischen Diskurstheorie und Semiotik. Man muss diese Theorien nicht kennen, um den Text zu verstehen, aber man ist doch gezwungen, gewohnte Denkwege zu verlassen, wenn man Nutzen aus dieser Analyse ziehen will. Allerdings wird die Mühe belohnt durch Einsichten in die widersprüchliche, vielfältige Struktur und Wirkungsweise von Rassismus und Antisemitismus und in die Möglichkeiten einer antirassistischen Strategie. Etwas mehr als die Hälfte des Artikels haben wir aus Platzgründen gekürzt.

Klaus Holzkamp arbeitet die Zusammenhänge zwischen politischen Diskursen, Ausländerpolitik und rassistischen Äußerungen und Gewalttaten heraus, um daraus seine Kritik an Konzepten antirassistischer Erziehung zu entwickeln. Auf dem Hintergrund seiner lerntheoretischen Analysen, die im Band *Lernen* (1993) ausführlich nachzulesen sind, beschäftigt sich der Beitrag aus subjektwissenschaftlicher Sicht mit pädagogischen Konzepten antirassistischer Erziehung, die auf eine Veränderung von Einstellungen und den Abbau von Vorurteilen abzielen. Dabei bezieht er sich auch auf Arbeiten von Cohen. In dem Beitrag wird deutlich, wie die Vorstellung, rassistische Einstellungen, verstanden als sozialisationsbedingte

Persönlichkeitsstörung, mittels Aufklärung und erziehungsförmiger Maßnahmen verändern zu wollen, Schüler_innen zu (Um)Erziehungsobjekten macht und dabei wesentliche Lernprozesse verhindert.

Seine Kritik an »interkulturellen Ansätzen« hat kaum an Aktualität verloren und nützt nicht nur den pädagogisch Tätigen, sondern allen, die gegen rassistische Positionen vorgehen. Holzkamp gibt Kategorien an die Hand, mit denen das eigene implizite Verständnis von der Entstehung von Rassismus und die eigenen als antirassistisch geltenden Argumente und Handlungskonzepte überprüft werden können.

Die eigene Eingebundenheit der Individuen in Herrschaftsverhältnisse steht auch bei *Ute Osterkamp* im Zentrum. Sie zeigt auf, wie mit dem Begriff des institutionellen Rassismus sich die Suche nach rassistischen Dispositionen der Individuen auf die Frage nach gesellschaftlich organisierten bzw. institutionalisierten Diskriminierungen bestimmter Menschengruppen verschiebt. Die Einzelnen beteiligen sich an diesen Diskriminierungen durch die Anpassung an die bestehenden Normen, ohne sich dessen unbedingt bewusst zu sein oder dies zu beabsichtigen. Osterkamp ruft die Untersuchung von Elias & Scotson aus den 1960er Jahren in Erinnerung, die das Problem der Stigmatisierung anderer nicht durch Charakterfehler oder kognitive Inkompetenz erklären, sondern als gesellschaftlich nahegelegte Form der Herrschaftssicherung zu verstehen suchen. Ausgrenzung wird als Preis für Dazugehörigkeit identifiziert. Dabei würde nicht das reale Verhalten der Einzelnen, sondern ihre Zugehörigkeit zur Gruppe der »Außenseiter« das Werturteil über sie bestimmen.

Die aus ihren Analysen abgeleitete Forderung an die Psychologie, die Verhältnisse selbst auf ihre Berechtigung hin zu hinterfragen bzw. den Lebensnotwendigkeiten der Individuen anzupassen, sind auch auf das Handeln in anderen Bereichen übertragbar.

Die hier abgedruckten Texte können dazu beitragen, die Bekämpfung von Rassismus in all seinen Schattierungen und Ausdrucksformen nicht als losgelösten Einzelkampf aufzufassen, sondern in den Kontext einer tiefgreifenden, transformativen Demokratisierung zu stellen. Nur dann ist es möglich, die utopische Perspektive auf eine andere Gesellschaft im Blick zu behalten, in der Gleichberechtigung und Vielfalt, gesellschaftliche Kontrolle der Lebensverhältnisse und die individuelle Entwicklung aller Wirklichkeit werden können.

Literatur

Althusser Louis (2010). Ideologie und ideologische Staatsapparate. Hamburg: VSA.

Barskanmaz Cengiz (2009). Das Kopftuch als das Andere. Eine notwendige postkoloniale Kritik des deutschen Rechtsdiskurses. In: Sabine Berghahn & Petra Rostock (Hg.), Der Stoff, aus dem Konflikte sind. Debatten um das Kopftuch in Deutschland, Österreich und der Schweiz. Bielefeld: Transcript. S. 361–394.

Bergmann Knut, Diermeier Matthias & Niehues Judith (2016). Parteipräferenz und Einkommen. Die AfD – eine Partei der Besserverdiener? Kurzbericht. Köln: Institut für Wirtschaft.

Eggers Maureen Maisha, Kilomba Grada, Piesche Peggy & Arndt Susan (Hg., 2005). Mythen, Masken und Subjekte: kritische Weißseinsforschung in Deutschland. Münster: Unrast.

Espahangizi Kijan, Hess Sabine, Karakayali Juliane, Kasparek Bernd,

Pagano Simona, Rodatz Mathias & Tsianos Vassilis S. (2016). Einleitung – Rassismus in der postmigrantischen Gesellschaft. *movements – Journal für kritische Migrations- und Grenzregimeforschung*, Ausgabe 2(1): Rassismus in der postmigrantischen Gesellschaft. http://movements-journal.org/

Gomolla Mechtild & Radtke Frank-Olaf (2007). Institutionelle Diskriminierung: Die Herstellung ethnischer Differenz in der Schule. Wiesbaden: VS.

Ha Kien Nghi (2007). Deutsche Integrationspolitik als koloniale Praxis. In: Kien Nghi Ha, Nicola Lauré al-Samarai, Sheila Mysorekar (Hg.), re/visionen. Postkoloniale Perspektiven von People of Color auf Rassismus, Kulturpolitik und Widerstand in Deutschland. Münster: Unrast. S. 113–128.

Hess Sabine, Kasparek Bernd, Kron Stefanie, Rodatz Mathias, Schwertl Maria & Sontowski Simon (Hg., 2017). Der lange Sommer der Migration. Berlin/Hamburg: Assoziation A.

Holzkamp Klaus (1994). Antirassistische Erziehung als Änderung rassistischer »Einstellungen«? Funktionskritik und subjektwissenschaftliche Alternative. In: ders. (1997), Schriften I. Normierung, Ausgrenzung, Widerstand. Hamburg/Berlin: Argument. S. 279–299

Holzkamp Klaus (1993). Lernen. Subjektwissenschaftliche Grundlegung. Frankfurt/M.: Campus.

Kalpaka Annita (2009). Institutionelle Diskriminierung im Blick. Von der Notwendigkeit, Ausblendungen und Verstrickungen in rassismuskritischer Bildungsarbeit zu thematisieren. In: Wiebke Scharathow & Rudolf Leiprecht (Hg.), Rassismuskritik. Band 2: Rassismuskritische Bildungsarbeit. Schwalbach: Wochenschau, S. 25–40.

dies. (2006). »Hier wird Deutsch gesprochen« – Unterschiede, die einen Unterschied machen. In: Gabi Elverich, Annita Kalpaka & Karin Reindlmeier (Hg.), Spurensicherung – Reflexion von Bildungsarbeit in der Einwanderungsgesellschaft. Frankfurt/M.: IKO Verlag. S. 263–297

dies. (2003). Stolpersteine und Edelsteine in der interkulturellen und antirassistischen Bildungsarbeit. In: Wolfram Stender, Georg Rohde & Thomas Weber (Hg.), Interkulturelle und antirassistische Bildungsarbeit. Projekterfahrungen und theoretische Beiträge. Frankfurt/M.: Brandes & Apsel. S. 56–79.

Kampagne für Opfer rassistischer Polizeigewalt (Hg., 2016). Alltäglicher Ausnahmezustand. Institutioneller Rassismus in deutschen Strafverfolgungsbehörden. Münster: Edition Assemblage.

Lebuhn Henrik (2012). Bürgerschaft und Grenzpolitik in den Städten Europas. Perspektiven auf die Stadt als Grenzraum. *Peripherie* 126/127, S. 350–362.

Mecheril Paul (Hg., 2016). Handbuch Migrationspädagogik. Weinheim/Basel: Beltz.

Mecheril Paul, Kalpaka Annita, Castro Varela María do Mar, Dirim İnci & Melter Claus (2010). Migrationspädagogik. Weinheim/Basel: Beltz.

Melter Claus & Mecheril Paul (Hg., 2009). Rassismuskritik. Band 1: Rassismustheorie und -forschung. Schwalbach: Wochenschau.

Osterkamp Ute (1996). Rassismus als Selbstentmächtigung. Berlin/Hamburg: Argument.

Räthzel Nora (2011). Sarrazin und die neoliberale Globalisierung. Zu einigen übersehenen Aspekten der Sarrazin-Debatte. In: Sebastian Reinfeldt, Rassismus in der Leistungsgesellschaft. Münster: Edition Assemblage. S. 230–240.

dies. (1994). Harmonische Heimat und abgründige Fremde. In: Gabriele Fuchs & Michael Schratz (Hg.), Interkulturelles Zusammenleben – aber wie? Wien: Österreichischer Studien Verlag. S. 57–75.

dies. (1991). Rebellierende Selbstunterwerfung. Ein Deutungsversuch über den alltäglichen Rassismus. *links* Nr. 12, S. 24–26.

Rommelspacher Birgit (2009). Was ist eigentlich Rassismus. In: Claus Melter & Paul Mecheril (Hg., 2009), Rassismuskritik. Band 1: Rassismustheorie und -forschung. Schwalbach: Wochenschau.

Spielhaus Riem (2016). Die Neuen Deutschen im postmigrantischen Deutschland. *Forschungsjournal Soziale Bewegungen* 29(2), S. 88–93.

Zick Andreas, Küpper Beate & Krause Daniela (2016). Gespaltene Mitte – Feindselige Zustände. Rechtsextreme Einstellungen in Deutschland 2016. Bonn: Verlag J. H. W. Dietz Nachf.

Ausgewählte Literatur von Annita Kalpaka und Nora Räthzel

Kalpaka Annita & Räthzel Nora (1993). Rassismus. Zum Umgang mit einem schwierigen Begriff. In: Ralf-Erik Posselt & Klaus Schumacher (Hg.), Projekthandbuch: Gewalt und Rassismus. Mülheim: Verlag an der Ruhr. S. 46–56.

Kalpaka Annita & Räthzel Nora (1993). Neuere Rassismustheorien. In: Mehdi Jafari Gorzini & Heinz Müller (Hg.), Handbuch zur interkulturellen Arbeit und zum Ausländerstudium. World University Service. S. 303–334.

Kalpaka Annita, Räthzel Nora & Institut für Migrations- und Rassismusforschung (Hg., 1992). Migration und Rassismus in Europa. Hamburg/Berlin: Argument.

Kalpaka Annita & Räthzel Nora (1991). Im Netz der Herrschaft. Frauen – Männergewalt – Rassismus. *Feministische Studien*, 2/1991, S. 21–40.

Kalpaka Annita & Räthzel Nora (1988). »Ausländerfeindlichkeit« und Rassismus in der BRD. Eine Kritik der gegenwärtigen Erklärungsansätze. *Informationsdienst zur Ausländerarbeit*, Nr. 1/1988.

Kalpaka Annita (2015). »Wir behandeln alle gleich« – Zwischen Gleichheitsanspruch und Diskriminierungswirklichkeit. Prozesse der Auseinandersetzung mit Diskriminierung im Hochschulalltag. In: Iman Attia, Swantje Köbsell & Nivedita Prasad (Hg.), Dominanzkultur reloaded. Bielefeld: Transcript. S. 255–268.

dies. (2015). Pädagogische Professionalität in der Kulturalisierungsfalle. In: Rudolf Leiprecht & Anja Steinbach (Hg.), Schule in der Migrationsgesellschaft. Schwalbach/Ts.: Debus Pädagogik. S. 289–312.

dies. & Mecheril Paul (2010). »Interkulturell«. Von spezifisch kulturalistischen Ansätzen zu allgemein reflexiven Perspektiven. In: Paul Mecheril, Annita Kalpaka, María do Mar Castro Varela, İnci Dirim & Claus Melter, Migrationspädagogik. Weinheim/Basel: Beltz.

Kalpaka Annita (2007). Unterschiede machen – Subjektbezogene Erforschung von Differenzproduktion: Einblick in methodische Herangehensweisen. *Widersprüche* 104, Schwerpunktheft »Alles schön bunt hier«. Zur Kritik kulturalistischer Praxen der Differenz, S. 63–83.

dies. (1994). Theaterworkshops zum Thema »Macht – Ohnmacht – Alltagsrassismus« als selbstreflexive Lernform. In: Siegfried Jäger (Hg.), Aus der Werkstatt: Anti-rassistische Praxen. Duisburg: DISS. S. 104–133.

dies. (1994). Die Hälfte des geteilten Himmels: Frauen und Rassismus. In: Olga Uremovic & Gundula Oerter (Hg.), Frauen zwischen Grenzen. Frankfurt/M.: Campus. S. 33–46.

Räthzel Nora (2011). 30 Jahre Rassismusforschung. Begriffe, Erklärungen, Methoden, Perspektiven. In: N. Jäger & H. Kaufmann, Skandal und doch normal. Münster: Unrast. S. 191–220.

dies. (2011). Geschlecht und Rassismus im Diskurs. In: Ursula Birsl (Hg.), Rechtsextremismus und Gender. Köln: Barbara Budrich. S. 84–114.

dies. (2010). Mit der Angst kämpfen, auf Hoffnung bestehen: Strategien junger MigrantInnen beim Eintritt in das schwedische Arbeitsleben In: Wilhelm Berger, Brigitte Hipfl, Kirstin Mertlitsch & Viktorija Ratkovic (Hg.), Dimensionen von Konflikten. Gewaltverhältnisse im Spannungsfeld von Geschlecht, Klasse und Ethnizität. Bielefeld: Transcript. S. 128–143.

Räthzel Nora, Back Les, Cohen Philip & Hieronymus Andreas (2008). Finding the Way Home. Young People's Stories of Gender, Ethnicity, Class, and Places in Hamburg and London. Göttingen: V&R unipress.

Räthzel Nora (2005). Begegnungen mit dem Kopftuch. In: Frigga Haug & Katrin Reimer (Hg.), Politik ums Kopftuch, Hamburg: Argument, S. 112–119.

dies. (1997). Gegenbilder. Nationale Identitäten durch Konstruktion des Anderen. Opladen: Leske und Budrich.

Annita Kalpaka und Nora Räthzel

Wirkungsweisen von Rassismus und Ethnozentrismus

1. Rassismus oder »Ausländerfeindlichkeit«

Wenn Deutsche EinwanderInnen ablehnen, diskriminieren, marginalisieren, wird in der Bundesrepublik meistens von »Ausländerfeindlichkeit«, selten von »Rassismus« gesprochen. Wir wollen dafür plädieren, von Rassismus zu sprechen, und zwar aus folgenden Gründen: Der Begriff »Ausländerfeindlichkeit« unterstellt, dass alle »Ausländer« diskriminiert werden. Es gibt aber nicht die gleichen Vorbehalte und nicht die gleiche Ablehnung z. B. gegen Engländer, Amerikaner, Schweden usw. wie z. B. gegen Afrikaner, Türken, Spanier, Griechen. Wie soll man zudem Beziehungen nennen, in denen »Ausländer« nicht aus Feindlichkeit, sondern aus »Freundlichkeit unterdrückt werden? Wenn also EinwanderInnen als hilflose Opfer wahrgenommen werden, denen man helfen muss, und man ihnen eigene Handlungsfähigkeiten abspricht, indem man bestimmt, welche Hilfe für sie am besten ist, dann kann es sich auch um Rassismus handeln (paternalistische Verhaltensweisen in Arbeiter- und Frauenbewegung z. B.), ohne dass dahinter eine feindliche Absicht steht. Mit dem Begriff »Ausländerfeindlichkeit« wird also sowohl das Objekt wie auch der Mechanismus von Ausschließungspraxen und Diskriminierungen verschleiert. Wir halten es daher für falsch, ihn zu benutzen, auch wenn er, im Gegensatz zum Begriff Rassismus, in der öffentlichen Debatte eingeführt ist. Damit ist zugleich die

Verschleierung und die Beschönigung unhinterfragter Bestandteil der Debatte. Gegen die Verwendung des Begriffs Rassismus für die deutsche Situation wird häufig eingewandt, bei den hier lebenden EinwanderInnen handele es sich nicht um eine andere »Rasse«. Wer so argumentiert, setzt voraus, dass es »Rassen« gibt.

In der Biologie wurden Menschengruppen aufgrund unterschiedlicher physischer Merkmale wie Augenfarbe, Haarstruktur und Hautfarbe in »Rassen« unterteilt. So hat sich die im Alltagsdenken immer noch gängige Unterscheidung in schwarze, weiße, rote und gelbe Menschenrassen herausgebildet. Inzwischen wird dieses Unterscheidungskriterium in der Biologie nicht mehr benutzt, da es sich als nicht trennscharf herausgestellt hat. Eine moderne Methode der Unterscheidung ist heute die Häufigkeit, mit der bestimmte Genkombinationen in einer Bevölkerungsgruppe vorkommen. Ob man die so definierten Menschengruppen als »Rassen« bezeichnen sollte, ist allerdings in der Biologie selbst umstritten. Darüber hinaus hat sich herausgestellt, dass es in einer als genetisch gleich definierten Gruppe genauso große Unterschiede zwischen den Individuen geben kann wie zwischen den Individuen von als genetisch verschieden definierten Gruppen. Man kann also behaupten, dass es keine verschiedenen menschlichen »Rassen« gibt (vgl. hierzu auch Miles 1989 und Hall 1989a). Das bedeutet aber nicht, dass es keinen Rassismus gibt. Rassismus ist gerade die soziale Konstruktion einer bestimmten Menschengruppe als »Rasse«: Bestimmte (wirkliche oder behauptete) somatische Merkmale werden als Kennzeichen einer Gruppe definiert, und diese physischen Merkmale werden mit bestimmten Verhaltensweisen, Lebensweisen (z.B. religiösen Überzeugungen) verknüpft. Die Verknüpfung körperlicher (also biologischer) Merkmale mit sozialen Verhaltensweisen »naturalisiert« das Soziale. Stuart Hall hat diesen Vorgang bei der Konstruktion von »Rasse« durch die Medien folgendermaßen beschrieben:

> 1. Ihre Bilder und Themen wurden um das fixierte Verhältnis von Unterwerfung und Herrschaft polarisiert.
> 2. Ihre Klischees gruppierten sich um die Pole natürlich »überlegener« und natürlich »minderwertiger« Arten.
> 3. Beides wurde aus der »Sprache« der Geschichte in die Sprache der Natur verschoben. Natürliche physische Kennzeichen und ›Rassenmerkmale‹ wurden zu unveränderlichen Kennzeichen der Minderwertigkeit. Untergeordnete ethnische Gruppen und Klassen erschienen nicht als Resultate spezifischer historischer Verhältnisse (Sklavenhandel, europäische Kolonisation, aktive Unterentwicklung der »unterentwickelten« Gesellschaften), sondern als die gegebenen Eigenschaften einer minderwertigen *Abstammung.* Verhältnisse, die durch ökonomische, soziale, politische und militärische Herrschaft abgesichert waren, wurden in eine von der Natur zugewiesene Standesordnung transformiert und »naturalisiert«. (Hall 1989a, 158)

Diesen Prozess, in dem (wirkliche oder behauptete) körperliche Merkmale mit sozialen Verhaltensweisen verknüpft und Letztere so als natürliches Resultat der Abstammung erscheinen, nennen wir mit Miles (1989, 356) Rassenkonstruktion. Die Verbindung sozialer Merkmale mit körperlichen Merkmalen festigt die Vorstellung, bei der sozialen Konstruktion von »Rasse« handele es sich um eine Beschreibung »natürlicher«, angeborener Eigenschaften. In der Wahrnehmung werden äußere Merkmale mit den zugeschriebenen Eigenschaften verschmolzen, so dass Hautfarbe, Körperbau o. Ä. zum »Ausdruck« des »inneren« Charakters werden, der damit ebenfalls als biologisch determiniert gedacht wird.

Wird eine so als »Rasse« konstruierte Gruppe gegenüber der eigenen als minderwertig eingestuft und führt diese Auffassung zur Ausgrenzung und Marginalisierung dieser Gruppe, handelt es sich um Rassismus. Rassismus ist also unserer Auffassung nach mit Macht verknüpft. Nur wenn die Gruppe, die eine andere als minderwertige »Rasse« konstruiert, auch die Macht hat, diese Konstruktion durchzusetzen, kann von Rassismus gesprochen werden. Das heißt, wenn eine untergeordnete Gruppe eine übergeordnete Gruppe als Rasse konstruiert, dann ist das zwar schädlich für die Handlungsfähigkeit dieser untergeordneten Gruppe sowie für die Perspektive einer selbstbestimmten Gesellschaft, kann aber nicht als rassistisch bezeichnet werden, solange sie nicht die Macht hat, ihre Definition und die damit einhergehenden Ausgrenzungspraxen gegen die übergeordnete Gruppe durchzusetzen.[1]

Dass Vorstellungen von Minderwertigkeit sich an bestimmte äußere Merkmale geheftet haben, ist Resultat eines geschichtlichen Prozesses. Es waren Völker aus dem Norden, die Völker aus südlichen Ländern erobert, kolonisiert und ausgebeutet haben (vgl. zur Kolonial-

1 Das bedeutet nicht, dass vom Rassismus Betroffene nicht gegenüber anderen, ihnen wiederum untergeordneten Gruppen, rassistisch sein können. Ebenso wenig bedeutet es, dass einzelne Individuen einer vom Rassismus betroffenen Gruppe nicht einzelne Individuen einer Rassismus ausübenden Gruppe unterdrücken können, zum Beispiel im Kontext von Geschlechterverhältnissen. Rassismus ist für uns ein gesellschaftliches Macht- und Herrschaftsverhältnis, das zwar von den Individuen getragen und gestützt wird, aber nicht im Verhalten einzelner Individuen aufgeht.

macht Großbritannien Cohen in diesem Band). Eine Rechtfertigung dieser Unterwerfungspraxis war die Konstruktion der unterworfenen Völker als minderwertiger, untergeordneter »Rassen«, wodurch die eigene Herrschaftsposition zur natürlichen Ordnung der Dinge wurde. Tausendfach wurden und werden die Zuweisungen angeblicher Minderwertigkeit produziert und reproduziert. In Kinderliedern (zum Beispiel die berühmten »Zehn kleinen Negerlein«, vgl. die Analyse von Tsiakalos 1983a, 207ff.), Schlagern, Opern, Theaterstücken, in Märchen und Erzählungen, in religiösen Geschichten bis hin zu harmlos anmutenden Alltagsbezeichnungen wie »Negerkuss« und »Mohrenkopf« wird die Überlegenheit der eigenen und die Unterlegenheit anderer »Rassen« dargestellt, bis sie zur Selbstverständlichkeit wird. Im Religionsunterricht meiner Kindheit wurden die weißen Handflächen und Fußsohlen von Schwarzen in einer Geschichte so erklärt: Als Dank dafür, dass ein »Mohr« dem Christuskind Geschenke brachte, schenkte Gott den Schwarzen die weißen Handflächen! In dieser Geschichte ging es natürlich darum, die Güte Gottes zu zeigen. Aber es sind gerade diese gut gemeinten Geschichten, die die rassistischen Bilder am effektivsten produzieren und reproduzieren. Später haben wir dann ein Leben lang damit zu tun, diese Bilder in uns aufzuspüren und außer Kraft zu setzen, während offen rassistische Kräfte sie leicht für ihre Politik benutzen können. (Über Entstehung und Wirkungsweise rassistischer Bilder und Möglichkeiten ihrer Umformung im Erziehungsprozess vergleiche Cohen in diesem Band.)

Rassismus ohne »Rasse«

Zurück zu unserer Ausgangsfrage, ob wir von Rassismus statt von »Ausländerfeindlichkeit« sprechen sollten. Häufig wird aus der Tatsache, dass das Rassekonzept nicht mehr benutzt wird, darauf geschlossen, dass es auch keinen Rassismus mehr gibt (vgl. Scheuerer 1989). Einerseits scheint es aber wieder zunehmend salonfähig zu werden, von »Rassen« zu sprechen, wie nicht nur das (wenn auch kritisierte) Wort Stoibers von der »durchrassten Gesellschaft« zeigt, sondern auch Artikel in der FAZ, in denen von einer »vielrassigen Bundesrepublik« und von »Rassenkonflikten« in den USA die Rede ist. Die Genforschung gibt darüber hinaus der Vorstellung von der Vererbbarkeit von Verhaltensweisen und Fähigkeiten ebenfalls wieder neue Nahrung. Andererseits kann der Mechanismus des Rassismus auch wirken, ohne dass explizit das Wort »Rasse« benutzt wird. Ein Beispiel sind die beiden Fassungen des häufig zitierten Heidelberger Manifestes. Die erste Fassung, für die Unterzeichner gedacht und nur durch eine Indiskretion an die Öffentlichkeit gekommen (I), argumentiert offen biologisch, während in der zweiten, für die Öffentlichkeit formulierten (Ö), nur noch von Kulturen die Rede ist:

I: »Völker sind (*biologisch* und kybernetisch) lebende Systeme höherer Ordnung mit voneinander verschiedenen Systemeigenschaften, die *genetisch* und durch Tradition weitergegeben werden.«

Ö: »Europa verstehen wir als eine lebendige Gemeinschaft von Völkern und Nationen, die durch *Kultur und Geschichte* eine Ganzheit höherer Art bilden.«

I: »Die jetzt praktizierte Ausländerpolitik, welche die

Entwicklung zu einer *multirassischen* Gesellschaft fördert …«

Ö: »Wie soll Wiedervereinigung möglich bleiben, wenn sich die Teilgebiete *ethnisch* fremd werden?«

Die ganze Argumentation ist insofern rassistisch, als sie von der Unveränderlichkeit der Kulturen ausgeht, die Unverträglichkeit der Einwandererkultur mit der deutschen Kultur behauptet und daraus die Forderung nach Rückführung der EinwanderInnen in ihre Heimatländer ableitet. Damit wird Kultur aus einem sozialen, historisch sich entwickelnden Prozess zu einer natürlichen Eigenschaft. Dieses Argument wird in diesem wie in anderen Texten noch mit Behauptungen zu erhärten versucht, die Rückführung sei auch im Interesse der EinwanderInnen, denen die Integrationspolitik das Recht auf eigene Kultur und eigene Identität nähme (vgl. Seeger 1983). In ähnlicher Weise hat auch die Rechte in Frankreich Argumentationsweisen von Antirassisten in ihre politische Programmatik übernommen: Aus dem dort von EinwanderInnen geforderten »Recht auf Ungleichheit« wird die Notwendigkeit ungleicher Rechte abgeleitet und aus der Verschiedenheit der Kulturen die Notwendigkeit ihrer Trennung, um diese Verschiedenheit zu erhalten (eine Analyse dieser Argumentationsstruktur findet sich bei Balibar 1989).

Alltäglicher Rassismus

Rassenkonstruktion und Rassismus sind aber unserer Meinung nach nicht auf diese offen rechten Positionen beschränkt. Sie gehören zum Alltag. Ein verblüffender Beweis für diese These waren für uns Umfragen, die wir in verschiedenen Seminaren durchführten. Jeweils zu Beginn einer Sitzung forderten wir die TeilnehmerInnen auf, kurz aufzuschreiben, was ihnen zum Begriff »Ausländer/ Ausländerin« einfiel. Die Antworten waren durchweg die gleichen: »dunkle Haare, dunkle Haut, Gerüche, andere Kleidung, Kopftuch, viele Kinder, emotional, andere Religion, Musik, gutes Essen, fröhlich usw.« Bei der anschließenden Diskussion distanzierten sich die meisten TeilnehmerInnen von ihren Aussagen: Sie hätten nicht ihre eigenen Auffassungen, sondern die der herrschenden Medien wiedergegeben. Schuld an dieser Auflistung sei die Frage. Wir hätten nicht fragen sollen, was ihnen beim Wort »AusländerIn« einfällt, sondern was ihre persönliche Meinung zu »AusländerInnen« sei. Unabhängig von diesen Einwänden bleibt festzuhalten: Die Auflistung der Merkmale erfüllt alle Kriterien einer rassistischen Rassenkonstruktion (nach unserer Definition gibt es auch nicht-rassistische Rassenkonstruktionen, wenn weder die Definitionsmacht vorhanden ist, noch die andere »Rasse« als minderwertig konstruiert wird):

1. Körperliche Merkmale dienen dazu, eine bestimmte Gruppe als »anders« zu identifizieren. Mit diesen körperlichen Merkmalen werden Verhaltensweisen verknüpft, »AusländerInnen« werden auf diese Verhaltensweisen fixiert. Die genannten Merkmale zeigen auch, dass der Begriff »Ausländer« längst einen Bedeutungswandel durchgemacht hat. Er bezieht sich nicht mehr auf alle, die keine deutsche Staatsangehörigkeit haben, sondern wird offenbar mit TürkInnen gleichgesetzt.

2. Heiße Debatten gab es um die Frage, ob die aufgeführten Verhaltensweisen als positiv oder negativ einzustufen seien. Am Ende wurden ca. 50 bis 70 % der genannten Eigenschaften als negativ bewertet. Merkmale

wie »fröhlich, emotional, offen« kamen natürlich auf die Positiv-Seite. Unserer Auffassung nach gehören sie jedoch nur auf den ersten Blick dorthin. Denn in der Festlegung der Anderen auf Eigenschaften, die man bei der eigenen Gruppe vermisst, wird stillschweigend mitgedacht, dass solche, die man selbst hat, den anderen fehlen: So hält man EinwanderInnen für emotionaler, aber auch für weniger rational, als man selbst ist. In der Bestimmung einer Fähigkeit steckt hier zugleich die Behauptung einer Unfähigkeit. In dieser polarisierenden Festschreibung wird auch deutlich, dass die Bestimmung des Anderen immer auch die Bestimmung des Selbst als Gegenbild einschließt.

3. Auch die Frage, ob die TeilnehmerInnen über die Macht verfügen, ihre Definitionen durchzusetzen, lässt sich unserer Auffassung nach eindeutig bejahen. In ihren Institutionen, als deutsche SozialarbeiterInnen, die mit »Ausländern« arbeiten, als LehrerInnen, ForscherInnen haben sie (wenn auch beschränkt durch die Institutionen, zum Teil aber gerade durch sie unterstützt) die Möglichkeit, ihre Vorstellungen von »Ausländern« und der Art und Weise, wie diese sich verhalten sollen, weitgehend durchzusetzen. Der Widerstand, den EinwanderInnen dem entgegensetzen können, ist zunächst einmal durch ihre rechtlich unabgesicherte Position und darüber hinaus durch vielerlei Diskriminierungen und Marginalisierungen beschränkt. Eine der wesentlichen Beschränkungen liegt darin, dass sie selbst fast ausschließlich als Objekte, höchst selten als TrägerInnen dieser Institutionen agieren können – und selbst wenn Letzteres der Fall ist, haben sie in diesen Institutionen aufgrund ihres Status nicht die gleichen Rechte.

4. und letztens sind die aufgelisteten Merkmale eine

Illustration der weiter unten von Cohen entwickelten Beobachtung, dass rassistische Bilder auf einer anderen Ebene funktionieren als die Erfahrungen, die mit den Objekten dieser Bilder gemacht werden. In allen Gruppen gab es auch EinwanderInnen, keine von ihnen hatte ein Kopftuch, trug andere Kleidung oder zeigte andere Verhaltensweisen im Seminar als die deutschen TeilnehmerInnen. Aber sie hatten offenbar keinen Einfluss auf die Assoziationen zum Begriff »AusländerIn«. […]

Die Integrationspolitik fordert eine Anpassung der EinwanderInnen an »die deutsche Kultur«, geht also von der »Entwicklungsfähigkeit« der EinwanderInnen aus. Sie unterstellt jedoch, dass EinwanderInnen nicht imstande sind, eigenständig Formen zu finden, sich in der Aufnahmegesellschaft zurechtzufinden. Werden EinwanderInnen als »integrationsunfähig« definiert, nähert man sich damit einer naturalisierenden rassistischen Argumentationsweise. Die politischen Schlussfolgerungen aus dieser Definition sind mit denen der expliziten Rassisten identisch: Rückführung. Die Rückführungspolitik, die auf der grundsätzlichen Unvereinbarkeit verschiedener Kulturen beruht, kann als rassistisch charakterisiert werden. Wenn EinwanderInnen im Alltag, in Institutionen als minderwertig behandelt werden, werden sich die so handelnden Individuen kaum Rechenschaft darüber ablegen, ob sie die behauptete Minderwertigkeit für angeboren oder historisch erworben halten.

Wir halten es für notwendig, von Rassismus zu sprechen, wo sich dieser gesellschaftliche Mechanismus eindeutig nachweisen lässt. Es geht nicht an, beschönigende und wissenschaftlich unhaltbare Begriffe wie »Ausländerfeindlichkeit« zu verwenden, nur weil man mit dem

Begriff Rassismus »Leute verschreckt« oder angeblich die heutigen Formen von Rassismus in der Bundesrepublik mit dem Antisemitismus im deutschen Faschismus gleichsetzt. Es geht uns nicht um eine Gleichsetzung (zum Unterschied zwischen Antisemitismus und Rassismus vgl. das erste Kapitel von Cohen). Es geht uns jedoch sehr wohl darum, einen Begriff zu wählen, der es ermöglicht, die Frage nach den Verbindungen des heutigen Rassismus mit dem Antisemitismus im Faschismus überhaupt zu stellen und zu untersuchen. Der Begriff »Ausländerfeindlichkeit« ist demgegenüber ein Versuch (bewusst oder unbewusst), jegliche Verbindungen zur Vergangenheit zu verdrängen, denn nicht als »Ausländer« wurden die Juden in Deutschland verfolgt, wenn ihnen auch die Staatsangehörigkeit durch die faschistische Gesetzgebung entzogen wurde.

2. Rassismus als Form ideologischer Vergesellschaftung

Unter den wenigen Untersuchungen, die es in der Bundesrepublik zu Rassismus gibt (die meisten verwenden zudem den Begriff »Ausländerfeindlichkeit«), findet sich keine, die die Bedeutung des Rassismus für die Reproduktion von Herrschaftsverhältnissen untersucht. Hoffmann/Even (1984) sehen im Gesellschaftsbild der Deutschen die Ursache der »Ausländerfeindlichkeit« und durchbrechen so eine allgemeine Denkstruktur, die »Ausländer« selbst zur Ursache von »Ausländerfeindlichkeit« erklärt (vgl. dazu das dritte Kapitel). Aber sie legen ihrer Analyse ein Gesellschaftsbild zugrunde, das frei von Herrschaftsbeziehungen ist, so dass Entstehung und Funktionsweisen dieses Gesellschaftsbildes im Dunkeln bleiben. Für Huisken

(1987) reduziert sich Rassismus auf Nationalismus und dieser wiederum auf die Funktionsweise des Kapitalismus, während Fuchs (1986) darin ein durch Konsum korrumpiertes falsches Bewusstsein sieht (für eine ausführlichere Diskussion der Literatur vgl. Kalpaka/Räthzel 1988). Vorstellungen von »Ausländern als Sündenböcken« und »Rassismus als Resultat der ökonomischen Krise« erfassen sicherlich einen Teilaspekt der Wirklichkeit. Ihr Mangel liegt jedoch darin, dass sie Rassismus *ausschließlich* als Resultat bewusster Strategien von Kapital und Staat begreifen. Mit dieser Auffassung lässt sich jedoch nicht erklären, warum es keinen Widerstand gegen Rassismus gibt, warum diese Strategien so ohne weiteres Erfolg haben. Unsere Fragestellung bezieht sich gerade auf das Verhalten der Individuen, sofern sie den gesellschaftlich institutionalisierten Rassismus stützen. Natürlich leugnen wir nicht den institutionalisierten Rassismus, der sich unter anderem im Ausländergesetz manifestiert, aber auch in einer Marginalisierung von EinwanderInnen im Wohnungsbereich, im Arbeitsbereich und vor allem im Bildungssystem. Wir denken aber, dass diese Formen des Rassismus eher erkennbar und kritisierbar sind und auch kritisiert werden. Weniger ist bekannt über die Funktion, die Rassismus für die Individuen hat, und darüber, warum es zum Beispiel in der Bundesrepublik keine antirassistische Bewegung gibt, wie es zum Beispiel eine Antiatombewegung, eine Friedensbewegung gibt (gab?). Diese entstanden ja auch im Widerstand gegen politische Strategien, gegen die »Meinungsmache der Medien«. Uns interessiert also die Art und Weise, in der die Individuen sich selbst mit den herrschenden Strukturen verknüpfen, sie – wenn auch vielleicht unbewusst und gegen ihren

Willen – mitproduzieren. Wir beanspruchen nicht, diese Frage in dieser Arbeit hinreichend zu beantworten, wollen aber zumindest einen Rahmen abstecken, in dem genauere Untersuchungen z. B. über klassen-, geschlechts-, schichtspezifische Formen des »Rassismus von unten« in verschiedenen historischen Konstellationen möglich werden. Wir fragen daher nach der Funktion des Rassismus für die »freiwillige Einordnung« in Herrschaftsverhältnisse. Die Frage wird zunächst fremdartig erscheinen. Herrschaft bedeutet ja Zwang, und es erscheint demzufolge widersinnig, von freiwilliger Einordnung in Herrschaftsverhältnisse zu sprechen. Um zu verdeutlichen, was wir damit meinen, werden wir einen Umweg machen und die Theorie kurz darstellen, mit deren Hilfe wir Rassismus als Form einer solchen »freiwilligen Einordnung« begreifen können. Gerade weil Begriffe wie Staat und Ideologie in aller Munde sind, aber jeweils sehr Unterschiedliches darunter verstanden wird, wollen wir unseren Gebrauch dieser Begriffe deutlich machen. Wir stützen uns auf die theoretischen Arbeiten, die im Rahmen des Projekts Ideologietheorie (PIT) entwickelt wurden (PIT 1979, 1980; Haug 1986, 1989; Rehmann 1986). Die notwendige Kürze der Darstellung wird unweigerlich Missverständnisse produzieren. Wer Genaueres wissen will, sei auf die zitierten Originaltexte verwiesen.

Der Staat – die erste ideologische Macht

Wenn man irgendeine Auffassung als »pure Ideologie« bezeichnet, will man meistens sagen, dass sie falsch ist, der Realität nicht entspricht, die sie beschreiben will. Ideologie wird wohl im alltäglichen Gebrauch am häufigsten als

Synonym für »falsches Bewusstsein« benutzt. In diesem kritischen Gebrauch von Ideologie schwingt noch die Bedeutung mit, dass es sich um falsche Ideen handelt, die von einer herrschenden Gruppe aus Motiven des Machterhalts propagiert werden. Gegen die Vorstellung, Ideologie sei »falsches Bewusstsein«, wenden sich die Arbeiten des PIT. Ausgehend von Marx und Engels versuchen sie, die Aussage Engels', der Staat sei die »erste ideologische Macht«, fruchtbar zu machen. Der Staat lässt sich nicht auf eine Idee reduzieren, sondern ist ein ziemlich materielles Ding. Aber was für ein Ding? Die einen sehen in ihm lediglich einen Gewaltapparat; der Staat ist für sie Polizei, Verfassungsschutz, Bundeswehr. Aber der Staat ist auch: die Stadtverwaltung, die Sozialversicherung, die Rentenanstalt, das Arbeitsamt etc. Wenn wir auch nicht bestreiten wollen, dass viele dieser Institutionen die BürgerInnen kontrollieren, so sorgen sie doch auch für ihr (Über)Leben (häufig mehr schlecht als recht).

Wie ist es mit selbstverwalteten Initiativen, Frauenhäusern, Beratungsläden, die vom »Staat« finanziert werden: Sind sie »Staat«, Teil des Staates? Linke betrachten den Staat als Gewaltapparat und stellen gleichzeitig Forderungen an ihn: Gesetze zum Umweltschutz, zur Gleichstellung der Frauen, Wahlrecht für EinwanderInnen usw. Wir können diese Widersprüche und Fragen nicht lösen, aber vielleicht werden sie durch unsere Auffassung zur Entstehung und Funktionsweise des Staates erklärbar. Voraussetzung für die Herausbildung des Staates sind soziale Gegensätze innerhalb einer Gesellschaft, die, unmittelbar ausgetragen, den Zusammenhalt der Gesellschaft sprengen würden. Die Herausbildung einer staatlichen Macht fixiert die sozialen Gegensätze, die antagonistischen gesellschaftlichen Klassen, und ermöglicht zugleich das Austragen dieser Gegensätze in Formen, die den gesellschaftlichen Zusammenhalt absichern. In der bundesdeutschen Gesellschaft produziert zum Beispiel der Klassengegensatz zwischen Kapital und Arbeit einen solchen antagonistischen Widerspruch (es würde zu weit gehen, hier darauf einzugehen, unter welchen Bedingungen soziale Gegensätze entstehen, vgl. dazu Sellnow 1978, 129ff.). Der Staat wäre also eine Form, in der sich diese Gegensätze bewegen, ohne ihre Sprengkraft zu entfalten, aber in der sie zugleich stabilisiert werden. Ist also staatliche Herrschaft im Kapitalismus »Klassenherrschaft«? Ja und nein. Wenn wir das Klassenverhältnis als ein Herrschaftsverhältnis verstehen (das in unserer Gesellschaft darin besteht, dass das Kapital sich einen Teil des Arbeitsproduktes unentgeltlich aneignet), dann stabilisiert der Staat diese Herrschaft, indem er die Bedingungen dafür produziert und erhält. Aber wie geschieht das?

Vor der Staatsentstehung regeln die Gesellschaftsmitglieder ihren Zusammenhalt selbst: Verteilung der Arbeiten, Verteilung der Produkte, Formen des Zusammenlebens der Geschlechter, Kinderaufzucht, Versorgung der Alten und Kranken, Schlichtung von Streitigkeiten usw. Im Zuge der Staatsentstehung werden diese Kompetenzen der Vergesellschaftung den Individuen entzogen und von den staatlichen Instanzen, dem Beamtenapparat, übernommen. Gleichzeitig entstehen bei den Individuen neue Kompetenzen, nämlich die Kompetenzen, sich in der Inkompetenz zurechtzufinden (z. B. die Fähigkeit, mit den Behörden umzugehen, die diese gesellschaftlichen Aufgaben wahrnehmen).

Die Regelung des gesellschaftlichen Zusammenhalts

durch die Gesellschaftsmitglieder selbst nennen wir horizontale Vergesellschaftung oder Selbstvergesellschaftung. Die Regelung dieser Funktion durch übergeordnete Instanzen nennen wir vertikale Vergesellschaftung oder Fremdvergesellschaftung. Die räumlichen Metaphern sollen verdeutlichen, dass der Staat als Gesellschaftlichkeit »über« den Individuen funktioniert, insofern als sie keinen unmittelbaren Zugriff mehr auf die Regelung dieser Funktionen haben. Man kann zwar eine Partei abwählen, aber nicht den Staat.

Freiwillige Unterwerfung

Wieso akzeptieren die Individuen dieses Ding über sich, das ihr Leben reguliert, das über sie verfügt und sie für unzuständig erklärt, ihre Belange selbst zu regeln? Kein Staat kann sich auf Dauer halten, der diese Akzeptanz ausschließlich mit Gewalt herstellt – obwohl Gewalt oder die Drohung mit Gewalt immer ein Bestandteil staatlicher Herrschaft ist. Die Unmöglichkeit einer im Wesentlichen auf Gewalt beruhenden Herrschaft zeigt sich gerade in diesen Monaten (Januar 1990) im Zusammenbruch der Staaten des »realen Sozialismus«. Die »oben-unten« Struktur produziert ideologische Effekte, d.h. eine bestimmte Art und Weise, in der die Individuen die Vergesellschaftung von oben leben (vgl. PIT 1979, 186). Vielleicht wird an einem Beispiel deutlich, was gemeint ist: Im Jahre 1985 wurde der Paragraf 116 des Arbeitsförderungsgesetzes geändert. Darin wurde geregelt, dass ArbeiterInnen, deren Betriebe während eines Streiks in anderen Betrieben schließen, dann kein Arbeitslosengeld bekommen, wenn die Forderungen ihrer streikenden

KollegInnen auch für sie gelten. Nach Änderung gibt es auch dann kein Arbeitslosengeld, wenn die Streikenden *ähnliche* Forderungen vertreten. In der Begründung für die Veränderung wurde von Staat und Unternehmern argumentiert, der § 116 habe die Unternehmer benachteiligt, weil der Staat, in Gestalt der Bundesanstalt für Arbeit, die Seite der Arbeiter gestärkt habe und so ein »Ungleichgewicht« zwischen Arbeitern und Unternehmern zugunsten der Arbeiter entstanden sei. Die Gewerkschaften argumentierten, die Änderung des Paragrafen beschneide das Streikrecht der Arbeiter und verändere so das Gleichgewicht zugunsten der Unternehmer. Beide Seiten gingen in ihrer Argumentation von einem (existierenden, bzw. [wieder]herzustellenden) Gleichgewicht zwischen Arbeit und Kapital aus, das vom Staat zu garantieren sei – und darin gerade liegt das Ideologische: Der Streik ist eine Austragungsform von Interessengegensätzen zwischen Arbeit und Kapital. Die Form wird vom Staat geregelt, es gibt Gesetze, die bestimmen, wann ein Streik legal, wann er illegal ist (z. B. ein politischer Streik). Durch diese Regelungen werden Arbeiter und Unternehmer als prinzipiell gleiche Gegner konstituiert: Die Arbeiter haben den Streik, der Unternehmer hat die Produktionsmittel und damit die Möglichkeit der Aussperrung. Das Klassenverhältnis (das Ausbeutung per Definition einschließt) wird zum Verhältnis gleicher (Tarif)Partner. Aus solcher Praxis (und aus den ökonomischen Praxen wie Lohnform und Warenform der Produkte) entstehen entsprechende Vorstellungen von Gerechtigkeit und Gleichheit, vor denen sich die jeweiligen Handlungen legitimieren müssen.

Die Gleichberechtigung zwischen Unternehmern und Arbeitern ist also nicht Ideologie in dem Sinne, dass sie einfach eine falsche Vorstellung ist. Der Streik z.B., in dem diese Gleichheit gelebt wird, ist keine Idee, schon gar keine falsche. Man könnte vereinfacht sagen, der Staat organisiert (durch Gesetzgebung z.B.), dass der Klassengegensatz als Unterschied gleicher Partner gelebt wird. Indem die Arbeitenden in dieser Form handeln, bestätigen sie sie, füllen sie mit Leben. Freiwillig stimmen sie der Regelung ihrer Kampfbedingungen durch den Staat zu. Das ist deswegen möglich, weil im Streikrecht auch Arbeiterinteressen verwirklicht sind. Die Vorstellung, Arbeiter und Kapitalist seien gleichberechtigte Partner, entspringt zuallererst aus der ökonomischen Praxis des Austausches, in der beide sich als Käufer und Verkäufer von Arbeitskraft gegenüberstehen (vgl. MEW 23, u.a. 4. Kap., 21. und 22. Kap.). Erst auf diesen »objektiven Gedankenformen« (vgl. auch Haug 1985) bauen juristische und politische auf.

Andererseits gibt es für Staat und Kapital keine Garantie dafür, dass die Praktizierung des Streikrechts diese Form nicht eines Tages sprengt. Die ideologischen Mächte bestimmen das (Er)Leben der Klassenverhältnisse, indem sie »das aggressive Schweigen über das kapitalistische Klassenverhältnis [organisieren]« (PIT 1979, 186). Dabei geht es nicht nur darum, über irgendetwas nicht zu sprechen, sondern darum, Lebenspraxen zu organisieren, in denen andere Gegensätze als diejenigen, deren Aufhebung systemsprengend wäre, in den Vordergrund rücken: Statt vom Gegensatz zwischen den Besitzern der Produktionsmittel und denjenigen, die nur ihre Arbeitskraft besitzen, spricht man zum Beispiel vom Gegensatz zwischen »Arbeitsbesitzern« und »Arbeitslosen« und hat damit die Besitzer der Produktionsmittel aus dem Konflikt verschwinden lassen. Ein weiteres Merkmal ideologischer

Vergesellschaftung, wie wir sie verstehen, wurde in dem Streik-Beispiel angedeutet. Die beiden Seiten legitimieren ihren Standpunkt jeweils in Bezug auf einen allgemeinen Wert oder eine allgemeine Moral: in diesem Fall in Bezug auf Gleichheit. Nun ist Gleichheit nicht an sich ein »ideologischer Wert«. In der Forderung nach Gleichheit artikuliert sich auch das Interesse, nicht beherrscht und nicht ausgebeutet zu werden.

Indem die Forderung nach Gleichheit jedoch gestellt wird, ohne die antagonistische Struktur (das Klassenverhältnis) anzutasten, bzw. innerhalb dieser Struktur, in den von ihr vorgegebenen Logiken, wird sie zu einem ideologischen Wert. Sie wird zu einer bloßen Idee, aus der Handlungsmaximen abgeleitet werden, ohne dass nach den realen Bedingungen ihrer Möglichkeit gefragt wird. Dieser Vorgang kann als Umartikulierung von Interessen in nicht hinterfragbare Normen bezeichnet werden. Es könnte nach dem Gesagten so erscheinen, als seien alle gesellschaftlichen Praxen nur ideologisch und alle Kämpfe (zum Beispiel Streik) schlicht Einordnung in Vergesellschaftung von oben. Diese Vorstellung wäre fatal, weil so niemals erklärt werden könnte, wie Befreiung möglich ist. Deshalb müssen wir noch einige Widerhaken in diese durch die Kürze allzu glatt erscheinende Argumentation setzen:

1. Trotz aller Formen, in denen das Schweigen über die Klassenverhältnisse organisiert wird, gibt es auch Formen, in denen sie erfahren werden können: z. B. am Arbeitsplatz, in Streiks, in denen die verhimmelte Form der »Gleichheitsstruktur«, je nachdem, wie der Kampf geführt wird, auch als solche sichtbar werden kann.

2. Neben den Formen der Vergesellschaftung von oben (Fremdvergesellschaftung) gibt es immer auch Elemen-

te der Selbstvergesellschaftung, z. B. in Gewerkschaften (obwohl diese gleichzeitig in der ideologischen Struktur funktionieren, wie im obigen Beispiel gezeigt), in sozialen und/oder wissenschaftlichen Projekten, alternativen Lebensformen, Vereinen, politischen Organisationen.

3. Neben den und gegen die Formen ideologischer Vergesellschaftung gibt es kulturelle Lebensformen, Formen, in denen Gruppen oder Klassen ihre »Gruppenidentität« leben.

Den Unterschied zwischen der Selbstvergesellschaftung und dem Kulturellen können wir so fassen: Mit dem ersten Begriff lassen sich die Praxen begreifen, in denen die Menschen selbsttätig bestimmte gemeinsame Angelegenheiten regeln: Arbeit, Interessensvertretung, soziale Aufgaben u. Ä. Im Begriff des Kulturellen fassen wir dagegen jenen Aspekt in allen Lebensbereichen, in dem die Individuen sich selbst, ihren Zusammenhalt als Selbstzweck leben. Kultur begreifen wir nicht als eigenen Bereich, der etwa im Gegensatz zu Natur oder, üblicher, im Gegensatz zum Arbeitsbereich stünde. Unserer Auffassung nach kann das Kulturelle Bestandteil jeder Lebenspraxis sein. Es beschreibt eine Art und Weise, in der die Individuen sich ihre Lebenswelt aneignen: sowohl in dem Lebensbereich, der normalerweise Kultur genannt wird (Theater, Kino, Konzert, Fernsehen, Feste, Urlaub usw.), als auch im Arbeitsbereich. Man arbeitet, um zu leben, der Zweck der jeweiligen konkreten Arbeit ist das Produkt. In unserer Gesellschaft findet die Arbeit meistens unter dem Kommando einer fremden Instanz statt, die die Ziele des Prozesses setzt. Dennoch kann es in dieser Arbeit auch einen kulturellen Aspekt geben, kann in ihr die Lust an den eigenen Fähigkeiten erlebt werden.

Dieser Aspekt, in dem die Individuen sich selbst leben, ihrem Leben einen Sinn verleihen, bildet ein Widerstandselement gegen die Einordnung in entfremdete Vergesellschaftung, in Herrschaftsverhältnisse. Diese Definition, die das Kulturelle als Dimension von Lebenspraxen fasst, erlaubt es, einen analytischen Schnitt durch diese Praxen zu ziehen und damit ihre Widersprüchlichkeit zu analysieren. So kann auch gezeigt werden, dass in dem, was Kultur genannt wird, Ideologisches wirkt, aber auch umgekehrt, dass in ideologisch organisierten Praxen das Kulturelle wirken kann. Nehmen wir ein Beispiel, das uns als modernen Großstadtbewohnern vielleicht etwas fern liegt, aber in dem sich die Widersprüche besonders deutlich zeigen lassen: ein Erntedankfest. Hier feiert sich die bäuerliche Gemeinschaft selbst, den Erfolg ihrer Arbeit, ihre Identität als produzierende Gruppe. Gleichzeitig aber, indem sie dieses Fest als Dank an Gott feiert, unterwirft sie sich einer ideologischen Struktur, betet sie eine übergeordnete Macht an. Um die Verwirrung noch größer zu machen: Im Namen einer religiösen Macht, also innerhalb einer Oben-unten-Struktur kann sich dennoch eine revolutionäre Bewegung entwickeln, die sich gegen den Staat richtet oder gegen die kirchliche Institution selbst.

Was man in der Theorie trennen kann und muss, ist in der Praxis ineinander verwickelt. Keine ideologische Macht kann Erfolg haben, die nicht Elemente des Kulturellen, des Selbstzweckhaften und der Selbstvergesellschaftung in die ideologische Struktur einbaut. Das ist ihre Stärke und ihre Schwäche zugleich. Sie erreicht damit die *freiwillige* Zustimmung, weil sich die Individuen in den von oben organisierten Praxen als eigenständig Handelnde einbauen (die Arbeitenden im Streik, die Bauern im Erntedankfest), aber zugleich besteht die Gefahr, dass die so entfremdet gelebte Gesellschaftlichkeit als von unten zu organisierende eingeklagt wird. Im dritten Kapitel werden wir auf die kulturelle Dimension von Lebenspraxen genauer eingehen, auf ihre Bedeutung für EinwandererInnen und auf ihren dynamischen Charakter. Hier sei kurz zusammengefasst, worauf es uns ankommt:

1. Der Staat als übergeordnete Instanz über den Individuen garantiert bei Fortbestand unvereinbarer Interessengegensätze (Herrschaftsverhältnisse) den gesellschaftlichen Zusammenhang des Gemeinwesens.

2. Kompetenzen der Vergesellschaftung (Fähigkeit und Entscheidungsmacht, den Zusammenhang innerhalb der Arbeit und in den anderen gesellschaftlichen Lebensbereichen herzustellen) sind den Individuen entzogen und von über ihnen stehenden Instanzen übernommen. Damit entstehen auf der Seite der Individuen Inkompetenzen und Kompetenzen in der Inkompetenz.

3. Die entfremdete Gesellschaftlichkeit ist langfristig nur durch Zustimmung der Gesellschaftsmitglieder zu ihrer Entfremdung gewährleistet.

4. Diese Zustimmung entsteht und wird organisiert, weil die Kräfte, die Individuen und Gruppen zusammenhalten (kulturelle Dimension), in die »oben-unten«-Struktur eingebaut sind. Das heißt, sie sind verknüpft mit Elementen der Unterordnung.

5. Die Individuen verknüpfen (nicht notwendig) ihre Lebensformen, Wünsche, Ziele mit den herrschenden Strukturen, mit dem Staat, mit Unterordnung unter übergeordnete Instanzen. Diese »freiwillige Zustimmung« geschieht nicht als bewusster Akt: Die vorhandenen Strukturen erscheinen als selbstverständlich und unveränderbar.

6. Kulturelle Praxen und ideologische Praxen existieren in der Wirklichkeit nicht getrennt voneinander. Die gleichen Individuen und Personen können widerständig und zustimmend zugleich leben.

Selbst wenn jetzt mehr Fragen offen sein sollten als zuvor, müssen wir die Darstellung hier abbrechen. Zur ausführlicheren Darstellung können die oben zitierten Arbeiten herangezogen werden, insbesondere der Artikel »Umrisse zu einer Theorie des Ideologischen« (PIT 1979, 178ff.). Immerhin können wir jetzt die Fragestellung, mit der wir ans Material gehen wollen, etwas präzisieren: Es geht uns darum, inwieweit Rassismus eine Form ideologischer Vergesellschaftung ist, das heißt, inwiefern sich die Individuen in die staatliche Ordnung einfügen, indem sie EinwanderInnen ablehnen, diskriminieren, marginalisieren, als minderwertig behandeln. Wir untersuchen Äußerungen von LeserbriefschreiberInnen, die wir meistens dem Buch von Hoffmann/Even (1984) entnommen haben. Unser Hauptgegenstand sind die unbewussten alltäglichen Formen von Rassismus und Ethnozentrismus, die nicht unmittelbar ins Auge springen wie die Aussagen in den hier zunächst untersuchten Leserbriefen. Die Analyse offen rassistischer Äußerungen erlaubt es uns jedoch, einige Logiken aufzudecken, die in den später zu untersuchenden offiziellen politischen Redeweisen und in den »ausländerfreundlichen« und fortschrittlichen, linken Diskursen in anderer Konstellation und in einem anderen Kontext vorkommen. Wir gehen also den Weg von der Analyse offen rassistischer Äußerungen über die Auseinandersetzung mit der seriösen Politik zur Untersuchung von Denkweisen, die bei denen üblich sind, die beruflich mit EinwanderInnen zu tun haben oder die versuchen, linke

Einwandererpolitik zu entwickeln. Letztere sind uns besonders wichtig, weil wir uns selbst zu diesem politischen Spektrum zählen und daher mit unserer Arbeit auch zur Verbesserung einer solchen Politik beitragen wollen. Wir hoffen, einige Thesen entwickeln zu können, die für eingehendere Untersuchungen fruchtbar zu machen sind.

Die Bundesrepublik als Fahrradladen

»Kein Deutscher ist bislang auf die Idee gekommen, am Gewinn eines Fahrradhändlers … beteiligt zu werden, wenn er ein Fahrrad gekauft … hat. Mit dem Leistungsaustausch sind die gegenseitigen Ansprüche erledigt. So ist es auch bei einem Gastarbeiter. Sie sind freiwillig – und nur zu gern – gekommen. Sie haben ihre Arbeitskraft verkauft und sind dafür entlohnt worden. Damit ist die Sache erledigt.« (Zit. n. Hoffmann/Even 1984, 42. Im Folgenden als »in H/E« zitiert.)

Es lohnt sich, zu beobachten, wie viele Versatzstücke ökonomischer Prozesse hier zu einer einheitlichen Logik verschmolzen sind. Im ersten Teil finden wir zwei gleichberechtigte ökonomische Gestalten vor, Käufer und Verkäufer einer Ware: Hier tritt der »Gastarbeiter« offenbar als Käufer, als Geldbesitzer auf, »der Deutsche« als Besitzer einer Ware. Kauf und Verkauf beenden das Verhältnis. Im zweiten Teil haben sich die Rollen schon umgekehrt: Nun sind die »Gastarbeiter« Verkäufer einer Ware, ihrer Arbeitskraft, und »die Deutschen« die Käufer. Die Kernargumentation, mit dem Austausch von Leistungen sei »die Sache erledigt«, bezieht ihre Plausibilität jedoch aus dem ersten Teil. Denn würde man die im zweiten Teil angesprochene Beziehung zugrunde legen, müsste man sagen: »Kein Deutscher ist bislang auf die Idee gekommen, am Gewinn eines Fahrradverkaufs beteiligt zu werden, wenn er das Fahrrad hergestellt hat.« Mit dieser Formulierung, die die wirkliche Beziehung wiedergibt, wäre allerdings kaum breiteres Einverständnis zu erzielen. Denn schließlich argumentiert die gewerkschaftliche Lohnpolitik u. a. damit, dass die Beteiligung an der Produktion von Gütern dazu berechtigt, am Gewinn beteiligt zu werden, der mit diesen Gütern gemacht wird.

Die Arbeitenden, die wie der Leserbriefschreiber sprechen, schlagen sich die Argumente für ihre eigenen Kämpfe aus der Hand, indem sie den EinwanderInnen gegenüber den Standpunkt des Arbeitgebers einnehmen, zu dem sie sonst im Gegensatz stehen. Der ideologische Effekt, die freiwillige Einordnung in die Kompetenz-/Inkompetenzstruktur der Ausbeutungsbeziehung, wird gelebt als Machtzuwachs: Derjenige, der bezahlt wird und deswegen sonst nichts mehr zu melden hat, setzt sich jetzt den EinwanderInnen gegenüber an die Stelle des Zahlenden. Im Gegensatz Deutsche – »Ausländer« sieht er sich oben. Will man antirassistische Strategien mit den Interessen von deutschen Arbeitenden verbinden, so kann bei solchen Argumentationen zumindest gezeigt werden, dass eine »Ausländer-raus«- Politik, die mit dieser Logik operiert, den gewerkschaftlichen Kämpfen den argumentativen Boden entzieht.

Die »deutsche Identität«

Die Rede von der deutschen Identität reduziert Identitätsbildung auf ihre ethnische Bestimmung und schließt damit alle anderen identitätsbestimmenden Elemente wie

Klasse, Geschlecht, regionale Zugehörigkeit usw. aus. In den Argumenten gegen die Anwesenheit von EinwanderInnen wird auf diese »deutsche Identität« Bezug genommen. »… es gibt den Anspruch auf die Identität aller Deutschen« (in H/E, 53).

»Die Türken wollen überwiegend keineswegs deutsche Kultur- und Lebensformen übernehmen« (ebd., 67).

»Nichts von den Lebensgewohnheiten der muselmanischen Türken verträgt sich mit unseren deutschen Vorstellungen …« (ebd., 77). Worin besteht nun diese »deutsche Identität«?

»Nichts von den Lebensgewohnheiten der muselmanischen Türken verträgt sich mit unseren deutschen Vorstellungen in unserer freiheitlich-demokratischen und sozialen Demokratie, noch viel weniger mit unserem christlich-abendländischen Kulturkreis.«

»Die Türken entstammen einer uns fremden Kultur mit ganz anderen Moral- und Wertvorstellungen … Moslemisches Verständnis vom Menschen, Staat, von Weltanschauungen usw., ist uns wesensfremd und gefährdet unseren Staat, unsere Gesellschaftsordnung und nicht zuletzt unsere garantierten Rechte und Freiheiten« (ebd., 77f.).

Schaut man sich die einzelnen Bestimmungen von »deutscher Identität« näher an, so fällt auf, dass nichts davon spezifisch deutsch ist. Weder die freiheitlich-demokratische und soziale Demokratie noch die Religion oder Rechte und Freiheiten, weder die Wert- und Moralvorstellungen noch die an anderen Stellen erwähnte Sprache unterscheidet die Bewohner der Bundesrepublik von allen anderen Völkern. (Abgesehen davon, dass zum Beispiel Moral- und Wertvorstellungen durchaus einige Deutsche von anderen Deutschen unterscheiden.) Aber die Frage, ob diese Bestimmungen deutscher Identität richtig oder falsch sind, sagt nichts über ihre Wirkung und Funktion für die Individuen aus. Was hier geschieht, ist die Konstruktion, die Herstellung einer »deutschen Identität« mittels des Vergleichs mit einer dabei gleichzeitig konstruierten »türkischen Identität«. Die Vagheit der Formulierungen macht sie gerade wirksam: Zunächst erscheint in der Entgegensetzung zu einer als »ganz anders« bezeichneten »türkischen Kultur« sehr plausibel, dass es etwas dazu im Gegensatz Stehendes, spezifisch Deutsches geben muss. Es ist ja nicht abzustreiten, dass der Islam eine andere Religion ist als das Christentum, auch nicht, dass es in der Türkei andere Lebensformen und eine andere Staatsform gibt als in der Bundesrepublik. Die Allgemeinheitsebene, auf der die Verschiedenheit behauptet wird, erlaubt es den Einzelnen zudem, ihre jeweiligen konkreten Vorstellungen in diese Begriffe hineinzudenken und sich angesprochen zu fühlen. Je konkreter die Aussagen, desto leichter wären sie überprüfbar und könnten den jeweils eigenen Erfahrungen widersprechen bzw. sie nicht in sich aufheben. Die Frage nach dem realen Gehalt einer »deutschen Identität« lässt sich unserer Meinung nach zugleich bejahen und verneinen. Es gibt sie einerseits und zwar im Sinne einer gemeinsamen Geschichte der deutschen BewohnerInnen der Bundesrepublik (wir sprechen hier nicht über andere Länder wie die DDR), einer gemeinsamen Sprache (obwohl dieses Kriterium in vielfacher Hinsicht fragwürdig ist: Deutsch wird einerseits auch in anderen Ländern gesprochen, deren Bevölkerung sicherlich in ihrer Mehrzahl keine »deutsche Identität« reklamieren will. Andererseits werden ÜbersiedlerInnen als Deutsche definiert, auch wenn sie nicht Deutsch sprechen), vielleicht auch im Bezug auf sogenannte Kulturgüter (womit eigentlich Kunst gemeint ist), obwohl hier die Differenzierung nach Klasse und Schicht schon sehr stark sein dürfte. Schließlich gibt es Lebensformen, die sich in bestimmten Aspekten von denen anderer ethnischer Gruppen innerhalb und außerhalb der Bundesrepublik unterscheiden (auch hier dürften die schicht- und klassenspezifischen Unterschiede recht groß sein). Und EinwanderInnen erleben zum Beispiel diese »deutsche Identität« als Anforderung, bestimmte Verhaltensweisen zu übernehmen. Es gibt andererseits keine »deutsche Identität«, da Identitäten ebenso wie durch ethnische Zugehörigkeit auch durch Klassenzugehörigkeit, Geschlechterzugehörigkeit, Zugehörigkeit zu einer bestimmten Region, zu einer Altersgruppe und durch jeweilige Spezifika der individuellen Biografie bestimmt sind.

Aufgrund dieser Widersprüchlichkeit scheint uns die Frage, ob es eine deutsche Identität gibt, weniger fruchtbar als die Frage, unter welchen Bedingungen gemeinsame Merkmale von Deutschen relevant und zu einer »deutschen Identität« angeordnet werden. Die Konstruktion einer deutschen Identität, in der Unterschiede zwischen ethnischen Minderheiten und der ethnischen Mehrheit in *unvereinbare Gegensätze* transformiert und diese wiederum als feste Eigenschaften der auf sie reduzierten ethnischen Gruppen begriffen werden, ist selbst ein Resultat ethnozentrischer und rassistischer Konstruktionen. Auf beiden Seiten wird die Widersprüchlichkeit und Vielfältigkeit der Identitäten ebenso wie ihre Entwicklung negiert (Näheres dazu im dritten Kapitel). Dieses Resultat schöpft jedoch nicht aus dem Nichts, sondern greift vorhandene Elemente auf, aktualisiert sie, gibt ihnen eine bestimmte Bedeutung im neuen historischen Kontext und erklärt sie für dominant im Vergleich zu anderen, zum Beispiel regionalen Bestimmungen. Um den Begriff von Hoffmann/Even aufzugreifen, könnte man sagen, aus den verschiedenen, nach Gruppen und Klassen differenzierten Gesellschaftsbildern entsteht ein einheitliches Gesellschaftsbild, das »Ausländer ausschließt«, in dem Maße, in dem Rassismus und Ethnozentrismus sich entwickeln. Das Bild, dessen »ausländerfeindlicher Gehalt« durch die Anwesenheit der »Ausländer« aktualisiert wird, ist nicht einfach vorhanden. Vielleicht könnte man sagen, die Farben zu dem Bild seien vorhanden, aber anders eingesetzt könnten sie ein anderes Bild ergeben. Nicht die Anwesenheit von »Ausländern« an sich aktualisiert latente »Ausländerfeindlichkeit«, sondern die Art und Weise, wie ihre Anwesenheit, ihre Lebensweisen zu den deutschen in Gegensatz gebracht werden, lässt ein »ausländerfeindliches« Gesellschaftsbild entstehen.

Ein Beispiel dafür, dass auch andere Reaktionsweisen möglich sind, wäre die »Türkenfreundschaft« in den 1920er Jahren. Sie wurde gepflegt von einer »Deutsch-Türkischen Vereinigung«, gegründet von führenden Unternehmern, die aus ökonomischen Gründen an guten Beziehungen mit der Türkei interessiert waren. Sie organisierten Stipendien von Einzelpersonen und Stadtkommunen, um türkischen Schülern den Besuch deutscher Schulen zu ermöglichen. Diese Vereinigung beeinflusste auch das deutsche Schulwesen zugunsten türkischer Schüler. Zum Beispiel wurden folgende Richtlinien erlassen:

Es wurde »der türkischen Sprache an deutschen Schulen dieselbe Berechtigung zuerkannt wie der englischen«

(zit. n. Schopp 1985, 2). 1917 erfolgte die Aufnahme des Türkischen unter die Fächer, für die eine Lehrbefähigung durch Prüfung erlangt werden konnte. Für das Examen wurde verlangt:

»Bekanntschaft mit der Geschichte, den staatlichen Einrichtungen und der Erdkunde der Türkei. Verständnis für die allgemeine Entwicklung des islamischen Geisteslebens, besonders der Religion« (ebd.). Von der Gesandtschaft in Konstantinopel wurden Leitlinien für die türkischen Schüler an deutschen Schulen verfasst. Es war erforderlich, »die türkischen Schüler in allem, was ihre religiöse und nationale Eigenart betrifft, nicht zu beeinträchtigen. Demgemäß wäre z. B. auf die Gebetsvorschriften und die Feste des Islam, falls die Schüler dies wünschen, Rücksicht zu nehmen« (ebd.). Solche Bestimmungen lassen sich heute in der Bundesrepublik nicht durchsetzen, obwohl die Ausgangslage, die Existenz von über einer Million türkischer BürgerInnen, dies viel dringender erfordern würde.

Dr. E. Jäck, Schriftführer der Deutsch-Türkischen Vereinigung und Professor für türkische Geschichte, schrieb 1915 Folgendes: »Europa kennt den Türken nicht: … Mit dem Begriff des Türken verbindet sich in Europa zumeist die Vorstellung der drei F: Fatalismus, Flegma und Fanatismus, und einige Phantasien vom Harem mischen sich auch noch darein. Nichts davon ist richtig. Der türkische Harem ergibt sich für den, der ihn kennengelernt hat, etwa wie die deutsche Familie: so monogam und so innig« (zit. n. Schopp 1985, 4).

Dies Beispiel zeigt, dass die gleiche Gruppe, deren Kultur heute als unvereinbarer Gegensatz zu einer deutschen Identität gedacht wird, unter anderen gesellschaftlichen

Bedingungen einerseits als durchaus vereinbar mit einer deutschen Lebensweise gedacht und andererseits in ihrer Unterschiedlichkeit geachtet werden konnte. Die Unterschiedlichkeit ist also nicht »an sich« ein quasi natürlicher Grund für Abwehrverhalten, sondern die Bedingungen, unter denen diese Unterschiedlichkeit erfahren wird. Diese Bedingungen sollten daher Gegenstand der Untersuchung sein und nicht immer wieder die EinwanderInnen selbst (vgl. hierzu auch das dritte Kapitel).

Identität als Identifizierung mit dem Staat

Wir haben bisher nicht die genauen Formulierungen in den oben angeführten Zitaten berücksichtigt: »freiheitlich-demokratische und soziale Demokratie, ... das ›moslemische Verständnis ...‹ gefährdet unseren Staat, unsere Gesellschaftsordnung ... unsere Rechte und Freiheiten«.

Die SprecherInnen formulieren ihre Zugehörigkeit zur »deutschen Identität« als Zustimmung zum Staat und seinen Instanzen. Sie transformieren die kulturelle Dimension des Lebens, die Entwicklung von Identitäten, in einen Prozess ideologischer Vergesellschaftung. Das ist ein Effekt der oben beschriebenen Vereinheitlichung verschiedener Identitäten zu einer »deutschen Identität«. Unversehens werden historisch spezifische staatliche Institutionen zu Ausdrucksweisen einer als unveränderbar gedachten Kultur und ethnischen Identität. Der Zusammenhalt der Gesellschaftsmitglieder wird als über den Staat vermittelter Zusammenhang gelebt, der er ja auch ist. Nur ist in dieser Gleichsetzung von Kultur, Identität und Staat jede Möglichkeit einer Kritik an staatlichen Vergesellschaftungsformen im Namen eigenständiger Lebenszusammenhänge verschwunden. Wenn der Staat und die »freiheitlich-demokratische Ordnung«, wenn die Gesellschaftsordnung insgesamt zur deutschen Kultur und Identität gehören, dann stellt sich logischerweise jede/r außerhalb dieser Identität, die/der diese Instanzen kritisiert, KritikerInnen werden potenziell zu »Türken«. Die Behauptung, die türkische Kultur sei mit der deutschen unvereinbar, ist *eine* Sache, eine andere sind die Erfahrungen, die Deutsche machen, für die diese Behauptung ein Erklärungsraster bietet. Wir haben weiter oben gesagt, dass die Abstraktheit, in der die Unterschiede zwischen deutscher und türkischer Kultur formuliert werden, es den Individuen ermöglicht, ihre Erfahrungen in diese allgemeinen Bestimmungen hineinzudenken. Um das zu verdeutlichen, wollen wir einige Aussagen betrachten, in denen türkische Lebensweise als unvereinbar mit deutscher Lebensweise erfahren und konstruiert wird.

»... zahlreiche deutsche Städte mit Tradition [haben] ihre ursprüngliche Identität und Lebensatmosphäre durch den hohen ›Ausländerzustrom‹ bereits in einem Ausmaß verloren, dass der Deutsche sich hier mitunter als Fremder in der eigenen Stadt fühlen muss.«

»Die Türken lümmeln sich in unseren Parklandschaften, wo früher kein Deutscher den Rasen betreten durfte.«

»Der Deutsche hat nichts gegen Ausländer, nur sieht er durch die weitere Überfremdung ... einen schleichenden Verlust der angestammten Heimat« (in H/E, 69).

In den beiden ersten Zitaten wird beklagt, dass sich die unmittelbare Lebensumgebung verändert hat. Es geht um den Verlust der vertrauten Umgebung, eine Grundlage für das, was im letzten Zitat Heimat genannt wird. Diese Vertrautheit mit der täglichen Umgebung ist ein kulturelles

Element der Vergesellschaftung, eine Weise, in der die Individuen ihre Identität bilden.

Es ist klar, dass die Veränderung dieser Umgebung die Sicherheit solcher kulturellen Identitäten infrage stellt. Die Art und Weise, wie diese Verunsicherung ausgesprochen wird, ist aber nicht selbstverständlich. Da »lümmeln« sich Türken in Parklandschaften, die früher kein Deutscher »betreten durfte«. Das von oben erlassene Verbot wurde in ein moralisches Gebot transformiert und als solches verinnerlicht: Das Sitzen auf dem Rasen wird zu einem »Lümmeln«, zu einer unmoralischen Tat, zu einer Form, sich außerhalb der Ordnung zu stellen. Eine nicht moralisierende Form, die Benutzung des Rasens infrage zu stellen, wäre die Argumentation mit seinem Erhalt. In einem solchen Fall ließe sich aber argumentieren, was bei einer moralisierenden Redeweise nicht möglich ist. Die Aggressivität, mit der gesprochen wird, lässt die Mühen erahnen, die die Einhaltung des Verbotes den Sprecher gekostet hat oder kostet. Die Parklandschaft wird offenbar nicht einfach als ein schönes Stück Natur wahrgenommen, das in vielfacher Weise genossen werden kann, sondern als ein Ort, der das Funktionieren der staatlichen Ordnung vorführt. Mit der Übertretung des Verbotes ist diese Ordnung in Gefahr und damit auch der Schutz, den die Zugehörigkeit zu dieser Ordnung und die Unterwerfung unter sie bieten.

Eine andere Struktur hat das erste Zitat: Hier geht es um gewachsene Identitäten einer Stadt, um Lebensatmosphäre. Betrachtet man allerdings die Entwicklung der Städte, das Vordringen der industriellen Bauweise, die Spekulationsbauten gerade auch dort, wo viele EinwanderInnen leben, sieht man die Einförmigkeit der Einkaufszentren, überall dominiert von Wimpy, McDonald's und anderen Schnellrestaurants, dann fragt man sich, warum sich kein oder kaum ein Widerstand gegen diese Zerstörungen traditioneller Lebensatmosphäre formiert hat. Durch den Zuzug von EinwanderInnen werden ja zum Teil traditionelle Wohnformen, wenn auch in etwas veränderter Weise, wieder lebendig: Mischung von Kleinhandel, Werkstätten und Wohnen, nachbarschaftliches Wohnen usw. Das Problem ist also nicht der Verlust von Tradition und Lebensatmosphäre, sondern die Erfahrung der Fremdheit. Was aber als fremd erfahren wird, ist selbst wieder ein Resultat der Konstruktionen des Selbst und des Anderen, die dann wieder zur Bedingung für die Art und Weise werden, in der das Andere als fremd erlebt wird: Wenn Personen einer als minderwertige »Rasse« konstruierten Gruppe zu Nachbarn werden, wird dies anders empfunden, als wenn VertreterInnen einer als überlegen konstruierten Gruppe ein Restaurant eröffnen. Wenn es heißt, »der Deutsche fühlt sich *überfremdet*«, so weist dies darauf hin, dass er sich nicht als Bewohner eines Viertels, sondern als Angehöriger einer höher bewerteten Nationalität bedroht fühlt. Man muss sich hüten, diese Versuche, rassistische Denkweisen zu analysieren und sie auf ihre ideologische Funktion abzuklopfen, als Missachtung der darin sich äußernden Bedürfnisse zu verstehen. Wir halten es im Gegenteil für eine Gefahr antirassistischer Politik, das Bedürfnis nach kultureller Identität, nach einer Vertrautheit mit der Lebensumgebung, nach »Heimat« schlicht als reaktionären Nationalismus abzutun. Solche Versuche sind hilflos, weil sie kulturelle Dimensionen des Lebens abstoßen, sie den Rechten überlassen, statt sie auf neue, antirassistische Art einzubinden. Sie bieten dem Rassismus eher noch einen Nährboden, indem sie Äußerungen wie der folgenden den Anschein von Berechtigung verleihen und sie dadurch wirksam machen:

»Nationalstolz der Bevölkerung der jungen afrikanischen Staaten finden sie in Ordnung [Journalisten], aber dem eigenen Volk will man das nicht zugestehen« (in H/E, 48).

Die Frage wäre für uns eher, wie die sich in rassistischen Redeweisen (Diskursen) äußernden Bedürfnisse aus diesem Zusammenhang gelöst und zum Bestandteil einer antirassistischen Politik werden könnten. Wie könnte sich die Freude an der Parklandschaft gegen das Verbot wenden, den Rasen zu betreten? Wie könnte das Bedürfnis nach Vertrautheit der Umgebung sich mit einer Neugier auf neue Lebensweisen verbinden und wie könnte beides wiederum eine Grundlage für den Kampf gegen industrielle Zerstörung der Umwelt, von Landschaft und Städten werden? Es geht nicht darum, mit einer antirassistischen Politik Menschen gegen ihre Interessen zu manipulieren, wie uns das Ute Osterkamp (1989) unterstellt hat. Es geht darum, wie eine antirassistische Politik in den sowieso stattfindenden Kampf um die Artikulation von Bedürfnissen eingreifen kann. Entscheiden müssen die Individuen selbst. Allerdings sehen wir es als die Aufgabe antirassistischer Politik, die zum Beispiel in den genannten Leserbriefen geäußerten Bedürfnisse, EinwanderInnen aus der Bundesrepublik hinauszuwerfen, zu bekämpfen. Wenn wir dabei versuchen, die in diesen Forderungen artikulierten Bedürfnisse nicht mit zu bekämpfen, sondern sie aus ihrer rassistischen Verknüpfung herauslösen wollen, können wir darin keine Manipulation sehen.

Die Funktion von Integrationsforderungen für Deutsche

Wir wollen abschließend eine weitere Redeweise – die von politischen Parteien – untersuchen, um zu einer ersten allgemeinen These über die ideologische Funktion des Rassismus zu kommen, über seine Funktion für die Produktion und Reproduktion bestehender Herrschaftsstrukturen. Die vorangegangenen Beispiele stammten aus offen rassistischen Leserbriefen, die wir untersuchten, um einen allgemeinen Mechanismus des Rassismus herauszuarbeiten, den wir als Grundlage zur Analyse subtilerer Formen von Rassismus und Ethnozentrismus benutzen wollen. Die nächsten Ausführungen beziehen sich auf offizielle Äußerungen politischer Parteien bzw. auf den Entwurf der Regierung zum neuen Ausländergesetz (Stand Dezember 1989).

Der Begriff INTEGRATION bei PARTEIEN und im REGIERUNGSENTWURF für ein neues Ausländergesetz

CDU
Soziale Integration beinhaltet auch die Respektierung der kulturellen und nationalen Eigenart der Ausländer im Rahmen der Werteordnung des Grundgesetzes der Bundesrepublik Deutschland. Das Konzept der sozialen Integration ist ein Angebot, das den Ausländern nicht aufgenötigt werden kann. Es erfordert vielmehr auch von ihrer Seite die Bereitschaft, sich in die Gemeinschaft aller Bürger einzugliedern.
Eine menschliche Ausländerpolitik lässt sich nur durchsetzen, wenn die Bereitschaft und die Fähigkeit der gesamten Bevölkerung, die Ausländer und ihre Besonderheiten in Kultur und Lebensstil zu akzeptieren und sie in die Gesellschaft zu integrieren, nicht überfordert werden. Deshalb darf der Anteil der ausländischen Bevölkerung nicht durch weiteren Zuzug aus Staaten, die nicht der Europäischen Gemeinschaft angehören, unkontrolliert ansteigen.
Die Deutschen müssen bereit sein zu akzeptieren, dass die Ausländer ihre Sprache, Kultur und ihre heimatlichen Sitten pflegen wollen, soweit dies nicht gegen unsere Gesetze und Gesellschaftsordnung verstößt. Sie sollen ihnen helfen, sich mit unserer Rechtsordnung und den Vorstellungen unse-

rer Gesellschaft vertraut zu machen. Die Ausländer ihrerseits müssen bereit sein, unsere Rechtsvorschriften und gesellschaftlichen Vorstellungen zu achten, die Hilfen und Integrationsangebote anzunehmen und bei der Pflege ihres Brauchtums auf die Vorstellungen ihrer deutschen Nachbarn Rücksicht zu nehmen.
Dieses Ziel [harmonisches Zusammenleben, d. Verf.] kann am ehesten erreicht werden, wenn den ausländischen Schülern in geeigneter Weise eine Chance und ein Anreiz zur Eingliederung in das deutsche Bildungswesen gegeben werden.
Dabei ist stets die Entscheidungsfreiheit zur Rückkehr in das Heimatland aufrechtzuerhalten. Dies setzt die Respektierung des Rechts auf eigene kulturelle Identität voraus.
Vorbehalte ausländischer, insbesondere türkischer Eltern gegen die Erziehung in deutschen Kindergärten müssen durch Aufklärung und mit Hilfe ausländischer Vertrauenspersonen abgebaut werden.
Kinder von drei bis sechs Jahren sollen grundsätzlich gemeinsam mit deutschen Kindern betreut werden, damit auf diese Weise zwanglos auch Deutsch die Umgangssprache der Kinder wird.
Bei der Gruppenbildung soll nach Möglichkeit der jeweilige Anteil von ausländischen Kindern so bemessen werden, dass die Integrationskraft erhalten bleibt.
Die Einbürgerung der Ausländer ist kein Mittel zu einer später vorzunehmenden Integration, sie setzt vielmehr schon eine Integration voraus. Soweit jedoch nicht sehr wesentliche deutsche Belange entgegenstehen, soll sie denjenigen Ausländern ermöglicht werden, die sich in längerem Aufenthalt bewusst in die deutsche Gesellschaft eingegliedert haben und unsere Verfassungsordnung bejahen. Die Einbürgerung setzt ein vorbehaltloses Bekenntnis der Zugehörigkeit zum deutschen Volk voraus.

FDP

Wir werden uns für eine Integration einsetzen, die die Gleichberechtigung der bei uns lebenden Ausländer in den Bereichen Wohnen, Schule, Ausbildung und beruflicher Tätigkeit zum Ziel hat. Um die sprachliche und soziale Eingliederung in der Schule rechtzeitig zu fördern, sollten möglichst alle ausländischen Kinder einen Kindergarten besuchen.
Dazu müssen Vorurteile und Informationsdefizite der ausländischen Eltern über Inhalte der Kindergartenerziehung durch persönliche Kontakte und Informationsbroschüren in der jeweiligen Muttersprache abgebaut werden. Zugleich sind die Väter und Mütter in die Elternarbeit der Kindergärten einzubeziehen.
Ausländische Kinder und Jugendliche sind grundsätzlich in Regelklassen gemeinsam mit deutschen Kindern zu unterrichten. Diejenigen, die ohne oder nur mit geringen deutschen Sprachkenntnissen in die Schule eintreten, sollten nur so lange in Vorberei-

tungsklassen oder in altersgerechten Sprachintensivkursen unterrichtet werden, bis sie ganz oder teilweise in den Unterricht der Regelklasse überwechseln können. In den Schulen sollten folgende ergänzende Hilfen/ Angebote für ausländische Schüler vorgesehen werden: – Wahl der Muttersprache an Stelle der ersten oder zweiten Fremdsprache, soweit sich eine ausreichende Zahl von Schülern dafür entscheidet; – islamischer Religionsunterricht für moslemische Schüler; [...] In allen Bereichen des Bildungssystems sind für ausländische Kinder und Jugendliche neben allgemein integrationsfördernden Maßnahmen auch Hilfen zur Wahrnehmung der kulturellen Identität wie z. B. muttersprachlicher und heimatkundlicher Unterricht anzubieten.

Die soziale Eingliederung von Ausländern kann in Wohnghettos nur schlecht gelingen. Das Bemühen um die Integration der Ausländer in unsrer Gesellschaft erfordert eine bessere Kenntnis der unterschiedlichen Kulturen von Ausländern und Deutschen. Kulturelle Arbeit sollte dazu beitragen, eine Entfremdung von heimatlicher Kultur zu vermeiden und Vertrautheit mit deutscher Kultur zu schaffen. Bei der erstmaligen Erteilung einer Aufenthaltserlaubnis sollen auch künftig restriktive Bestimmungen gelten. Der Anwerbestopp muss aufrechterhalten werden.

Regierungsentwurf

Mit der Integrationszusage an die angeworbenen ausländischen Arbeitnehmer hat sich die Bundesrepublik Deutschland eine erhebliche Pflicht auferlegt. Diese Zusage lässt sich nur rechtfertigen und einlösen, wenn und weil es sich hierbei historisch um einen in dieser Größenordnung einmaligen, d. h. endlichen Vorgang handelt. Auch ist die Integrationskraft der Bundesrepublik Deutschland nicht unerschöpflich. Eine auch noch in der Zukunft und auf Dauer sich ständig erneuernde Integrationslast würde diese überfordern. Demgegenüber hält der Entwurf daran fest, dass Ausländern ein gesicherter Daueraufenthalt nur gewährt wird, soweit sie die ethisch-moralischen, rechtlichen, kulturellen und sozialen Wertvorstellungen der Bundesrepublik Deutschland respektieren. Ausländer können nicht über Generationen hinweg eine außerhalb der staatlichen Gemeinschaft stehende gleichberechtigte, aber nicht gleichverpflichtete Gruppe bilden.

Die Bundesregierung hält es für notwendig, an die Ausländer, die sich schon lange im Bundesgebiet aufhalten und auch auf Dauer hier bleiben wollen, zu appellieren, sich um die deutsche Staatsangehörigkeit zu bewerben.

Es gilt, den jungen Ausländern deutlich zu machen, dass die Bundesrepublik Deutschland an ihre dauernde Niederlassung im Bundesgebiet Erwartungen knüpft, auch alle Rechte und Pflichten eines Staatsbürgers zu

übernehmen. Dies kann sich freilich nicht nur in einer formalen Eingliederung erschöpfen, sondern setzt freiwillige und dauernde Hinwendung zu unserem Staat voraus.
In dem ernsthaften und nachhaltigen Bemühen um Entlassung aus der bisherigen Staatsangehörigkeit ist ein entscheidendes Kriterium für eine Zuordnung des Ausländers zur Bundesrepublik Deutschland zu sehen.
Der Rechtsanspruch auf Nachzug wird ferner auf die Kinder unter 16 Jahren begrenzt. Diese Altersgrenze entspricht dem geltenden Recht. Abgesehen von den integrationspolitischen Bedenken gegen einen Nachzug älterer Kinder verliert bei diesem Personenkreis der Gesichtspunkt, die Familieneinheit und die persönliche Betreuung der Kinder zu gewährleisten, zunehmend an Gewicht.

SPD

Damit [Familiennachzug, d. Verf.] soll nicht die Möglichkeit unbegrenzten Zuzugs für Ausländer eröffnet werden, denn der Anwerbestopp muss aufrechterhalten bleiben. Nur so sind die Interessen der heimischen Bevölkerung mit den Belangen der Ausländerinnen und Ausländer und dem Ziel der Integrationspolitik in Einklang zu bringen. Durch ein neu gefasstes Ausländerrecht soll auch eine erneute konzeptionslose Einwanderung verhindert werden, die humanitäre Belange der Einwanderer und ihrer Familien nicht hinreichend berücksichtigt [...]
Die Integration von Ausländern in die Gesellschaft der Bundesrepublik Deutschland soll mit Hilfe eines gestaffelten Systems bei der Erteilung und Verlängerung einer Aufenthaltserlaubnis verbessert werden. Nach einem längeren Aufenthalt sollen Ausländer durch ein neuartiges Niederlassungsrecht Rechte und Pflichten erhalten, die denen der Deutschen weitgehend entsprechen, ohne dass sie in diesem Stadium der Integration gezwungen sind, ihre bisherige Staatsangehörigkeit aufzugeben. Das Niederlassungsrecht ist deshalb auch als Vorstufe zur Einbürgerung gedacht; mit ihr gilt der Vorgang der Integration als abgeschlossen. Das Gesetz knüpft an das bisherige Verständnis von Integration an, d. h. Ausländer, die sich nicht nur vorübergehend in der Bundesrepublik Deutschland aufhalten, müssen damit nicht ihre kulturelle Eigenständigkeit aufgeben. Deshalb sind administrative Maßnahmen zur Durchsetzung von Integration nur auf wenige Fälle beschränkt, in denen dies zum Schutz der Ausländer geboten ist. Die Voraussetzungen, unter denen die Anwesenheit von Ausländern beendet werden kann, sind in den Fällen zu präzisieren, in denen die grundsätzlich angestrebte Integration in die Gesellschaft der Bundesrepublik Deutschland gescheitert ist. Deshalb ist die Ausweisung nur in den in diesem Gesetz abschließend aufgeführten Fällen möglich.
Im Übrigen bringt dieses Recht [Niederlassungsrecht, d. Verf.] solchen Ausländern eine Verbesserung ihres

Status, die trotz fortgeschrittener Integration noch nicht in der Lage sind, sich durch einen Einbürgerungsantrag endgültig von ihrem Herkunftsland zu lösen.
Das Niederlassungsrecht wird zugesprochen, weil nach einer Anwesenheit von 8 Jahren vermutet wird, dass eine besonders intensive Integration des Ausländers stattgefunden hat. Diese Vermutung wird widerlegt, wenn der Ausländer einen Grund geschaffen hat, aus dem er aus der Bundesrepublik Deutschland ausgewiesen werden kann. Die Ausländerbehörde hat dann unter Berücksichtigung aller Umstände zu entscheiden, ob das Niederlassungsrecht entzogen werden muss.

DIE GRÜNEN

Ausländer und Ausländerinnen haben das Recht, im Geltungsbereich des Gesetzes auf Dauer zu bleiben, wenn sie zur Niederlassung zugelassen sind. Zur Niederlassung zugelassen werden 1. Ausländer und Ausländerinnen nach einem rechtmäßigen Aufenthalt von fünf Jahren (Paragraph 2) 2. Sonstige Ausländer und Ausländerinnen (Paragraph 3) 3. Familienangehörige Niederlassungsberechtigter.
Paragraph 1 Abs. 1 konstituiert einen Anspruch auf Niederlassung und damit die grundsätzliche Zielsetzung des Gesetzes. Ausländerinnen und Ausländern, die sich entschieden haben, sich in der Bundesrepublik Deutschland niederzulassen, soll die Möglichkeit gegeben werden, diese Entscheidung auch rechtlich abzusichern. Die Bundesrepublik Deutschland zieht damit die gebotenen Konsequenzen aus ihrem eigenen Verhalten, das darin bestand, dass sie die Arbeitskräfte für unbestimmte Dauer ins Land geholt hat und mit ihrer Hilfe ihre Wirtschaft, ihre sozialen Institutionen, ihre Kultur und letztendlich ihren Wohlstand aufgebaut hat.
Es hat sich [...] gezeigt, dass der Versuch, das Erreichen einer höheren Stufe der aufenthaltsrechtlichen Absicherung für Ausländerinnen und Ausländer mit Bedingungen – insbesondere hinsichtlich der Wohnverhältnisse und des Spracherwerbs – zu verknüpfen, in der Verwaltungspraxis zu für die ausländische Bevölkerung erniedrigenden Prozeduren geführt hat, die im Ergebnis die Ausländerinnen und Ausländer an der Wahrnehmung ihrer Rechte gehindert haben. Die Aufstellung solcher Voraussetzungen ist zur Wahrung öffentlicher Belange nicht notwendig. Wenn sich ein Ausländer oder eine Ausländerin fünf Jahre lang regelmäßig in Deutschland aufgehalten hat, so folgt hieraus unter den gegenwärtigen wirtschaftlichen, sozialen und rechtlichen [...] Bedingungen, dass er/sie in der Lage war, seinen/ihren Lebensunterhalt zu sichern.

Es wäre eine eigene Arbeit wert, diese Programme, ihre Argumentationsweisen und Verknüpfungen zu untersuchen. Hier wollen wir nur einen zentralen Begriff herausgreifen: die Integration. Für alle Parteien, außer für die GRÜNEN, bildet Integration den Ausgangspunkt der politischen Forderungen.

Für die CDU ist Integration mit der »sozialen Gleichstellung«, für die FDP mit »Gleichberechtigung« verknüpft. Schaut man genauer hin, dann ist es mit dieser Gleichstellung jedoch nicht weit her: Sowohl für die CDU als auch für die FDP ist sie nur möglich, wenn die EinwanderInnen sich an die deutsche Lebensweise anpassen, d. h. deutsche Sprache und Kultur übernehmen. Das zeigt sich besonders deutlich an den Vorstellungen zur Bildung und Erziehung der Einwandererkinder: In den CDU-Leitsätzen geht es darum, dass den »ausländischen Schülern in geeigneter Weise eine Chance und ein Anreiz zur Eingliederung in das deutsche Bildungswesen gegeben werden«. Das bedeutet, dass schon vom Kindergarten an eine gemeinsame Erziehung von deutschen und Einwandererkindern stattfinden soll, »damit auf diese Weise zwanglos auch Deutsch die Umgangssprache der Kinder wird«. Die eigene Sprache und die eigene Kultur sollen zwar zusätzlich berücksichtigt werden, dies wird jedoch lediglich im Zusammenhang mit einer möglichen Rückkehr erwähnt: »Diese [die Rückkehr, d. Verf.] setzt die Respektierung des Rechts auf eigene kulturelle Identität voraus.«

Obwohl die »Positionen der FDP ...« in vielen gesetzlichen Bestimmungen erwartungsgemäß sehr viel liberaler sind als die der CDU, unterscheiden sie sich in ihren Bildungsvorstellungen kaum von ihr. Auch der FDP geht es um die »sprachliche und soziale Eingliederung«

und um den möglichst raschen Übergang der Einwandererkinder in die Regelklasse. Zwar fordert sie, dass »Hilfen zur Wahrnehmung der kulturellen Identität wie z. B. muttersprachlicher und heimatkundlicher Unterricht anzubieten« sind, ohne dies auf eine mögliche Rückkehr zu beziehen, aber die marginale Stellung, die ein solcher Unterricht nur haben kann, wenn die Muttersprache lediglich als Fremdsprache gelernt wird, zeigt die geringe Bedeutung, die man diesem Unterricht beimisst. Auch die sicher zu unterstützende Forderung nach islamischem Religionsunterricht und heimatkundlichem Unterricht bricht nicht mit der Vorstellung, dass die Eigenständigkeit des Kulturellen lediglich die Bewahrung von Vergangenem beinhaltet. Es geht uns hier nicht darum, eine Lanze für Nationalklassen zu brechen oder gegen oder für Regelklassen zu argumentieren. Unabhängig von der konkreten Schulform muss das Kriterium erfüllt sein, dass Erlernen und Weiterentwickeln der eigenen Sprache und eigener Lebensweisen gleichberechtigt neben dem Erlernen und Weiterentwickeln deutscher Sprache und Lebensweisen steht. Das bedeutet zum Beispiel, dass es auch Unterricht (wie zum Beispiel Mathematik) in der Muttersprache geben muss (vgl. hierzu Rehbein 1985; zur Untersuchung verschiedener Schulformen in Bezug auf ihren Einfluss auf die Handlungsfähigkeit von Jugendlichen vgl. Kalpaka 1986). Unter Gleichstellung und Gleichberechtigung wird also nicht verstanden, dass Einwandererkinder ebenso wie deutsche das Recht haben, in ihrer Muttersprache unterrichtet zu werden, sondern dass sie den gleichen Unterricht bekommen wie die deutschen Kinder, was letztlich eine Ungleichbehandlung bedeutet. Es geht nicht um das gleiche Recht für die jeweils verschiedenen Sprachen

z. B., sondern um die Herstellung von Gleichheit durch Angleichung. Wenn dabei in unterschiedlichem Ausmaß und aus unterschiedlichen Gründen Zugeständnisse an die Muttersprache und an die kulturelle Identität gemacht werden, ändert dies nichts an der Grundhaltung.

Dies wird auch in den allgemeineren Aussagen zur Integration deutlich. Sowohl CDU als auch FDP betonen die Gegenseitigkeit des Integrationsprozesses, das Gleiche wird auch im Regierungsentwurf zum Ausländergesetz formuliert. Schaut man sich aber an, was geschehen muss, damit diese Integration stattfindet, heißt es über die deutsche Bevölkerung nur ganz allgemein, dass sie lernen muss, die »Eigenart« der »Ausländer« zu »respektieren« (CDU), dass sie den »Ausländern« einen »Freiraum für die Bewahrung der eigenen kulturellen Identität lassen« (Regierungsentwurf) muss. Wie die deutsche Bevölkerung dies lernen soll, dazu ist in keinem der durchgesehenen Papiere eine Aussage enthalten. Es finden sich lediglich Vorschläge für die Integration der eingewanderten Bevölkerung (vgl. S. 6ff. des FDP-, S. 7ff. des CDU-Papiers). Das geht von Maßnahmen zum Erlernen der deutschen Sprache über Beratungsformen und Aufklärung bis hin zu Maßnahmen, die die Entstehung von »Wohnghettos« verhindern sollen, weil dies die Eingliederung behindere (FDP). Besonders auffällig wird das Fehlen von Maßnahmen für Deutsche, wenn es heißt, Vorurteile und Informationsdefizite über Kindergärten müssten bei »ausländischen Eltern« abgebaut werden (CDU und FDP). Dabei pfeifen es schon seit langem die Spatzen von den Dächern, dass es deutsche Eltern sind, die ihre Kinder am liebsten aus Kindergärten und Schulen nehmen möchten, in denen ein größerer Anteil von Einwandererkindern ist.

Dass die »Ausländer« letztlich selbst verantwortlich sind, wenn ihre Integration nicht klappt, ergibt sich aus dem Konsens aller Parteien (mit Ausnahme der GRÜNEN) über die Notwendigkeit des Zuzugstopps als Garant der Integration. Behauptungen, dass die Zahl der EinwanderInnen über ihre Integrationsmöglichkeit entscheide, weil man den Deutschen nur die Akzeptanz einer bestimmten Menge von ihnen zumuten könne, geistern durch sämtliche Verlautbarungen.

Letzteres gilt auch für den Gesetzesentwurf der SPD. Diese Partei macht den Eindruck, als habe sie sich aus der Ausländerpolitik zurückgezogen: Aus der Zentrale in Bonn erhielten wir auf unsere Anfrage nach ihren Positionen lediglich ein vierseitiges Flugblatt gegen Vorurteile, in dem die alten Argumente wiederholt werden, dass »Ausländer« die schmutzigen Arbeiten machen, eine starke Kaufkraft darstellen und deshalb so nützlich für unsere Gesellschaft sind (vgl. zu dieser Argumentationslogik das dritte Kapitel). Die Landeszentrale in Hamburg hatte überhaupt keine Unterlagen, lediglich aus der Fraktion erhielten wir ihre Anträge in der Bürgerschaft (die für unsere Fragestellung nichts enthielten und deshalb nicht behandelt sind), und nur durch die persönliche Bekanntschaft mit SPD-Mitgliedern bekamen wir den von dieser Partei in den Bundestag eingebrachten Gesetzentwurf. So können wir hier lobend hervorheben, dass die SPD inzwischen auch ein Niederlassungsrecht vorgeschlagen hat, allerdings als Vorstufe zur Einbürgerung, mit der dann die Integration als abgeschlossen gilt. Auch die SPD betont, dass Integration nicht bedeute, dass »Ausländer … ihre kulturelle Eigenständigkeit aufgeben [müssen]«. Es ist jedoch ein Widerspruch, einerseits Integration erst dann als abgeschlossen zu betrachten, wenn eine Einbürgerung erfolgt ist, und andererseits zu behaupten, die kulturelle Eigenständigkeit könne gewahrt werden. Worin diese Eigenständigkeit dann liegt und wie sie gesichert werden kann, davon ist in dem Gesetzentwurf nicht die Rede. Ähnlich wie die Programme von FDP und CDU und insbesondere der Regierungsentwurf ist der Gesetzesentwurf der SPD aus einer Haltung heraus entworfen, der es um die Reglementierung, Kontrolle, Beschränkung der Rechte von EinwanderInnen geht. Wir wollen nicht leugnen, dass es für Letztere einen Unterschied macht, ob ihre Rechte von der CDU oder von der SPD beschränkt werden, da dies das Ausmaß der Beschränkung und damit das Ausmaß der zugestandenen Rechte beeinflusst. Um die Gleichberechtigung von ethnischen Minderheiten, wie sie von allen diesen Parteien für die deutschen Minderheiten in osteuropäischen Ländern gefordert wird, geht es ihnen jedoch nicht.

Hier stellt die Gesetzesvorlage der GRÜNEN doch einen qualitativen Unterschied dar. Bei ihrem vorgelegten Entwurf zu einem Niederlassungsgesetz geht es darum, den EinwanderInnen und Flüchtlingen ein gesichertes Leben in der Bundesrepublik zu ermöglichen, sie den Deutschen gleichzustellen, ohne dass an sie unzählige Anforderungen gestellt werden, mit denen sie sich dieses Recht verdienen müssen. Stattdessen wird ihre Anwerbung durch die Bundesrepublik als Verpflichtung, ihnen ein Niederlassungsrecht zu garantieren, begriffen. Wie wir weiter unten sehen werden, entspricht das konkrete politische Handeln der Individuen in einer solchen Partei nicht unbedingt den in dieser Gesetzesvorlage deutlich werdenden Zielvorstellungen. Schon im Grundsatzprogramm der GRÜNEN taucht der winzige Abschnitt »Gegen die Diskriminierung von Ausländern« unter der Überschrift »soziale Randgruppen« auf. Im übrigen Programm sind EinwanderInnen an keiner Stelle erwähnt. Sie werden also noch nicht als integraler Bestandteil der bundesrepublikanischen Gesellschaft begriffen.

Die hier vorgeführten Integrationsforderungen haben verschiedene Effekte: Sie bestätigen die Richtigkeit deutscher Lebensweise, wobei wir gesehen haben, dass darunter alltägliche Gewohnheiten (Park, Leben in Städten), in denen sich staatliche Ordnung und nationale Identität manifestieren können, bis hin zum bestehenden staatlichen System samt seiner gegenwärtigen Verfassung, sowie Religion usw. zu verstehen sind. Integrationsforderungen unterstellen zugleich, dass die Lebensweisen der EinwanderInnen, ihre Rechts- und Staatsauffassungen, ihre Bildungsvorstellungen, im Vergleich zu den deutschen unterentwickelt, mindestens aber dysfunktional für das Leben in dieser Gesellschaft sind. Es ist sicher richtig, dass veränderte Lebensbedingungen veränderte Lebensweisen erfordern. Diskriminierend an den Integrationsforderungen ist jedoch, dass den EinwanderInnen von vornherein nicht zugetraut wird, eigene Lebensformen in der deutschen Gesellschaft zu entwickeln, sondern dass sie sich in das Bestehende einzufügen haben, wobei dieses wiederum als feste homogene Struktur gefasst wird, die sich selbst nicht verändert. Wie die Integration zu verlaufen hat, wird von deutscher Seite bestimmt. Aber die Integrationsforderungen haben nicht nur einen Effekt auf die EinwanderInnen selbst. Wolfgang Fritz Haug hat in seiner Analyse des Antisemitismus im deutschen Faschismus die Funktion dieser Form des Rassismus für die nicht-jüdische Bevölkerung herausgearbeitet:

> Andererseits erlauben die rassistischen Elemente, eine Doppelung des Volkes zu konstituieren: Das Volk wird nun konstituiert im selben Zug wie das Gegenvolk […] Volk und Gegenvolk werden einander entgegengesetzt und ineinander gespiegelt […] Und wie in den Bildern vom Jüngsten Gericht, wo der »Herr«, in der Mitte darüber geordnet, das Volk nach Gut und Böse teilt, schreibt sich in diese Achse die Vertikale der Herrschaft ein […] Der Rassismus hat die Doppelfunktion: Vereinheitlichung dieses Blocks und seine Konstitution auf eine Weise, die das Führungs-/Unterstellungsprinzip zentral verankert. (1984, 247)

Diese Teilung des Volkes in Gute und Böse, bei gleichzeitiger Unterstellung unter eine oberste Gewalt, kann sich auf Tätigkeiten der Individuen im Alltag stützen:

> In der Zwischenwelt der Intimsphäre, wo das Individuum »mit sich allein« ist, ist der Tummelplatz der größten Gegensätze. Der Ort, wo man sich gehen lässt, ist auch der Ort, wo man sich diszipliniert. Dort stoßen die institutionellen Diskurse auf entscheidende Resonanz. Den Resonanzboden bildet ein Ensemble von Tätigkeiten – Übungen und Ritualen –, die ich *Normalisierungspraxen* nenne. Es geht dabei um die selbständige Herstellung der eigenen »Normalität« […] Immer geht es dabei um Selbstmodellierung zum »Subjekt« mehrerer Ordnungen – des Erwerbslebens, der Moral, des Geschlechterverhältnisses usw. –, deren Zusammenhalt dadurch zugleich je individuell reproduziert wird. (ebd., 250f.)

Wir wollen natürlich nicht behaupten, dass die Bundesrepublik faschistisch ist oder kurz davor, es zu werden.

Aber wir denken, dass die Integrationsforderung auch hier eine Funktion hat für Deutsche, nämlich für die Konstituierung eines »deutschen Staatsbürgers« und einer »deutschen Identität«: Integrationsforderungen fordern nicht nur EinwanderInnen, sondern auch Deutsche auf, sich an bestimmte Normen und Wertordnungen, Moralvorstellungen, Lebensweisen anzupassen. An den EinwanderInnen kann als Negativbild verdeutlicht werden, was deutsch ist. Dass dies auch im Alltag von den Individuen selbst so vollzogen wird, zeigten nicht nur die Ausschnitte aus den Leserbriefen, sondern auch (s. weiter oben) die Umfrage in unseren Seminaren.

Auf politischer Ebene bedeutet dies, dass umstrittene Formulierungen wie die »Grundsätze der freiheitlichen Demokratie« (man denke an die Berufsverbotspraxis), indem man sie als etwas darstellt, an das sich »Ausländer« anzupassen haben, zu selbstverständlichen Kennzeichen des »Deutschen« werden. »Deutsch-Sein« wird dann zu etwas, das viele verbindet, insbesondere, wenn es von außen, »durch Überfremdung« bedroht erscheint.[2] Schaut man sich einige weitere Aussagen von Leserbriefen an, wird man feststellen, dass die Integrationsforderungen, die von den Politikern zum Teil noch moderat formuliert werden, sich »von unten« deutlich aggressiver anhören:

»Die Türken wollen überwiegend keineswegs deutsche Kultur- und Lebensformen annehmen« (in H/E, 67).

2 Es ist schade, dass wir hier weder die Zeit noch den Raum haben, die Neu-Konstituierung des »Deutschen« unter den gegenwärtigen Bedingungen des Wegfalls der Mauer, der Übersiedlung hunderttausender DDR-BürgerInnen in die Bundesrepublik und der Wirkung, die dies auf das Verhältnis der ethnischen Mehrheit zur ethnischen Minderheit hat, zu analysieren.

»Integration erfordert also … von den Ausländern die Bereitschaft, Teile der eigenen kulturellen und religiösen Identität aufzugeben« (ebd., 74).

»Wegen der sehr schlechten Integrationsfähigkeit von islamischen Jugendlichen enden diese Menschen häufig in der Kriminalität« (ebd., 75).

Dass die Anpassungsforderungen der Oberen von den Unteren gestützt werden, lässt sich mit Haugs Begriff der »Normalisierungspraxen« fassen. Unter dem Druck ökonomischer Zwänge, der Notwendigkeit, die Arbeitskraft zu verkaufen, und unter der drohenden Gewalt seitens staatlicher Instanzen üben die Individuen tagtäglich die Anpassung an vorgegebene Verhaltensweisen und »Erscheinungsweisen der Persönlichkeit«. Die Normalisierung funktioniert »von außen nach innen«. Durch äußere Erscheinung zeigen die Individuen, dass sie »innen« in Ordnung, in der Ordnung sind. Auch der Widerstand, als Gegenstück zur Normalisierung, bedient sich äußerer Merkmale. Man denke nur an die Bedeutung äußerer Erscheinungsmerkmale in Subkulturen. (Der Rückschluss von äußeren Merkmalen auf »innere« Dispositionen wird anhand eines Beispiels konkreter im dritten Kapitel untersucht.)

Am Beispiel der Normalisierungspraxen von Frauen lassen sich allgemeine Charakteristika hervorheben: Die Kriterien, nach denen definiert wird, was eine »schöne Frau« ist, ändern sich permanent und sind jeweils relativ genau festgelegt. Die ständige Veränderung der Kriterien und ihre Unerfüllbarkeit verlangen von den Frauen lebenslange Anstrengung: Abmagerungskuren, Styling der Frisur, der Kleidung, Veränderungen des »Typs« oder gerade seine Betonung (wenn er in Mode ist) halten die Frau, die auf der Höhe ihrer Zeit sein will, ununterbrochen in Atem. Die Anstrengung, sich äußerlich anzupassen, wirkt nach innen. Der Wunsch, »modisch schön« zu sein, wird, verknüpft mit einer Reihe allgemeiner Bedürfnisse, zum eigenen, aus dem tiefsten »Inneren« kommenden Wunsch (vgl. F. Haug 1983). Es ist wohl kaum und nur unter ganz besonderen Bedingungen möglich, äußere Anpassung bei »innerem Widerstand« zu leisten. Im Normalfall werden die Anforderungen in die psychische Struktur der Individuen übernommen, werden zu »inneren Überzeugungen«, die die Persönlichkeit in den täglichen Zerreißproben stabilisieren. Es gibt natürlich im Leben der Individuen immer auch Elemente der Nicht-Anpassung, die als Gegentendenzen zum hier beschriebenen Zusammenhang wirken und dagegen zu mobilisieren sind.

Das Auftauchen einer »fremden« Kultur, anderer Lebensweisen, auch äußerlich unangepasster Menschen stellt eine Bedrohung für das mühsam hergestellte Gleichgewicht von Widerstand und Unterwerfung dar. Dass es möglich ist, andere Lebensformen zu praktizieren, lässt an den eigenen Normalisierungsanstrengungen zweifeln. Indem die Zurichtung der eigenen Persönlichkeit als eigenständige, freiwillige Tätigkeit gelebt (z.B. als Wunsch nach Schönheit) und mit Sinn erfüllt wurde, stellen die anderen Lebensformen zugleich die Sinnhaftigkeit des eigenen Lebens infrage. Das sich Einrichten in den Verhältnissen, das mit einer Transformierung der eigenen Bedürfnisse erkauft wurde (man denke an den Park, dessen Rasen man nicht betreten durfte, an die Körperlüste, die in strenge, in Kilos und Zentimetern messbare Maßstäbe verwandelt wurden), wird, indem sie sich infrage gestellt sieht, potenziell als Unterordnung erkennbar. Daraus entsteht eine Ambivalenz gegenüber den »Fremden«: Sie zeigen die Möglichkeit eines anderen Lebens, von Erfahrungen, die man sich versagt hat. Dadurch stellen sie gerade diese Versagung infrage und damit die Selbstverständlichkeit und Stabilität der eigenen Lebensweise. Eine Form, mit dieser Herausforderung fertig zu werden, ist ihre Zurückweisung, die Ablehnung »der Fremden«, ihre Verurteilung im Namen einer höheren Ordnung, der man sich auf diese Weise noch einmal unterwirft. Die allgemeine Forderung nach Integration bestätigt und bestärkt diese Reaktionsweise.

Die entgegengesetzte Haltung, die meist bei denen anzutreffen ist, die sich für EinwanderInnen engagieren, ist die Bewunderung dieser anderen Lebensweise und ein Versuch, Elemente für sich zu übernehmen, meist Musik, Essensgewohnheiten o. Ä. Dabei verkommen diese Elemente, aus ihrem Kontext herausgenommen, häufig zu rein folkloristischen, exotischen Dreingaben zu einer sonst unveränderten Lebensweise. Diese Bewunderung und zuweilen Bevorzugung »des Fremden« vor der eigenen Lebensweise ist jedoch nur eine andere Seite des Rassismus: Sie fixiert die Anderen auf bestimmte Lebensformen und Verhaltensweisen und gesteht ihnen ebenso wenig vielfältige und widersprüchliche Entwicklungsmöglichkeiten zu wie die ablehnende Haltung. Verhalten sich EinwanderInnen dann nicht dem idealisierten Stereotyp entsprechend, werden sie als angepasst kritisiert.

Rassismus und Ethnozentrismus sind unserer Ansicht nach, soweit sie selbsttätig von den Individuen entwickelt werden, als Formen ideologischer Vergesellschaftung zu verstehen. Lebensweisen, die man sich aus Gründen des

Überlebens in den bestehenden gesellschaftlichen Herrschaftsstrukturen versagt, werden im Anderen entweder verfolgt oder auf eine Weise bewundert, die diese Lebensweisen außerhalb der eigenen Person auf den Anderen fixiert. Veränderungsmöglichkeiten, d.h. Formen der Befreiung aus freiwilliger Unterwerfung, die die Stabilität der eigenen Identität gefährden könnten, werden auf diese Weise zurückgewiesen. In den zitierten Leserbriefen erschienen die Bedürfnisse nach kultureller Identität und Selbstvergesellschaftung eingebunden in eine Herrschaftsstruktur, in ein »oben-unten«-Verhältnis, das ihnen eine zerstörerische und gefährliche Triebkraft gab.

Die Ambivalenz gegenüber dem Anderen, die Verunsicherung durch sie, schlagen unserer Auffassung nach in dem Maße in Ethnozentrismus und Rassismus um, in dem die Individuen ihrer eigenen Unterwerfung zustimmen. Über die Umkehrbarkeit dieser These, also darüber, ob im Zuge der Befreiung aus Herrschaftsstrukturen Rassismus verschwindet, kann damit jedoch nichts gesagt werden. Einmal vorhanden, entwickeln rassistische Bilder und Verhaltensweisen ein Eigenleben, das nicht allein durch die Beseitigung ihrer Wurzeln verschwindet (vgl. zu diesem Zusammenhang auch den Beitrag von Cohen). Dabei ist der Begriff der »freiwilligen Zustimmung« zur eigenen Unterwerfung sehr viel weiter zu fassen, als dies in den Leserbriefen vielleicht deutlich wurde. Es geht nicht darum, ob jemand aktiv gegen Formen staatlicher Herrschaft kämpft oder nicht. Auch die so Kämpfenden können in anderer Hinsicht ihrer Unterordnung zustimmen, zum Beispiel, indem sie in ihren Kämpfen die Logiken der herrschenden Strukturen akzeptieren. Das Beispiel des Streiks sollte dies verdeutlichen. Verschiedene

Formen von Unterdrückung sind mit verschiedenen Formen von Selbstunterwerfung verknüpft, und diese können wiederum verschiedene Rassismen produzieren. Ihre konkrete Untersuchung könnte erst eine tiefere Einsicht in die spezifischen Mechanismen ermöglichen und die vorgetragene allgemeine These konkretisieren bzw. modifizieren oder revidieren. Eine Konkretisierung findet sich im 3. Kapitel. Cohen vertritt eine spiegelbildliche These zu der unseren, wenn er Rassismus in der englischen Arbeiterklasse als Resultat der Einsicht in die eigene Machtlosigkeit interpretiert. Der Vorschlag ist jedoch jeweils, den Zusammenhang von Herrschaftsstrukturen, dem Handeln der Individuen in diesen Strukturen und Rassismus und Ethnozentrismus zu analysieren.

Zur Spezifik des Rassismus

Zum Schluss dieses Abschnittes wollen wir versuchen, eine These über die Spezifik des Rassismus gegenüber anderen ideologischen Vergesellschaftungsformen wie z.B. Sexismus zu entwickeln. Dazu noch einige Ausschnitte aus Leserbriefen:

»Viele Ausländer, speziell die Türken, haben von dem Wort Gastarbeiter eine falsche Vorstellung. Sie sind Gäste in *unserem* Land – und nicht wir bei ihnen« (in H/E, 42, Hervorh. im Original).

»… dass sie Gast in unserem Land sind …«

»Die Ausländer … werden Stück für Stück Boden der eigenen Bevölkerung in Besitz nehmen und in Bastionen des Widerstandes verwandeln« (ebd., 70).

Diese Zitate verbindet die imaginäre Aneignung des Landes durch die Sprechenden: »*unser* Land«, der »*eige-*

ne Boden«. Man könnte einfach darauf hinweisen, dass diese Formulierungen falsch sind, dass der Boden vielleicht 3 % der Bevölkerung gehört und diejenigen, die von »unserem Land« sprechen, sehr wenig darin zu bestimmen haben. »Unser Land« – diese Redeweise holt in Worten die enteignete Vergesellschaftungskompetenz aus den Staatsapparaten in die eigenen Hände zurück, da wird eine Zuständigkeit für das Ganze geltend gemacht, auf die man sonst verzichtet. Die Formulierung »unser Land« hat durchaus einen anderen Klang, andere Assoziationen als beispielsweise »unser Staat«, bei der die Delegation von Verantwortung und Zuständigkeit an die obere Instanz gleich mitgesprochen ist; die Sprechenden identifizieren sich mit ihr. »Unser Land« hat diesen Beiklang nicht, was sich leicht daran überprüfen lässt, dass es gegensätzliche Diskurse umschließen kann. Ein widerständiger politischer Diskurs, der sich gegen den Staat richtet, wird sich darauf berufen können, »unser Land« dem Staat gegenüber zu reklamieren. Mit anderen Worten, in diesem Begriff kann gegen den Kompetenzentzug durch ideologische, ökonomische und repressive Instanzen argumentiert werden, mit »unser Staat« kaum. Zugleich kann diese Redeweise aber auch den Staat samt allen seinen Institutionen einschließen, und das ist wohl in dem oben zitierten Kontext der Fall. Wir haben weiter oben schon gezeigt, dass alle Unterschiede und Gegensätze innerhalb der deutschen Gesellschaft ausgelöscht erscheinen, wenn sie auf die EinwanderInnen als Gegensatz bezogen werden. Eine weitere Zuspitzung erfährt diese Vereinheitlichung in einer Formulierung wie »unser Land«, weil sie nicht nur alle Gegensätze einebnet, sondern zudem noch erlaubt, in der Ablehnung der EinwanderInnen die eigene Unterwerfung als Machtzuwachs zu leben, als Zuständigkeit für das Ganze. Anders gesagt: Die Forderung »Ausländer raus aus unserem Land« setzt die Sprechenden an die Stelle einer alles regelnden Instanz. Unsere These ist nun, dass der Rassismus die Form ideologischer Vergesellschaftung ist, die es erlaubt, sich in diese alles regulierende Position hineinzudenken. Nur im Gegensatz zu »Ausländern« können alle inneren Gegensätze entnannt werden. Oder anders: Es können die inneren Gegensätze als Gegensätze zwischen »innen« und »außen« gedacht und gelebt werden. »Türken raus – Skins auch«, so war es in einer U-Bahn zu lesen. Dies unterscheidet unserer Auffassung nach Rassismus von Sexismus, bei dem die Spaltung mitten durch »unser Land« geht.

Krise und Rassismus

Oft hört man die These, die »Ausländerfeindlichkeit« sei ein Ergebnis der ökonomischen Krise, die Angst vor dem Verlust von Arbeitsplätzen lasse »Ausländerfeindlichkeit« entstehen. Wenn wir diese Auffassungen auch nicht teilen, so denken wir doch, dass die Krise rassistische Denkweisen und Handlungen verstärkt (nicht entstehen lässt). In der Krise kommt unter anderem das oben dargestellte Gleichgewicht freiwilliger Unterwerfung ins Wanken. Die Anpassung, die Normalisierung der eigenen Persönlichkeit kann kaum noch die Sicherheit bieten, nicht in eine existenzielle Notlage zu geraten. (Diese Sicherheit war schon vorher begrenzt.) Die eingeübten Verhaltenssicherheiten werden fragwürdig – bis hin zur gewohnten persönlichen Lebensgestaltung. F. Haug (1986) hat gezeigt, wie die Automatisierung der Produktion, die vom Kapital zur Einsparung von Arbeitsplätzen eingesetzt wird und auf diese Weise zur strukturellen Arbeitslosigkeit beiträgt, darüber hinaus das Verhältnis von Privatleben und Arbeitsleben infrage stellt, ohne dass es Lösungsformen, neue Formen gäbe, die die Arbeitenden ergreifen könnten. Solche Umbrüche, die tief in die Persönlichkeitsstruktur eingreifen, können die Sehnsucht nach dem Erhalt des Althergebrachten umso heftiger hervorrufen. Das beweisen u. a. die von F. Haug analysierten Privatisierungstendenzen.

Ein Weg aus dieser Verunsicherung, die auch die Vorstellung der Individuen betrifft, wenigstens ihr eigenes Leben in der Hand zu haben, ist die Imaginierung von Machtzuwachs, die wir in den obigen Zitaten fanden. Wenigstens im Verhältnis zu den »Ausländern« ist es möglich, sich noch als »Herr« über die Verhältnisse zu leben. Die Widersprüche innerhalb der Gesellschaft, die auch innere Widersprüche in den Individuen verschärfen, können als Widersprüche zwischen einem eigentlich harmonischen *Inneren* und einem fremden, zerstörenden *Äußeren* gelebt werden. Alle Institutionen, deren Glaubwürdigkeit und Kohäsionskraft (Kraft, die einander entgegengesetzten Interessen zusammenzubinden) geschwächt war, treten neu gestärkt hervor, indem sie als »von außen« gefährdet dargestellt werden: Religion, Moral, Wertvorstellungen, Kultur, Lebensweise in den Städten, die freiheitlich-demokratische Grundordnung, Rechte und Freiheiten, der Staat, die Gesellschaftsordnung.

3. Ideologische Effekte emanzipatorischer Konzepte oder:

Die vielen Seiten eines Kopftuchs

Am 11.11.1985 lesen wir in der TAZ, dass die 25-jährige Türkin Şerife S., die sich um eine Praktikumsstelle als Erzieherin im Berliner Bezirk Schöneberg beworben hatte, nicht eingestellt wird. Der Grund dafür: Sie war nicht bereit, ihr Kopftuch abzulegen. Die Kolleginnen und Kollegen der städtischen Kindertagesstätte, in der sie arbeiten wollte, hatten Şerifes Einstellung ausdrücklich befürwortet. Sie hatten aber nicht mit dem fortschrittlichen Stadtrat gerechnet. Der Stadtrat Barthel (SPD) meinte, Şerifes Kopftuch würde dem Erziehungsziel, den Kindern den Anspruch auf Gleichheit von Mann und Frau zu vermitteln, widersprechen. Die türkische Erzieherin behielt ihr Kopftuch auf und hat deshalb die Stelle nicht bekommen. Dieser Vorfall wirft viele Fragen auf. Einige davon haben wir versucht, hier zu stellen und zu bearbeiten.

1. Was bedeutet das Kopftuch für Şerife?
2. Wie wird das Kopftuch von Deutschen interpretiert?
3. Bedroht das Kopftuch die deutsche Kultur ?
4. Wie verhält sich der Staat (Stadtrat in diesem Fall)? Wie wird er »von unten« (von der linken Lehrerin[3]

3 Bei der Lehrerin, die einen Leserbrief schrieb, kann man nicht ohne weiteres von einer Unterstützung »von unten« sprechen, da sie in einer staatlichen Instanz arbeitet, in diesen Herrschaftsverhältnissen eine bestimmte Funktion hat und demzufolge den Staat vertreten muss. Gleichzeitig kann sie aber als Individuum zum Staat z.B. mit ihren eigenen Emanzipationsvorstellungen im Gegensatz stehen. Die Auffassung, die sie in unserem Beispiel vertritt, ist repräsentativ für das, was tatsächlich, unseren Erfahrungen nach, »von unten« in

bzw. von in der sog. »Ausländerarbeit« engagierten Deutschen) unterstützt?

5. Wie wird die Integrationsforderung gestellt?
6. Sind verschiedene Formen von Emanzipation denkbar?
7. Welche Handlungsmöglichkeiten hat man als fortschrittlicher Mensch (in diesem Fall Deutsche/r), wenn man weder die Machtverhältnisse zwischen Deutschen und EinwanderInnen zu seinen Gunsten ausnutzen, noch sich kulturrelativistisch verhalten will?

Diese Fragen tauchen – wenn auch aus anderen Anlässen – tagtäglich in der sogenannten »Ausländerarbeit« auf. Wir versuchen im Folgenden, diesen Fragen auf den Grund zu gehen, indem wir unsere eigene Erfahrung und auch die vorangestellten theoretischen Überlegungen einbeziehen und indem wir einige Begriffe wie »Kultur«, »Identität«, »Einwandererkultur« usw. neu darstellen bzw. konkretisieren. Wir wissen natürlich nicht, welche konkreten Erfahrungen Şerife in dieser Gesellschaft gemacht hat, auf welche Ablehnung sie gestoßen ist und wie sie diese Ablehnung verarbeitet hat.

Wir wissen aber von anderen türkischen Frauen, die in ihrem Dorf in der Türkei kein Kopftuch getragen hatten, dass sie es erst hier umgebunden haben. Wir haben auch oft Aussagen von Frauen gehört, die daran denken, ein Kopftuch umzubinden, um ihre Zugehörigkeit zu ihren Landsfrauen zu demonstrieren. Es sind gerade solche, die von Deutschen bewundert werden, weil sie es durch ihre

der »Ausländerarbeit« mehrheitlich vertreten wird. Deshalb ist es lohnend, sich mit dieser Auffassung auseinanderzusetzen.

Emanzipation so weit gebracht haben, das Kopftuch abzulegen.

Es soll hier nicht das Kopftuch als Zeichen des Widerstands glorifiziert werden. Wir wollen aber darauf hinweisen, dass Kulturelemente nicht ein für alle Mal eindeutig definiert sind, sondern im jeweiligen Kontext unterschiedliche Bedeutung erhalten können, und dass sie eine widersprüchliche Struktur haben: Sie können *gleichzeitig* widerständig gegen Herrschaftsformen sein *und* eine Art und Weise, in der sich Menschen bzw. soziale Gruppen in Herrschaftsstrukturen einbauen, sie akzeptieren und stützen. Es erscheint notwendig, einige Begriffe deutlicher darzustellen, um es dem/der LeserIn möglich zu machen, unserem Gedankengang zu folgen.

Zu unserem Kulturbegriff

Wir halten einen Kulturbegriff für unbrauchbar, der unter Kultur lediglich künstlerisches Schaffen versteht, aber auch den folkloristischen Kulturbegriff, der Kultur bzw. »Ausländerkultur« (z.B. Volkstänze aus anderen Ländern), losgelöst von ihrem sozioökonomischen Kontext, als exotische Beigabe bei Veranstaltungen zur folkloristischen Attraktion verkommen lässt. Auch die Dichotomie: ausländische Kultur gleich rückständig, deutsche Kultur gleich fortschrittlich, von der sich viele engagierte SozialwissenschaftlerInnen leiten lassen und die in der sogenannten Migrantenforschung gang und gäbe ist, ist zu problematisieren.

Um weder dieser Dichotomie zu verfallen, noch einen folkloristischen Kulturbegriff zu benutzen, brauchen wir einen dynamischen Kulturbegriff, der ein sich ständig in

Bewegung befindendes System beschreiben kann. Geeigneter wäre sogar der Begriff Kulturen, da man eigentlich nur von mehreren Kulturen sprechen kann und nicht von *der* Kultur, die für alle Klassen und Geschlechter einer Gesellschaft verbindlich ist (vgl. auch Clarke u. a. 1979).

Von den uns bisher bekannten Kulturbegriffen erscheint uns nützlich und am umfassendsten der vom »Centre for Contemporary Cultural Studies« der Universität Birmingham (CCCS) entwickelte:

> Die »Kultur« einer Gruppe oder Klasse umfasst die besondere und distinkte Lebensweise dieser Gruppe oder Klasse, die Bedeutungen, Werte und Ideen, wie sie in den Institutionen, in den gesellschaftlichen Beziehungen, in Glaubenssystemen, in Sitten und Bräuchen, im Gebrauch der Objekte und im materiellen Leben verkörpert sind. Kultur ist die besondere Gestalt, in der dieses Material und diese gesellschaftliche Organisation des Lebens Ausdruck finden. Eine Kultur enthält »die Landkarten der Bedeutung«, welche die Dinge für ihre Mitglieder verstehbar machen. Diese »Landkarten der Bedeutung« trägt man nicht einfach im Kopf mit sich herum: Sie sind in den Formen der gesellschaftlichen Organisationen und Beziehungen objektiviert, durch die das Individuum zu einem »gesellschaftlichen Individuum« wird. Kultur ist die Art, wie die Beziehungen einer Gruppe strukturiert und geformt sind; aber sie ist auch die Art, wie diese Formen erfahren, verstanden und interpretiert werden. Männer und Frauen werden daher durch Gesellschaft, Kultur und Geschichte geformt und formen sich selbst. So bilden die bestehenden kulturellen Muster eine Art historisches Reservoir – ein vorab konstituiertes »Feld der Möglichkeiten« –, das die Gruppen aufgreifen, transformieren und weiterentwickeln. Jede Gruppe macht irgendetwas aus ihren Ausgangsbedingungen, und durch dieses »Machen«, durch diese Praxis

> wird Kultur reproduziert und vermittelt. Aber diese Praxis findet nur in dem gegebenen Feld der Möglichkeiten und Zwänge statt. (Clarke u.a. 1979, 14f.).

Im Unterschied zum CCCS halten wir es für notwendig, zwischen Kultur und Ideologie zu unterscheiden (vgl. Kapitel 2): Die Art und Weise wie »Männer und Frauen sich formen und geformt werden«, setzt sich zusammen aus Elementen der Selbstvergesellschaftung (also des selbstbestimmten, selbstzweckhaften Tuns) und der ideologischen Vergesellschaftung (also des selbsttätigen Einbaus in die Oben-unten-Struktur). Das Kulturelle ist für uns der Aspekt des Selbstzweckhaften im Handeln der Individuen. Das bedeutet allerdings nicht, dass Selbstvergesellschaftung nicht auch geradewegs in die gesellschaftlich vorgesehenen untergeordneten Positionen führen kann (vgl. hierzu Willis 1982). Der Unterschied zur ideologischen Vergesellschaftung besteht darin, dass hier Elemente des Widerstandes gegen von oben vorgegebene Zielsetzungen und Normen im Handeln verarbeitet werden. Wenn wir im Folgenden von Kultur oder Kulturen sprechen, benutzen wir jedoch den Begriff des CCCS, weil es uns hier nicht auf eine Unterscheidung der ideologischen/widerständigen Aspekte des Kulturellen ankommt, sondern weil es um die Frage der Bedeutung und Existenzberechtigung von Einwandererkulturen überhaupt geht.

Kultur ist unabgeschlossen, prozesshaft. Sie ist klassen- und geschlechtsspezifisch, aber auch ethnienspezifisch, und zwar dies alles gleichzeitig, so dass es unzureichend ist, wenn bestimmte kulturelle Merkmale, als Elemente z.B. bäuerlicher Kultur wiedererkannt, *nur* aufgrund dieses Aspektes interpretiert werden. (Der Bauer in Ostanatolien ist nicht gleichzusetzen mit dem Bauern in Nordgriechenland, auch wenn sie sich in vielen Situationen ähnlich verhalten.) Genauso unzureichend ist es, wenn man kulturelle Handlungsformen lediglich unter ethnischen Gesichtspunkten erfasst. Denn daraus entsteht die Vorstellung einer einheitlichen ethnischen Kultur, die der komplexen Realität widerspricht.

Die Funktionen des Kulturellen sind Sinnkonstitution und Identitätsbildung für die Gruppe und für die Einzelnen. Sinnkonstitution, also den Sinn zu bestimmen, den man der Welt und der eigenen Existenz darin gibt, ist ein komplizierter Prozess, der einer Eigenaktivität bedarf. Individuen übernehmen nicht einfach das Vorgegebene als passive Empfänger. Sie eignen sich die Dinge und ihre Bedeutung an und transformieren sie dabei, entsprechend ihren Voraussetzungen und Lebensbedingungen. Wenn man Kultur wie in den obigen Ausführungen versteht, prozesshaft und nicht als ein für alle Gruppen der Gesellschaft das Leben verbindlich regelndes statisches System, dann kann man Identitätsbildung auch als einen lebenslangen Prozess auffassen. Unterschiedliche soziale Gruppen bzw. Individuen setzen sich mit sich und ihren Lebensbedingungen auseinander, definieren sich selbst und andere immer wieder neu, erarbeiten sich auf diese Weise ihre »Identität«, indem sie ihre »Landkarten der Bedeutung« und das bereits angeeignete kulturelle Material den aktuellen Lebensbedingungen entsprechend umarbeiten. Betrachtet man den Identitätsbildungsprozess in dieser Weise, wird es möglich, das Spannungsverhältnis zwischen diesem Prozess und der Realität, auf die er sich bezieht, zu erkennen (vgl. dazu auch Cohens Analyse zum Verhältnis von »Landkarte und Gelände«). So gesehen wird die Unbrauchbarkeit unrealistischer Konstruktionen, wie z. B. »Bewahrung der kulturellen Identität« bei Migrantenkindern, die in der Bundesrepublik geboren wurden, noch deutlicher. Dieser Gedanke der »Bewahrung« ist ebenso problematisch wie die Vorstellung, dass man seine bisher erarbeiteten und gelebten Identitäten problemlos aufgeben könnte.

»Leben zwischen zwei Kulturen«

Die Situation von EinwanderInnen wird in der ausländerpolitischen und -pädagogischen Diskussion oft als ein Leben »zwischen zwei Kulturen« bezeichnet. Viele Probleme würden durch den berühmten »Kulturkonflikt« entstehen.

Die Bezeichnung »zwischen zwei Kulturen« klingt zwar sehr plausibel, verschleiert jedoch ebenso wie die »Kulturkonflikt«-These die tatsächlichen Probleme. Denn jeder Mensch wächst, lebt, muss sich unter dem Einfluss mehrerer Kulturen reproduzieren – auch wenn sich diese voneinander nicht noch durch ethnische Merkmale unterscheiden. Das Problem ist eher in den Bedingungen zu suchen, unter denen dies geschieht, und nicht in der Tatsache selbst, dass man mit mehreren Kulturen konfrontiert wird. Die Bedingungen der Migration sind äußerst schlecht für die Aufarbeitung solcher Konflikte. Darüber hinaus suggeriert die These, als EinwanderIn würde man zwischen zwei Kulturen leben, dass man sich entweder für die eine oder für die andere entscheiden soll. Dies stabilisiert jedoch die statische Sichtweise von Kultur als geschlossenes, unveränderbares System und lässt keine Möglichkeit für eine Synthese. Synthese ist die Aktivität, die Individuen alltäglich leisten, um in dieser Gesellschaft überleben und Zerreißproben bestehen zu können.

Unserer Auffassung nach wird sowohl die »mitgebrachte« als auch die im Einwanderungsland vorgefundene Kultur zum »Rohmaterial«, aus dem neue Problemlösungen »gebastelt« werden. Die kulturellen Lebensweisen der EinwanderInnen sind kein »mitgebrachtes Erbe der ethnischen Tradition – und auch nicht als Konfektionsware von der ›Gastgesellschaft‹ bezogen; sie sind Lösungen der widersprüchlichen Situation der Immigration, die kulturell negativ bestimmt ist …« (Maas 1984, 10, 14). Die Bedingungen der Migration bedeuten auf jeden Fall einen Bruch mit der Tradition (auch wenn Tradition nicht als etwas Statisches, Ungebrochenes verstanden wird). Sie wird durch den Umbruch der Lebensweise entwertet und in ihrer Selbstverständlichkeit infrage gestellt. So ein Umbruch, wie es die Einwanderung in ein anderes Land ist, bedeutet für EinwanderInnen in der BRD strukturell eine Kränkung des Selbstbewusstseins – dazu bedarf es nicht der »Manifestationen von Ausländerhass«. Die Emigration hat eine Entfremdung von den Selbstverständlichkeiten bewirkt, die ein sozial akzeptiertes Leben im Heimatland ausmachten. Nicht zuletzt schlägt sich dies in einer Entfremdung von der Sprache nieder (vgl. Maas 1984, 14f.). Die mit dieser »Kränkung« verbundenen Probleme sollen unter schlechten Lebensbedingungen (Rechtlosigkeit, Diskriminierung, schlechte ökonomische und soziale Lage usw.) bewältigt werden.

Das, was InländerInnen an kulturellen Verhaltensformen von Einwanderergruppen wiederzuerkennen glauben und was ihrem landeskundlichen Wissen bzw. ihren Beobachtungen bei Exkursionen in Herkunftsländern von EinwanderInnen entspricht, ist nicht gleichzusetzen mit den gleich erscheinenden Verhaltensformen von EinwanderInnen, die in der BRD leben. Denn wenn diese Beobachtungen und Kenntnisse über kulturelle Verhaltensformen nicht auf die Probleme und die Bedingungen der Einwanderersituation bezogen werden, auf die BRD-Gesellschaft, die diese Probleme schafft, dann bleiben sie ohne praktischen Wert. Sie haben dann lediglich die Funktion des Wiedererkennens und der Bestätigung dessen, was man schon immer z. B. über *die* Türken gewusst hat, nämlich dass türkische Frauen Kopftücher tragen, durch den Islam unterdrückt sind u. Ä. Dabei wird außer Acht gelassen, dass unter den Bedingungen von Migration und Marginalität Elemente der kulturellen Tradition des Herkunftslandes so transformiert werden, dass sie Antworten auf aktuelle Probleme liefern. Und dies hat wenig mit Nostalgie oder reiner Traditionspflege zu tun.

Das Wiedererkennen der Kulturen der EinwanderInnen als Kulturen ihrer Herkunftsländer ist ein Verkennen: Das Ergebnis eines Prozesses wird als ein kulturelles Merkmal definiert, das der Herkunftskultur entspringt und dient dann als Erklärung für bestimmte Verhaltensweisen von EinwanderInnen. In dieser Zuschreibung findet der Prozess der Rassenkonstruktion statt, den wir eingangs beschrieben haben (vgl. Kapitel 1). Statt des Begriffes »Rasse« wird der Begriff »Kultur« eingesetzt, wobei Kultur jedoch wie »Rasse« als Natureigenschaft gedacht wird. Kulturelle Verhaltensformen sind also in dem sozialen Bezugsrahmen zu analysieren, in dem sie gelebt werden, und nicht durch einen Vergleich mit dem, was in der Landeskunde als »türkische«, »griechische« oder sonstige Kultur beschrieben wird, gleichzusetzen.

Wir behaupten also, dass auch Şerifes Kopftuch nichts mit reiner Traditionspflege zu tun hat, sondern dass es eine ihrer (vorläufigen?) Antworten auf ihre aktuellen Lebensbedingungen ist.

Kulturelle Identität

Wie Kultur, so sind für uns auch Identität und Identitätsfindung keine statischen Begriffe, sondern als Prozesse zu verstehen. Die Erarbeitung einer Identität ist also als ein lebenslang andauernder Prozess der Definierung und Neu-Definierung der eigenen Person und der anderen zu verstehen. Es wäre auch hier – ähnlich wie bei dem Begriff Kultur – sinnvoller, von den verschiedenen Identitäten jedes Individuums zu reden, um die statische Sichtweise zu vermeiden und die Vorstellung, »Identität« sei etwas Ungebrochenes, Kontinuierliches, in sich Stimmiges, abzubauen. Denn das Individuum kann man sich als einen Schnittpunkt von verschiedenen Identitäten vorstellen: Nationalität, ethnische Zugehörigkeit, Religion, Geschlecht, Klasse usw. sind identitätskonstituierende Momente. Welches jeweils die Oberhand gewinnt, hängt u. a. auch von den aktuellen Lebensbedingungen und den zu bewältigenden Problemen ab. Diese Aspekte der Identität werden den gemachten Erfahrungen und den Verarbeitungsmöglichkeiten sowie den Lebensbedingungen des Einzelnen entsprechend transformiert bzw. neu definiert.

In diesem Sinne nützt es auch nicht viel, von »der nationalen Identität« zu reden, da die Gemeinsamkeiten, die bei Individuen gleicher ethnischer Herkunft existieren (aufgrund z. B. gemeinsamer Geschichte, Sprache, Sitten usw.), nur *ein* Teil der identitätskonstituierenden Momente sind, die entsprechend den jeweiligen Möglichkeiten und Lebensbedingungen von Individuen gleicher ethnischer, aber zum Beispiel unterschiedlicher sozialer Herkunft anders verarbeitet werden. Denn auch bei gleicher ethnischer Zugehörigkeit kann die kulturell zu bewältigende Problemsituation sich völlig verschieden darstellen. (Eine griechische Arbeitsmigrantin in der BRD, die z. B. *gleichzeitig* durch Kapitalismus, Sexismus, Rassismus usw. unterdrückt wird, wird in ihrer Klassen-, Frauen- und nationalen kulturellen Identität verletzt, während z. B. der griechische Konsul mit den o. g. Situationen anders konfrontiert wird, mit manchen überhaupt nicht.) Dennoch meinen wir, dass die Zugehörigkeit zu einer ethnischen Gruppe ein wichtiges identitätskonstituierendes Moment ist, das näher untersucht werden sollte, besonders im Zusammenhang mit der Einwandererpolitik und vor dem Hintergrund der oft laut werdenden »Nationalismus«-Vorwürfe gegen einige Einwanderernationalitäten (wie z. B. gegen Griechen, wenn sie sich für eine auf Muttersprache basierende zweisprachige schulische Erziehung ihrer Kinder einsetzen).

Die ethnische Zugehörigkeit gewinnt unter den Migrationsbedingungen eine besondere Bedeutung, die für die Handlungsfähigkeit der Individuen wichtig zu sein scheint. In diesem Sinne müsste man der Frage nachgehen, welche Relevanz ethnisch bestimmte kulturelle Lebenspraxen unter Lebensbedingungen erhalten, die durch Marginalisierung und Rassismus gekennzeichnet sind. Mit dieser Fragestellung und mit dem hier skizzierten Verständnis von Kultur wenden wir uns sowohl gegen die Reduktion von EinwanderInnen auf ihre ethnische Zugehörigkeit als auch gegen die These, Ethnizität sei als bloße äußere Zuschreibung ohne weitere Bedeutung zu begreifen (vgl. Bukow/Llaryora 1988).

Unserer Ansicht nach verdrängen viele deutsche SozialwissenschaftlerInnen ihre Zugehörigkeit zur deutschen Geschichte und verleugnen die Elemente ihrer »deutschen Identität« und sind u.a. auch deswegen ignorant gegenüber der Bedeutung der nationalen/ethnischen Zugehörigkeit bei EinwanderInnen. Diejenigen wiederum, die ethnisch bestimmte kulturelle Identitäten von EinwanderInnen in den Mittelpunkt ihrer Analyse stellen, tun dies meistens auf der Grundlage eines statischen Kulturbegriffes. Darüber hinaus weist Tsiakalos nach, dass die Hypothesen der Migrantenforschung über Identitätsbildungsprozesse bei Einwandererkindern zu einem guten Teil schlicht erfunden, zu einem anderen Teil rein spekulativ sind, was nach seinen Ausführungen sowohl mit dem Charakter der Migrantenforschung zusammenhängt – »Auftragsforschung zu administrativen Zwecken« – als auch mit der »fehlenden Primärerfahrung des Sozialforschers über seinen Untersuchungsbereich« (Tsiakalos 1982, 61). (Damit wollen wir nicht behaupten, dass eingewanderte ForscherInnen per se durch ihre Zugehörigkeit schon vor Ignoranz geschützt wären; denn auch sie führen z.T. Auftragsforschung durch und bedienen sich der vorhandenen Literatur und der gängigen Logik dieser Forschung.)

Anstatt von einem statischen Kulturbegriff auszugehen, der das Verhalten von EinwanderInnen aus Lebensformen der Herkunftsländer erklärt, wäre es nötig, auf die Herausbildung von kulturellen Identitäten in der Fremde näher einzugehen, die Existenz und Funktion der Einwandererkolonie, des Ghettos, zu untersuchen und die

Entwicklung von Einwandererkulturen als Voraussetzung für die Herausbildung kultureller Identitäten unter den Lebensbedingungen in der Emigration zu analysieren.

Kulturelle Identität in der Emigration

> In den kulturellen Lebenspraxen, in denen sich Identitäten herausbilden, werden einerseits die gesellschaftlichen Strukturen reproduziert, andererseits auch Alternativen entwickelt, neue Formen produziert, um der Welt einen Sinn zu geben. Kulturelle Formen sind *zugleich* widerständig gegen Herrschaft *und* eine Art und Weise, in der sich soziale Gruppen in Herrschaftsstrukturen einbauen, sie akzeptieren und stützen. Diese widersprüchliche Struktur ermöglicht jeweils eine bestimmte Form von Handlungsfähigkeit in den Strukturen. Es ist eine Möglichkeit – vom Standpunkt der jeweiligen Gruppe – sinnvoll zu leben. (Kalpaka/Räthzel 1985, 26)

EinwanderInnen stehen bei der Entwicklung neuer kultureller Formen und der Erarbeitung ihrer Identitäten im hier verwendeten Sinne eine Menge von Hindernissen im Wege: Sie werden bisher nicht als kulturtragende und auseinandersetzungsfähige Gruppen wahrgenommen. Von dem schöpferischen Prozess der Umweltgestaltung waren sie und sind sie in dieser Gesellschaft immer noch ausgeschlossen, ebenso aus der Kultur, in der sie sich bewegen (z. B. Arbeiterkultur), und zugleich bei der Ausbildung einer Einwandererkultur behindert. Dennoch leisten EinwanderInnen unter diesen ungünstigen Bedingungen diese Identitätsarbeit – im Rahmen des Möglichen. Sie müssen es ständig und unvermeidlich tun, um überleben zu können.

In dieser Gesellschaft existieren verschiedene soziale Gruppen als Träger verschiedener Kulturen gleichzeitig nebeneinander; es existieren, sowohl räumlich als auch kulturell, unsichtbare Grenzen, Territorien. Aber die Kulturen der EinwanderInnen aus den ehemaligen »Anwerbeländern« sind in besonderer Weise marginalisiert, da sie nicht einmal eine Daseinsberechtigung haben. »Die ernsthaften Konflikte bleiben so lange aus, solange eine Gruppe konfliktunfähig gehalten wird, solange die Interessen einer Gruppe im politischen Handeln kaum zum Tragen kommen und die Selbstverständlichkeit der Über- und Unterordnung verschiedener Subkulturen aufrechterhalten wird.« (Arın 1983, 14)

Nationalitätenvereine und ethnische Gruppierungen, die Einwandererkolonie als ein sozial-kulturelles und ökonomisches System (vgl. Heckmann 1981, 214ff.), sind Räume, in denen sich die Gruppe austauscht, manchmal auch die Heimat verherrlicht, Zukunftspläne macht, von einem besseren Leben träumt, konkrete Utopien entwickelt (vgl. Kalpaka/Räthzel 1985, 27). Die Individuen können sich zunächst einmal in solchen Zusammenschlüssen als gleichberechtigte Mitglieder bewegen. Ihre Stellung in der Gruppe wird nicht von vornherein durch ihr »Ausländerdasein« festgelegt, sondern durch die Auseinandersetzung auf verschiedenen Ebenen innerhalb der Gruppe erkämpft bzw. auch durch die Qualifikationen der einzelnen Mitglieder (Führungsfähigkeiten, Engagement, politischer Standpunkt zu bestimmten Themen usw.) erworben. Ein »Ghetto« ist für Hoffmann-Axthelm (1983, 197) ein »riesiger Transformationsmechanismus«. Dort werde nicht die heimatliche Kultur fortgesetzt, da ganz wesentliche Bedingungen dafür nicht mehr da seien. Es gebe eine Reihe von Verhaltensweisen, die strukturell identisch mit denen seien, denen man im Heimatland begegnet, denen aber hier gerade die wesentlichen Grundlagen weggeschnitten seien. Was im »Ghetto« angestrebt werde, sei, »die Möglichkeit zu schaffen, weiterzuleben, sich weiter zu achten, Abwehrformen und Verarbeitungsformen herzustellen« (Hoffmann-Axthelm 1983, 108).

Dieses »Ghetto« wird hier als ein nach allen Seiten offener Bereich verstanden, da die Menschen, die sich darin bewegen, durch Arbeit, Ausbildung usw. mit den anderen in der Gesellschaft existierenden Kulturen in Berührung kommen, einen wesentlichen Teil ihres Lebens also »außerhalb« verbringen und Einflüsse und Erfahrungen von außen in das »Ghetto« hineintragen. In diesem Rahmen gibt es Anzeichen für die Entwicklung von Einwandererkulturen – und auch von Kultur im Sinne von künstlerischem Schaffen. Sie reichen von der Wiedereinführung des Kopftuchs, als Reaktion und Widerstand gegen Integrationsforderungen, bis hin zu von Amateurgruppen geschriebenen und aufgeführten Theaterstücken, die die Schritte von der Auswanderung aus der Heimat bis zur Niederlassung im Einwanderungsland aufzuarbeiten suchen. Dazwischen existiert eine breite Palette von konservierten bis überangepassten kulturellen Verhaltensformen, was das Prozesshafte dieser kulturellen Entfaltung bestätigt.

Schröer (1981, 111) gibt Beispiele dafür, wie das Funktionieren eines »griechischen Dorfes« in einem Münchner Stadtteil, über die Hilfs- und Kommunikationsmöglichkeiten hinaus, seinen BewohnerInnen die Sicherheit und die Kraft zum Widerstand gibt, um z. B. gegen Mieterhöhungen gemeinsam zu kämpfen. An solchen Beispielen wird ersichtlich, wie aus diesem Widerstand neue Formen von kollektivem Handeln und Lernen entwickelt werden, wie die Voraussetzungen in diesen Lebenszusammenhängen geschaffen werden können, um den politischen Kampf gegen Rechtlosigkeit, Ausgrenzung und Unterdrückung aufzunehmen. »Denn für die Identität, das heißt, um sich als handelndes Wesen zu erkennen und erkannt zu werden, sind Sicherheit, insbesondere Verhaltenssicherheit, und die Chance zur Aktivitätsentfaltung wichtigste Voraussetzungen, die nur in einer Kulturgruppe, in einer Subkultur erfüllt werden können.« (Arın 1983, 14)

Deshalb ist also Handlungsfähigkeit nicht durch »Integration« – sprich Assimilation – zu vermitteln, sondern vielmehr im Rahmen eines »kulturellen Pluralismus« zu erwerben und zu erweitern. Er soll die gleichberechtigte Existenz und Entfaltung der verschiedenen Kulturen (und ihre innere Vielfalt) lebbar machen und die mehr oder weniger hybriden Kulturen der EinwanderInnen als selbstverständlich erfahrbar machen. Der Weg dahin ist ein politischer. Ohne die aktive Teilnahme der EinwandererInnen kann er nicht beschritten werden. Sie müssen die Anerkennung ihrer Kulturen selber erkämpfen.

Nach unserer Vorstellung und Erfahrung müssen sich Veränderungen *innerhalb* der jeweiligen Einwanderergruppe durchsetzen, und zwar in internen Auseinandersetzungen, die nur in den Formen geführt werden können, die in den einzelnen Gruppen üblich bzw. möglich sind. Denn auch die Form der Auseinandersetzung ist ein Teil des kulturellen Verständnisses der Gruppe, welches unter den gegebenen Lebensbedingungen transformiert werden kann. »Veränderungen müssen sich schon deshalb *innerhalb* der jeweiligen Kultur durchsetzen, weil diese Kultur auch imstande ist, an die Stelle der alten Überlebens- und Widerstandsstrategien neue zu setzen, die sich aus der jeweils eigenen Geschichte ergeben.« (Kalpaka/Räthzel 1985, 27)

Deshalb erscheint uns der Weg zur Handlungsfähigkeit über das Prinzip der »Selbstorganisierung« von EinwanderInnen erfolgversprechender als die bisher angewandten kolonisierenden Pädagogisierungsstrategien.

Die Integrationsforderung

In unserem Beispiel wird an Şerife die Forderung gestellt, ihr Kopftuch abzulegen. Es wird nicht gefragt, ob sie sich »integriert« hat, indem sie eine Ausbildung als Erzieherin erfolgreich abgeschlossen, sich also z.B. die in der BRD herrschenden Ausbildungsvorstellungen zu eigen gemacht hat. Es geht um ihr Äußeres, gerade dies zeuge von einer Nicht-»Integration«. Was aber die offizielle Politik seit Jahren verkündet, lautet: »Integration unter Bewahrung der kulturellen Identität«. Es dürfte aus den bisherigen Ausführungen deutlich geworden sein, dass die »Bewahrung der kulturellen Identität« eine unsinnige Konstruktion ist. Es kann sich nur um eine *Entwicklung* der kulturellen Identitäten handeln. Auch dort, wo es scheint, als würden kulturelle Elemente »bewahrt« oder konserviert, handelt es sich um eine Transformation. Denn das (oft gleich aussehende) »Bewahrte« hat im neuen Kontext, unter veränderten Lebensbedingungen eine andere Bedeutung als im ursprünglichen. Dieser Prozess und seine Dynamik können mit dem Ausdruck »Bewahrung« nicht erfasst werden.

Wenn man den Kulturbegriff der offiziellen Politik und

den Leitsatz der Ausländerpolitik »Integration unter Bewahrung der kulturellen Identität« zugrunde legt, könnte man sich fragen, wieso Şerife dieses Kriterium nicht erfüllt. Denn, so könnte man meinen, »integriert« hat sie sich in das deutsche Bildungswesen, indem sie sich zur Erzieherin ausbilden ließ, ihre Identität »bewahrt« sie, indem sie ihr Kopftuch trägt. Wieso wird sie dann trotzdem nicht akzeptiert?

An diesem Beispiel wird klar, dass die zu »bewahrenden« Elemente der kulturellen Identitäten nicht von den Betroffenen frei wählbar sind. Denn es gibt »integrationshemmende und -fördernde« Elemente der kulturellen Identitäten, die einerseits von der offiziellen Politik festgelegt sind, andererseits von den unterschiedlichsten Kreisen vorgegeben werden können: von deutschen SozialarbeiterInnen, von dem hier genannten Stadtrat, von der Lehrerin, die sich in ihrem Leserbrief (vgl. weiter unten) zum o. g. Vorfall für ein Kopftuchverbot einsetzt.

In Frankreich wurde die Auseinandersetzung in den letzten Monaten des Jahres 1989 härter geführt: Zwei Schülerinnen wurden von der Schule verwiesen, weil sie im Unterricht ein Kopftuch getragen hatten. Dies wurde als Verstoß gegen den Laizismus der staatlichen Schule interpretiert. Daraufhin entbrannte in der französischen Presse eine erbitterte Diskussion über die Berechtigung dieser Maßnahme. Die Meinungen lagen quer zu den sonst üblichen politischen Fronten. Rechte wie Linke sprachen sich für und gegen die Maßnahme des Schuldirektors aus. Die Regierung setzte eine Kommission ein, die Opposition eine andere. Resultat der Diskussion war ein Gesetz, in dem das Tragen des Kopftuchs erlaubt wird, sofern es nicht »provokativ« getragen wird.

Was »Integration« bedeutet, entnehmen wir der Regierungserklärung vom 13. Oktober 1982:[4]

3.1. Integration
3.1.1. Einordnung in die Ausländerpolitik
Die Integration der ausländischen Arbeitnehmer und ihrer Familien ist eine wesentliche Aufgabe der Ausländerpolitik. Es geht dabei darum, die Ausländer instand zu setzen, am gesellschaftlichen Leben in der Bundesrepublik Deutschland möglichst voll und gleichberechtigt teilzuhaben. Gleichzeitig müssen sie ihre eigene Identität, die gerade in der Fremde Halt bietet und Voraussetzung für eine freiwillige Rückkehr darstellt, bewahren können …

3.1.2. Begriffsbestimmung
Der Begriff »Integration« beschreibt einen sozialen Prozess der Ein- und Zuordnung verschiedener gesellschaftlicher Gruppen. Integration ist also weder statisch noch einseitig, sondern setzt Anpassungsbeiträge aller Beteiligten voraus. Für die bei uns lebenden Ausländergruppen bedeutet dies, dass sie eigene Integrationsbeiträge leisten müssen, indem sie sich insbesondere auf die gesellschaftlichen Lebensformen sowie die Arbeitsbedingungen in der Bundesrepublik Deutschland einstellen. Dies erfordert z. B. den Erwerb deutscher Sprachkenntnisse, den Verzicht auf übersteigerte, ein friedliches Zusammenleben in unserer Gesellschaft störende national-religiöse Verhaltensweisen und das Einpassen in die hier geltenden Normen und Verhaltensmuster. Dabei ist es nicht Ziel dieses Prozesses, den Ausländer aus seinen Bindungen an die Heimat zu lösen. Dies würde nicht Integration, sondern Assimilation bedeuten.

4 Wir beziehen uns hier auf die Regierungserklärung von 1982, weil sie als Grundlage für alle späteren Erklärungen diente. Auch der Entwurf zum neuen Ausländergesetz bezieht sich ausdrücklich auf diese Grundlage.

> Anpassungsbeiträge müssen aber auch von unserer Gesellschaft ausgehen, die den Ausländer nicht ausschließen darf, sondern Bedingungen schaffen muss, die es ihm ermöglichen, als anerkanntes Mitglied in dieser Gesellschaft zu leben …

»Anerkanntes Mitglied« zu sein heißt offenbar nicht, die gleichen Rechte wie die Einheimischen zu haben, denn, so die Regierungserklärung weiter: »Da Integration die kulturelle Prägungen durch das Herkunftsland achtet, führt sie nicht notwendigerweise zur Einbürgerung.«

> *3.1.3. Möglichkeiten und Grenzen*
> Die Möglichkeiten und Grenzen der Integration hängen von einer Vielzahl von Faktoren ab. Diese beruhen zum Teil auf schon in der Heimat vorgeprägten Verhaltensweisen und Lebensgewohnheiten der Ausländer. Diese Faktoren sind nicht bei allen Ausländergruppen in gleicher Weise anzutreffen. Hinzu kommen begrenzende Faktoren, die auf die gesellschaftlichen und infrastrukturellen Gegebenheiten zurückzuführen sind, die bei der Einreise vorgefunden werden. Hierzu gehören:
>
> - stetiges Anwachsen der ausländischen Wohnbevölkerung und dadurch bedingte Belastung der sozialen und wirtschaftlichen Infrastruktur,
> - unzureichender Wohnraum,
> - hohe Ausländerkonzentration in Ballungsräumen, die die Grenzen der Aufnahmefähigkeit z.T. überschreitet und zur Gefahr der Isolation führt,
> - ungünstige wirtschaftliche Entwicklung,
> - abnehmende Aufnahmebereitschaft der deutschen Bevölkerung,
> - begrenzter finanzieller Rahmen für Integrationshilfen.

Diese hier genannten »begrenzenden Faktoren« stellen offenbar keine Grenze dar, wenn die aufzunehmende Gruppe (z.B. aus politischen Gründen) willkommen ist – man denke an die Aus- und ÜbersiedlerInnen. Andernfalls werden diese Faktoren zu unüberwindbaren Hindernissen. Wie breit der Konsens über die in dieser Regierungserklärung vertretenen Thesen in der bundesrepublikanischen Gesellschaft ist, wollen wir versuchen, im Folgenden deutlich zu machen. Bleiben wir zunächst einmal bei demselben Beispiel: Das Kopftuch von Şerife fällt vermutlich unter den Grundsatz »Verzicht auf übersteigerte, ein friedliches Zusammenleben in unserer Gesellschaft störende national-religiöse Verhaltensweisen«. Wir versuchen nun eine Gegenüberstellung der Positionen des SPD-Stadtrats, der engagierten Lehrerin und der Ausländerbeauftragten von Berlin, Barbara John (CDU).

Kolonisierende Integration

»Für mich«, so der Stadtrat Barthel, »ist das Kopftuch weniger ein Zeichen der Religion, sondern ein Zeichen der Unterordnung der Frau unter den Mann … Das Kopftuch ist ein Signal und eine Form der Diskriminierung, und ein solches Signal wirkt sich pädagogisch negativ auf die Kinder aus. Für mich ist der Anspruch der Gleichheit von Mann und Frau ein so wichtiges Erziehungsziel, dass ich davon keine Abstriche mache. Und eine Erzieherin mit Kopftuch würde diesen Erziehungsauftrag konterkarieren.« (Zit. n. Gaserow 1985, 12).

Anhand dieser Aussagen wollen wir folgende Thesen diskutieren:

- Derartige Arbeitsverbote im Namen der Emanzipation und des Fortschritts sind ein Widerspruch in sich.
- Hinter diesen Aussagen verbirgt sich unserer Auffassung nach eine kolonisierende Haltung.
- Diese Haltung hat eine Funktion bei der Verfestigung des deutschen Patriarchats.

Der Stadtrat ist – trotz des »Anspruch[s] der Gleichheit von Mann und Frau« – Vertreter einer Gesellschaft, die *auch* patriarchalisch ist, wenn auch in anderer Weise als die türkische. Bei dieser Auseinandersetzung geht es also letztlich darum, welche Version des Patriarchats sich durchsetzen wird.

Die Forderung, die der Stadtrat an Şerife stellt, ist letztlich nichts anderes als der Versuch, einen Widerstand zu brechen, der im Äußeren dieser Frau sichtbar wird. Denn »wenn ich eine unterdrückte Frau wäre«, so argumentiert Şerife, »dann würde ich doch nicht um meine Überzeugung so kämpfen. Gerade wenn ich mir von einem Stadtrat vorschreiben ließe, das Kopftuch abzunehmen, wäre ich doch eine unterdrückte Frau!« (Zit. n. Gaserow 1985, 12)

Ihre Qualitäten als Erzieherin sind nicht gefragt, sie verblassen vor ihrem äußeren Erscheinungsbild. Die Argumente, die ihre KollegInnen für ihre Einstellung vorbringen, fallen nicht ins Gewicht.

Dass der Staat die Unterordnung seiner BürgerInnen fordert und sie durch seine Institutionen durchzusetzen versucht, ist nichts Neues. Auch der Stadtrat handelt in diesem Kontext und erteilt ein Arbeitsverbot im Namen der Emanzipation. Hätte Şerife ihr Kopftuch abgelegt, so hätte sie die Praktikumsstelle bekommen, ihr Widerstand wäre gebrochen, ihr Äußeres würde den Rahmen der staatlichen Institution nicht infrage stellen, alles wäre »unter Kontrolle«. Darüber hinaus verspricht die Anpassung ihres Äußeren langfristig auch eine Wirkung nach innen, was u.a. das Beharren auf dieser äußeren Anpassung erklärt. Kämpft sie um ihr Kopftuch, um ihre Überzeugung, so wird ihre Weigerung, sich den Kleidungsvorschriften des Stadtrats zu unterwerfen, sanktioniert. Dieses Arbeitsverbot wird dann als Sanktionierung von Rückständigkeit, die wichtige Erziehungsziele konterkarieren könnte, ausgegeben.

Emanzipation bedeutet auch im bundesdeutschen Denken, u.a. um die eigene Überzeugung zu kämpfen. Es stellt sich also die Frage, wieso dies für Şerifes »Kämpfen um ihre Überzeugung« nicht gilt. Hiermit ist ein in der »Ausländerarbeit« oft anzutreffender Konflikt angesprochen, nämlich die Schwierigkeit vieler »Eingeborener«, wahrzunehmen und zu akzeptieren, dass es Wege der Emanzipation geben kann, die anders als die eigenen aussehen.

So wird auch hier das Sich-Wehren gegen Unterordnung nicht als Moment eines Emanzipationsprozesses wahrgenommen, da man das Symbol des Widerstands (hier: Kopftuch) ablehnt. Şerife kämpft unter dem »falschen« Symbol. Man ist nicht gegen die Unterwerfung an sich, sondern gegen die Unterordnung unter »falsche« Instanzen bzw. Ziele. Anhand des Leserinnenbriefes einer Lehrerin wollen wir aufzeigen, wie selbst engagierte Personen in diesen Widersprüchen verwickelt sind und sich kolonisierend verhalten können, ohne dies zu beabsichtigen.

In dem am 25.11.1985 in der TAZ veröffentlichten Brief begrüßt die Lehrerin Frau S. die Entscheidung von Herrn Barthel. Sie bestätigt die Auffassung über die Rückständigkeit des Kopftuchtragens und warnt vor dem, was »politisch über die Kopftücher transportiert wird«. »Es geht hier weder um feministische noch um kulturell tolerante Positionen [...], sondern um die Gefahr aufklärungsfeindlicher und faschistoider Beeinflussung von Kindern.« Frau S. informiert uns in ihrem Leserinnenbrief, dass sie sich immer für die Belange der türkischen SchülerInnen und Eltern eingesetzt hat, aber auch sie dulde im Unterricht nur im äußeren Notfall (d.h. »in Situationen echter psychologischer Bedrängnis«) das Tragen von Kopftüchern, und »bisher ist es mir immer gelungen (dank meines Vertrauensverhältnisses zwischen meinen Schülerinnen und mir), die Mädchen zum Abnehmen der Kopftücher zu bewegen«.

Abgesehen davon, dass Frau S. in ihrem Leserinnenbrief eine ganze Gruppe von Menschen, die sich dem Islam verbunden fühlen, diffamiert, indem sie sie mehr oder weniger mit den »Grauen Wölfen« in Verbindung bringt und den Koran bzw. die Moscheen als die schlimmste Unterdrückung, unter der türkische Kinder zu leiden hätten, beschreibt (und damit die Unterdrückung der türkischen Minderheit in der BRD ausblendet), wollen wir nicht bezweifeln, dass sie in bester Absicht handelt. Dennoch ist ihre kolonialisierende Haltung nicht zu übersehen. Die Eltern und SchülerInnen, für die sie sich von ihrem Standpunkt aus immer eingesetzt hat, sind keine gleichberechtigten Partner in dieser Auseinandersetzung, in der es um ihre Belange geht. Ihre Vorstellungen von Erziehung (z.B. bezüglich Religion, Sprache, Schulform etc.) sind kein Gegenstand eines Prozesses der Auseinandersetzung, ebenso wenig wie die Erziehungsvorstellungen der türkischen Erzieherin – Letztere waren nicht mal Gegenstand des Einstellungsgesprächs –: Der Stadtrat und die Lehrerin haben die Macht, die Vorstellungen von EinwanderInnen zu verurteilen, während diese offenbar noch »nicht so weit« sind, ihr Urteil zu verstehen.

Auch Frau S. sieht keine anderen Wege der Emanzipation. Sie wertet Şerifes Widerstand nicht als aktives Handeln im Rahmen eines möglichen Emanzipationsprozesses, der ein anderer als ihr eigener sein könnte. Es fällt schwer, Re-Islamisierungstendenzen nicht vorschnell mit dem Etikett »emanzipationsfeindlich« zu versehen, sondern sie auch unter dem Aspekt einer Lösung von kulturimperialistischen Einflüssen zu beurteilen, insbesondere in der Emigration. Diese Schwierigkeit gilt auch für die sich hier engagierende Lehrerin. Sie setzt sich als eine Stütze »von unten« für die Interessen des Staates ein (Unterordnung unter von oben vorgegebene – und von ihr internalisierte – Verhaltensvorschriften), sie baut sich in bester emanzipatorischer Absicht in die bestehenden Herrschaftsstrukturen ein, während sie zugleich Widerstand gegen eine andere Herrschaftsform (Re-Islamisierung) leistet. Sie macht mit bei diesen »Normalisierungspraxen« (Haug 1984, 250), bei der selbsttätigen Herstellung der eigenen »Normalität«. Dies fassen wir nicht als selbstverschuldetes individuelles Verhalten auf, sondern als Bestandteil eines komplexen gesellschaftlichen Unterdrückungszusammenhangs: »Die Individuen unterwerfen sich diesem Code nicht aus freien Stücken. Die Notwendigkeit des Lebens in der Klassengesellschaft mit ihren Marktgesetzen und ideologischen Ordnungen zwingt sie dazu« (Haug 1984, 250; vgl. auch Kapitel 2).

Uns wundert es also nicht, dass nun einzelne Individuen, wie in diesem Fall die engagierte Lehrerin, aus diesem Kontext nicht als EinzelkämpferInnen, die die Welt verändern, ausbrechen. Was wir versuchen, ist – auch an diesem Beispiel – zu verdeutlichen, wie wir in verschiedenen Lebensbereichen durch unsere »Normalisierungspraxen«, durch unsere »Integrationsforderungen« Ethnozentrismus und Rassismus reproduzieren und stabilisieren. Ohne uns dessen bewusst zu werden, werden wir diesen Teufelskreis nicht durchbrechen und keine geeigneten Strategien dagegen entwickeln und einsetzen können.

Wie verhält sich nun die Berliner Ausländerbeauftragte Barbara John (CDU) dazu? »Vor dem Hintergrund der autoritären Amtsanmaßung mancher Amtspersonen, Kleidervorschriften durchzusetzen, ist gerade das Zeigen von Kopftüchern ein emanzipatorischer Akt, der Unterstützung verdient.« (Zit. n. Gaserow 1985, 12) Verkehrte Welt? Kann es sein, dass wir in diesem Punkt mehr mit Frau John gemeinsam haben als mit der engagierten Lehrerin Frau S. oder mit dem progressiven Stadtrat? Oder handelt es sich hier um »eine unheilige Allianz zwischen sich fortschrittlich und feministisch Glaubenden [gemeint ist die TAZ-Redakteurin, d. Verf.] und der CDU-Politik«, wie sie Frau S. in ihrem Leserbrief herannahen sieht?

In der Tat liegt uns die Emanzipationsdefinition von Frau John in diesem Punkt viel näher als die des Stadtrats oder die der Lehrerin. Es wäre aber vereinfacht, diese Aussagen und auch die Politik von Frau John mit der Politik der CDU gleichzusetzen, wie es die Lehrerin in ihrem Leserbrief tut. Vermutlich spielen dabei auch für Frau John parteipolitische Ziele wie eine Abgrenzung von der SPD eine Rolle, jedoch – was immer man ihr unterstellen mag – ändert es nichts an der Tatsache, dass ihre Einschätzung zum Kopftuch von Şerife in diesem Kontext differenzierter ist. Ebenso wenig verwunderlich erscheint uns die Tatsache, dass gleiche Begriffe zu entgegengesetzten Zwecken benutzt werden können. Das Erlernen der Muttersprache z. B., bzw. das Recht, die eigene Religion zu pflegen, wird von der einen Seite im Rahmen einer Rückführungsstrategie der EinwanderInnen in ihre Heimatländer befürwortet, von anderer Seite wird dies als Recht der Minderheit bzw. als persönlichkeitsstabilisierender Faktor unter den ungünstigen Bedingungen der Migration in Schutz genommen.

Nun zurück zum breiten Konsens, den wir über die Forderung an die EinwanderInnen, sich zu »integrieren«, festgestellt hatten: Die in der Regierungserklärung vom 13. Oktober 1982 präsentierte Definition von »Integration« befindet sich, wie wir feststellen konnten, auch mit dem Verständnis des Stadtrats sowie mit dem der o. g. Lehrerin in Einklang, die stellvertretend für breite Teile der deutschen Bevölkerung stehen können. Wenn man sich die in derselben Regierungserklärung postulierten »Möglichkeiten und Grenzen der Integration« anschaut, wird man eine Reihe von Faktoren finden, die in den Augen weiter Bevölkerungsteile das »Ausländerproblem« ausmachen, angefangen von »objektiven« Gründen wie steigende Arbeitslosigkeit/Wirtschaftskrise bis hin zu der hohen Anzahl von »Ausländern« bzw. zur Konzentration in bestimmten Wohngebieten. Weit verbreitet ist z. B. die Ansicht, dass eine »Integration« nur bei einer begrenzten Anzahl von »Ausländern« möglich ist, was die Vorstellung impliziert, sonst bestehe die Gefahr einer »Überfremdung«. Verbreitet ist auch die Auffassung, die hohe »Ausländerkonzentration«, das »Ghetto«, das die Gefahr der Isolation berge, gehöre zu den Hindernissen einer erfolgreichen »Integration« (vgl. auch die Verlautbarungen der Parteien im 2. Kapitel).

Die »Begrenzung des Ausländerzuzugs« ist – neben »Integration« und »Förderung der Rückkehrbereitschaft« – eine der drei Grundpositionen der »Ausländerpolitik«. Dieser Grundsatz findet einen breiten Konsens: Die Bundestagsparteien sind mit unterschiedlicher Intensität dafür; ihre Positionen reichen von der Aufrechterhaltung des Anwerbestopps bis hin zu Vorschlägen über die Begrenzung des Nachzugalters für Familienangehörige. Auch Gewerkschaften und Kirchen stimmen der »Begrenzung« auf unterschiedliche Weise zu. »Die Begrenzung weiteren Zuzugs von Ausländern, einer der Grundsätze der Bundesregierung, wird von einem breiten Konsens der Bevölkerung gestützt«, so jedenfalls das Ergebnis der Allensbacher Studie von 1985:

> Drei von vier Bundesbürgern stimmen dieser Leitlinie ausdrücklich zu. Nur 12 Prozent halten sie für nicht notwendig. Selbst innerhalb des Personenkreises, der den gegenwärtigen Ausländeranteil positiv beurteilt, ist jeder zweite für die Begrenzung weiteren Zuzugs. Auch Personen mit ausgeprägter Toleranz wenden sich mit absoluter Mehrheit gegen weiteren Ausländerzuzug. Die Wähler von CDU/CSU, SPD und FDP stützen zu rund drei Viertel die Zuzugsbegrenzung. Auch Wähler der Grünen sind mit (relativer) Mehrheit dafür. (Vgl. Institut für Demoskopie Allensbach 1985. Zur Kritik daran s. Hoffmann 1986, 19ff.)

Was die »Erwartungen an die Integrationsbereitschaft der Ausländer« angeht, so heißt es unter den Ergebnissen:

> Bei den (ohne Antwortvorgaben) ermittelten Anforderungen an die Integrationsbereitschaft von Ausländern werden die Kenntnis der deutschen Sprache und die Anpassung an deutsche Verhältnisse mit Abstand am häufigsten

> und von gut jedem zweiten Bundesbürger genannt. Die Empfehlung, Kontakt zu Deutschen, ihre Bekanntschaft und Freundschaft zu suchen, folgt an dritter Stelle und wird besonders von der Gruppe der Ausländerbefürworter unterstrichen.

Auch Ergebnisse neuerer Studien fallen nicht viel anders aus. So entnehmen wir z. B. einer neueren Infas-Umfrage über »Die politische Stimmung in Hamburg«, dass jeder zweite Hamburger »eine Verringerung der Zahl der hier lebenden Ausländer befürwortet«. Begründet wird diese Einstellung in weiteren Aussagen der Befragten wie folgt: »Fast jeder vierte Hamburger empfindet Ausländer als Konkurrenten auf dem Arbeitsmarkt [...] Ein gleich hoher Prozentsatz der Hamburger Bürger sagt Ausländern in der Bundesrepublik Deutschland einen höheren Hang zur Kriminalität nach« (INFAS 1989, 13). Zum Beschluss des Hamburger Senats, das kommunale Wahlrecht für AusländerInnen einzuführen, äußern sich 47% der HamburgerInnen ablehnend, während 37% der Maßnahme zustimmen. »Ein knappes Zehntel der Bürger der Hansestadt könnte sich vorstellen, eine Partei zu wählen, die die Forderung ›Ausländer raus‹ unterstützt ...« (ebd., 15).

Auf folgende Punkte wollen wir hier kurz eingehen: Zum einen besteht breiter Konsens darüber, dass die »Ausländer« selber das »Ausländerproblem« verursachen, deshalb wird bei ihnen angesetzt, wenn nach Lösungen gesucht wird; zum anderen ist die Integrationsforderung mit unterschiedlicher Begründung und Intensität Bestandteil des Denkens der meisten Deutschen. Die Begrenzung des »Ausländerzuzugs« wird befürwortet, um eine Gefahr abzuwenden, die zwar explizit nicht genannt wird, aber in der »Überfremdung« – wie immer man sie verstehen mag – bestehen soll. Das Problem scheint die Anzahl zu sein: je mehr »Ausländer«, desto schwieriger, sie zu »integrieren«. Was nicht gesagt wird, ist, dass die befürchtete »Überfremdung« davon abhängt, woher diese »Ausländer« kommen. Denn US-amerikanische Besatzungssoldaten rechnet man z. B. selten zu den »Ausländern«, man hört selten »Amerikaner raus«, es heißt »Türken raus«. Wenn man vom »Ausländerproblem«, von »Integrationsunfähigen« oder »-unwilligen« redet, dann handelt es sich hauptsächlich um TürkInnen und um EinwanderInnen aus den anderen ehemaligen Anwerbeländern bzw. um Asylsuchende.

Integrationsforderungen stellt man nicht an die »Zivilisierten«, denn die Gefahr der »Überfremdung« kommt von den »Unterentwickelten«. Dass z. B. in Griechenland – nach Angaben der EG – bei 9 Millionen EinwohnerInnen über 60 000 Deutsche leben (der Anteil ist weit größer als der Anteil der GriechInnen in der BRD), wird nicht als »Überfremdungsgefahr« angesehen, und niemand kommt auf die Idee, Integrationsforderungen an sie zu stellen. Sie gehören per Definition einer angesehenen Kultur an.

Den meisten Menschen fehlt auch ein Überblick darüber, wie es in den verschiedenen Ländern aussieht: Nach UN-Schätzungen gibt es auf der Welt 15 Millionen Flüchtlinge. Davon lebten 1989 ca. 150 000 in der BRD, von denen wiederum 120 000 im Jahre 1989 einreisten. Im gleichen Jahr kamen 700 000 Aus- und ÜbersiedlerInnen. Trotzdem wird von »Asylantenschwemme« geredet und nicht etwa von einer »Aus- und Übersiedlerschwemme«. Es entstehen irrationale Ängste, ohne dass man eine realistische Vorstellung von den Zahlen hätte. Auf der anderen Seite sind reale zahlenmäßige Vorstellungen natürlich auch keine

Garantie gegen kurzschlüssige oder rassistische Denkweisen. Was ist zum Beispiel unmittelbar einleuchtender als die Rechnung: Zwei Millionen deutsche Arbeitslose auf der einen Seite, zwei Millionen ausländische ArbeiterInnen auf der anderen – schicken wir die einen nach Hause, haben die anderen Arbeit. Auf der gleichen Ebene unmittelbarer Ursache-Wirkungs-Logik liegt das bekannte Gegenargument, das von allen Parteien und Gruppierungen, von CDU, SPD, von WissenschaftlerInnen und SozialarbeiterInnen vorgebracht wird: Die »Ausländer« nehmen den Deutschen nicht die Arbeitsplätze weg, weil die arbeitslosen Deutschen diese Arbeiten gar nicht machen wollten und könnten. Diese Arbeiten sind für Deutsche zu dreckig, zu schwer, zu gesundheitsschädigend.

Zur Illustration dieser Argumentationsweise einige Zitate aus Aufklärungsbroschüren: In einer von der Ausländerbeauftragten des Berliner Senats (ebenjener von uns weiter oben gelobte Barbara John) herausgegebenen Broschüre heißt es: »Ausländer haben nicht selten Deutschen zum beruflichen Aufstieg verholfen. Während die Angeworbenen die schweren und schlechter bezahlten Arbeiten übernommen haben, konnten die Deutschen in besser bezahlte Positionen aufsteigen« (Die Ausländerbeauftragte 1989, 6).

Die »Arbeitsgruppe Ausländerfreundliche Maßnahmen« bei der Evangelischen Kirche von Westfalen schreibt in ihrer Broschüre:

> Nicht selten werden 2 Millionen ausländische Arbeiter mit 2 Millionen deutschen Arbeitslosen aufgerechnet. Rein rechnerisch blieben nach ihrer Rückkehr in die Heimat keine Arbeitslosen mehr übrig. Diese Rechnung stimmt nicht. Ausländische Arbeitnehmer arbeiten in Branchen, in

> denen viele Deutsche nicht arbeiten wollen oder können: aus Alters- oder Gesundheitsgründen. Denken Sie an das Gaststättengewerbe, an die Fließbänder bei Ford oder in der Textilindustrie, denken Sie an Schicht- und Akkordarbeit, an Arbeiten unter erhöhtem Gesundheitsrisiko und trotzdem relativ geringem Lohn, denken Sie an die Straßenreinigung, Müllabfuhr. Nur wenige Deutsche wären bereit, solche Arbeiten zu übernehmen und [...] eine Zwangseinweisung in solche Arbeitsplätze will keiner ...« (Arbeitsgruppe Ausländerfreundliche Maßnahmen 1986, 6)

Ganz abgesehen davon, dass mit diesen Argumenten EinwanderInnen auf ewig dazu verdammt werden, o.g. Tätigkeiten auszuführen, um eine Existenzberechtigung zu haben – wobei ihre Gesundheit keinen Wert zu haben scheint oder ihnen offenbar eine übermenschliche Resistenz zugeschrieben wird –, abgesehen davon, dass es das rassistische Denkmuster bestätigt, EinwanderInnen seien aufgrund ihrer geringen Fähigkeiten für solche Arbeiten besonders geeignet, ganz abgesehen davon also, stabilisiert diese Argumentation die Denkweise, die sie kritisieren will. Um aus diesem Teufelskreis herauszukommen, müsste man in größeren Zusammenhängen argumentieren: Dazu müsste z.B. auch der Kapitalexport der Metropolen in die weniger industrialisierten Länder des Südens sowie die Art der Handelsbeziehungen mit diesen Ländern dargestellt werden, die ja erst die Voraussetzungen für die Migration schaffen: Sie zerstören bestehende Produktionszusammenhänge und schaffen so eine überflüssige Arbeiterbevölkerung, die dann dem hiesigen Kapital als willkommene zusätzliche Arbeiterreserve dient. Diese umfassendere Argumentation kann die Richtung angeben, in die eine antirassistische Arbeit gehen könnte.

Das »Wie«, die Formen einer solchen Arbeit, sind damit noch nicht angegeben. Die Dinge komplizieren sich noch dadurch, dass es nötig sein kann, die eben kritisierte Argumentation zu benutzen. Sie kann dazu dienen, das Argument zunächst einmal sachlich zu entkräften, damit überhaupt die Bereitschaft entsteht, über die hinter diesem Argument liegenden Ängste und Rassismen zu sprechen. Denn solche Argumente sind Rechtfertigungen für Rassismus und nicht dessen Ursachen. In einem unserer Seminare meinten fortschrittliche, gewerkschaftlich organisierte LehrerInnen, wenn die Grenzen offen wären, kämen 100 Millionen Flüchtlinge, die Deutschen müssten alle in Lagern leben, ihr erkämpftes Recht auf Individualität aufgeben und einer ökologischen Katastrophe entgegensehen. Solche Horrorvisionen mit phantastischen Zahlen zeigen, dass es nicht wirklich um Zahlen geht, sondern dass hier Mythen und aus dem Unbewussten gespeiste Bilder das Denken bestimmen. Es sind diese und die ideologische Vergesellschaftung der Individuen, die irrationale Ängste bis hin zu Rassismus hervorrufen, und nicht die tatsächliche Anzahl von EinwanderInnen und/oder Flüchtlingen (vgl. auch Kapitel 1 und 2 und den Beitrag von Cohen).

Die aus der Allensbacher Studie zitierten Aussagen, die auch sonst sehr häufig zu hören sind, weisen darauf hin, wie verbreitet – quer durch alle sozialen Schichten und politischen Parteien – die Auffassung ist, das »Ausländerproblem« sei von den »Ausländern« verursacht. Alle Vorschläge setzen bei den EinwanderInnen an: Sie müssen sich integrieren, ihre Anzahl muss verringert werden oder sie sollen »raus«. Sie isolieren sich im Ghetto, konzentrieren sich in bestimmten Wohngebieten, sie können oder wollen kein Deutsch lernen, sie wollen sich nicht anpassen, ihnen wird empfohlen, Kontakt zu Deutschen zu suchen, ihnen werden pädagogische und sozialpädagogische Maßnahmen angeboten, um ihre »Defizite« auszugleichen. Dieselbe Logik dominiert die weiter oben zitierte Regierungserklärung, in der es einerseits heißt, Integration setze die »Anpassungsbeiträge aller Beteiligten voraus«, andererseits aber an das Verhalten von EinwanderInnen verschiedene Forderungen gestellt werden, während »unsere Gesellschaft« lediglich pauschal aufgefordert wird, EinwanderInnen nicht »auszuschließen«. Von einer notwendigen Veränderung deutscher Institutionen, beispielsweise einer Veränderung des Schulsystems, als »Anpassungsbeitrag« ist nirgends die Rede. Es geht also, berücksichtigt man die konkreten Vorschläge, um Anpassungsleistungen der EinwanderInnen, die dann zur Folge haben sollen, dass sie »anerkanntes Mitglied in dieser Gesellschaft« werden. Unabhängig davon, wie man zur Einbürgerung steht, wird damit nichts anderes gesagt, als dass die Gewährung gleicher Rechte nur unter der Bedingung der Anpassung möglich ist.

Wie wir am Beispiel von Şerife gezeigt haben, zielen die Integrationsforderungen von Linken auf »progressive« Verhaltensweisen. Dennoch handelt es sich um eine Form von Machtausübung und implizit um eine Wertung, d. h. eine Abwertung anderer Lebensweisen und Kulturen. Die eigenen westlich-»emanzipatorischen« Ideen gelten als das »Gute« schlechthin – besonders wenn sie in widerständiger Form erarbeitet worden sind und als Alternative zu etablierten Lebensweisen in der bundesdeutschen Gesellschaft gelten. Kulturelle Normen des Islam z. B. gelten als das schlechthin »Böse«, wovor auch aus diesen Kulturen kommende Menschen geschützt werden sollen.

Die »Integrationsforderungen« seitens der Linken werden oft u.a. mit der Funktionalität mancher Verhaltensweisen für das Leben in der BRD bzw. mit dem Ziel der Gleichberechtigung begründet. Denn erbringe man als EinwanderIn die geforderten Anpassungsleistungen, die vom Deutschlernen bis zur äußeren Anpassung reichen können, so habe man bessere Chancen (Lehrstellen, Arbeitsplätze usw.). Es ist zweifellos richtig, dass z.B. gute Deutschkenntnisse für EinwanderInnen, die in der BRD leben, von Vorteil sein können. Nur, die Überbetonung der Funktionalität der deutschen Sprache geht oft mit der Minderbewertung der Funktion oder auch mit der Verdrängung und Unterdrückung der Muttersprachen der Einwanderergruppen einher. Mit der Funktionalität der deutschen Sprache sind nicht automatisch die Bedingungen gegeben, sie zu lernen. Wenn Deutsche sich also um die Lebenschancen der EinwanderInnen Sorgen machen, dann könnten sie sich z.B. für Bedingungen einsetzen, die das Erlernen der deutschen Sprache ermöglichen, statt lediglich ihre Notwendigkeit herauszustreichen. Eine verbesserte Bedingung für das Erlernen der deutschen Sprache wäre zum Beispiel die Gleichberechtigung von Einwanderersprachen sowie Formen, in denen Deutschlernen nicht mit der Aufgabe aller kulturellen Merkmale von EinwanderInnen verknüpft wird. Für die EinwanderInnen der ersten Generation war es kaum möglich, Deutsch im Betrieb während der Arbeits- und nicht während der Freizeit zu lernen, wie es z.B. in Großbritannien, Schweden u.a. der Fall ist. Für deren Kinder ist die Anforderung an das Erlernen der deutschen Sprache nicht in den Rahmen einer zweisprachigen Erziehung gestellt worden. Erst sehr spät, nachdem sämtliche »Integrations-« und »Ausländerpädagogikkonzepte« gescheitert sind, wurden solche Überlegungen angestellt und entsprechende Modellversuche eingerichtet.

Gleichberechtigung heißt für viele Linke offenbar nicht, dass EinwanderInnen die Möglichkeit bekommen, durch die Auseinandersetzung in der eigenen Gruppe – entsprechend der eigenen Geschichte – eigene Wege der Emanzipation zu suchen und zu verfolgen. So treten sie zwar für das Recht von EinwanderInnen auf Pflege ihrer Kultur ein, nur dürfen es die EinwanderInnen nicht »übertreiben«, etwa mit Beschneidungsfesten und ähnlich »rückständigen« Ritualen. Bei Generationskonflikten in Einwandererfamilien wird diese paternalistische Haltung ebenso deutlich. Jugendliche »klärt« man »auf« und zeigt ihnen den Weg in die Freiheit, weg von der rückständigen, konservativen Familie. Selten haben jedoch solche »Emanzipationsmaßnahmen« unter den gegebenen Bedingungen, bei denen man den Jugendlichen keine Alternative bieten kann, Erfolg. Sie werden aus der Einwandererkolonie herausgerissen, ohne dass man sie unterstützt hat, konfliktfähiger zu werden. Wir wollen die Konflikte, die in Einwandererfamilien auftreten, und die Leiden der Jugendlichen nicht herunterspielen. Aber die »verordnete Emanzipation«, die letzten Endes nur die Unterwerfung unter *andere* Instanzen oder Personen zur Folge hat, ist keine Emanzipation, weil sie die Fähigkeit, sich zu eigenen Lebenszielen durchzuarbeiten und sie durchzusetzen, verhindert.

Wir halten also fest: Auch Individuen aus fortschrittlichen Gruppen, die im großen politischen Rahmen weitergehende Forderungen stellen, die eine allgemeine Verbesserung der Lage von EinwanderInnen zum Ziel haben

(Niederlassungsrecht, Wahlrecht u. Ä.), können in der alltäglichen praktischen Arbeit große Schwierigkeiten haben, diese Ansprüche in konkrete emanzipatorische Praxis umzusetzen. Es werden für EinwanderInnen Rechte gefordert, die sie selbständiger, politisch aktiver und auch relevanter machen sollen, gleichzeitig versucht man aber, sich im Vorwege »abzusichern«, damit – wenn es mal so weit ist – die EinwanderInnen auch die »richtigen« Wege gehen. Es entsteht ein Konflikt zwischen der Einsicht, Gruppen zu ihrer Emanzipation zu ermutigen, und der Angst, sie könnten »falsche« Wege einschlagen. Die paternalistische Haltung, die als »Lösung« dieses Konflikts oft in Erscheinung tritt, schlägt sich in der alltäglichen Praxis in kolonisierenden Verhaltensweisen nieder und dient zugleich als Abwehr des »Fremden« und des für die eigenen Ideen und Identitäten Bedrohlichen. So bedient man sich – wenn auch unbeabsichtigt – rassistischer Verhaltensweisen, stabilisiert sie durch die eigene Praxis und stabilisiert dadurch zugleich die eigene kulturelle Identität als Deutsche/r. Ironischerweise geht dieser Prozess oft mit der Leugnung dieser »deutschen Identität« einher.

Wir können uns nicht gegen jede Art von Missverständnissen absichern, wollen aber dennoch festhalten, dass unsere Ablehnung einer paternalistischen Haltung nicht bedeutet, dass Gewalthandlungen, wenn sie von Minderheiten verübt werden, als »Teil ihrer Kultur« interpretiert und toleriert werden sollen. Das Problem besteht darin, dass mit dem Hinweis auf solche Gefahren alle Formen der Selbstorganisierung, die nicht den eigenen fortschrittlichen Positionen entsprechen, unter Generalverdacht gestellt werden.

Kulturelle Identität bei Deutschen

Weiter oben haben wir Rassismus als eine Form ideologischer Vergesellschaftung untersucht. Im Folgenden geht es um Ethnozentrismus und Rassismus als Bestandteil der kulturellen Dimension von Identitätsbildung. Am Beispiel von Şerife lässt sich zeigen, welche Funktion die Missachtung anderer Emanzipationswege für das Leben von Deutschen, für die Stabilisierung ihrer eigenen kulturellen Identitäten hat. Wir haben zu zeigen versucht, wie Ethnozentrismus bzw. Formen von unbewusstem Rassismus dazu dienen, die eigene Identität zu definieren: mittels Abgrenzung von anderen Gruppen, mittels Festlegung allgemeingültiger Freiheitsideale und Emanzipationswege, mittels Beschreibung/Festlegung des »Anderen« auf bestimmte Eigenschaften, die von außen, durch Verbote und Umerziehung, verändert werden können und sollen.

Die dominante Kultur einer Gesellschaft sickert jeweils in die untergeordneten Kulturen ein, also in die Kulturen der sozialen Gruppen (z. B. Arbeiterkultur), die nicht an der Macht sind. Diese untergeordneten Kulturen entwickeln sich wiederum im Gegensatz zu den dominanten: Das Verhältnis bleibt ein dauernder Kampf. Die untergeordnete Kultur kann jedoch auch die dominante zurückdrängen und damit die Hegemonie und den Bestand des Systems gefährden. Man denke an die von Grün-Alternativen entwickelten Lebensformen. Auch die Kulturen von EinwanderInnen können eine Gefahr für das Bestehende bilden. Alle Gegenbewegungen der untergeordneten Kulturen können in dem Maße in die herrschende Kultur integriert werden, in dem sie sich nicht mit einer Politik der Befreiung verbinden. Aber die Integration ist nie vollständig; es bleiben immer Bestände, in die die dominante Kultur nicht eindringen kann, und es gibt immer wieder neue Widerstandsformen, die daraus entstehen. Widerstandsformen können allerdings auch zur Anpassung führen, wenn sie genau die Rollen bestärken, die die herrschende Kultur den Beherrschten zuweist. Wenn z. B. Frauen im Widerstand gegen Frauendiskriminierung gerade die »Weiblichkeit« als ihre Stärke ins Feld führen, dann besteht die Gefahr, eine Logik zu reproduzieren, die Frauenunterdrückung legitimiert.

Die Einwanderung, das Dasein anderer ethnischer und kultureller Gruppen wird von einer breiten Mehrheit als eine Bedrohung der »deutschen kulturellen Identität« empfunden. Willis beschreibt ähnliche Verhaltensweisen und die Funktion solcher Abwehrmechanismen bei »Motorrad-Jungs« in Großbritannien:

> Die neu dazugekommenen rassischen Gruppen im städtischen Umfeld der Motorrad-Jungs« stellten so etwas wie eine Gefahr dar für die feste Verankerung ihrer Welt in den Prinzipien des gesunden Menschenverstandes. Die dunkle Haut, die fremden Sitten, das seltsame Essen, all das zeugte von einer sehr anderen Art zu leben, einer sehr anderen Art, das Leben zu verstehen, einer sehr anderen Art des In-der-Welt-Seins. Ein zu enger Kontakt oder ein zu einfühlender Versuch zu verstehen hätte sie möglicherweise so infiziert, dass sie einige dieser fremden Definitionen in ihre eigene Lebensweise übernommen hätten. Dies hätte in gewisser Weise die Beständigkeit ihrer eigenen Welt untergraben. (Willis 1981, 54ff.)

Willis meint weiter, dass »die Verleugnung jedweder anderen Realität sozusagen unverzichtbar zu ihrem Glaubenssystem dazugehörte: Wenn es andere Welten gäbe, dann wäre die eigene möglicherweise nicht die *authentische* Welt.« (Ebd.) Im Fall der »Motorrad-Jungs«, wie sie Willis darstellt, bedrohten die fremden Eigenschaften der Schwarzen die Sicherheit und damit auch die »Männlichkeit« der weißen Jugendlichen, in der sie diese Sicherheit ausdrückten. Wenn sie akzeptiert hätten, dass es andere Arten zu leben gab, dann hätte das geheißen, dass man auch auf andere Art männlich sein konnte, die möglicherweise sogar besser war. »Der schreckliche Beweis dafür war erbracht, wenn ein Schwarzer ein weißes Mädchen eroberte.« (Ebd.) »Hätten sie irgendeine andere Sicht der Dinge zugelassen, so hätte das nicht einer Meinung den Boden entzogen, sondern einem Lebensmodus und einer Art und Weise des In-der-Welt-Seins: einem Lebensmodus, der voll und ganz auf der unwiderruflichen Konkretheit der Dinge beruhte.« (Ebd.)

Analog dazu können Einwanderergruppen für deutsche Gruppen verunsichernd wirken. Trotz anderslautender Erklärungen sind wir noch weit von der Situation entfernt, in der ein größerer Teil der deutschen Bevölkerung die Anwesenheit anderer Lebensweisen als eine Bereicherung empfindet, als eine Möglichkeit, sich selbst im Spiegel der Anderen zu sehen und sich aus einer anderen Perspektive wahrzunehmen. Dagegen sehen sich EinwanderInnen tagtäglich im Spiegel der deutschen Gesellschaft, erfahren manches überhaupt erst dadurch über ihre eigenen Kulturen – wenn auch auf schmerzliche bis unwürdige Art und Weise. Auch Engagierte und Linke entwickeln Abwehrmechanismen gegen die unbekannten »Fremden«, müssen jedoch von ihrem Standpunkt aus andere Erklärungen für ihr oft kolonisierendes Verhalten finden. So berufen sie sich auf allgemeine Kriterien für Menschlichkeit und Emanzipation und beschwören die Herausbildung einer neuen sozialistischen Persönlichkeit jenseits der Nationalität. Die ausschließliche Festlegung der »Anderen« auf Gemeinsamkeiten mit sich selbst ist die andere Seite der Medaille. Ist die eine Seite die Festlegung auf Differenz, so ist die andere der Versuch der Einverleibung, des Unsichtbar-Machens »des Anderen«. Beiden ist gemeinsam, dass EinwanderInnen homogenisiert und fremdartikuliert werden.

Zusammenfassend seien hier exemplarisch Sichtweisen und Aspekte genannt, die sich auf den pädagogischen Alltag auswirken:

- Das »Defizit-Denken«, das die Migrantenforschung beherrscht, wird von Ethnozentrismus geleitet. Darauf basieren die unterschiedlichsten pädagogischen und sozialpädagogischen Maßnahmen, die den EinwanderInnen und ihren Kindern Lebensfähigkeit durch »Integration« vermitteln wollen.
- Die Sozialarbeit mit eingewanderten Frauen ist voll von solchen kolonisierenden Verhaltensweisen. Dass sehr oft deutsche Sozialarbeiterinnen Gruppen von Immigrantinnen leiten bzw. Gruppenarbeit mit ihnen machen, zeugt davon, dass auch engagierte Deutsche noch nicht von den Fähigkeiten eingewanderter Sozialarbeiterinnen überzeugt sind und ihre Emanzipationsvorstellungen selber in die Gruppen der Immigrantinnen hineintragen wollen. Dies wird nicht mehr ohne weiteres hingenommen und führt zu Konflikten, die in letzter Zeit auch öffentlich auf Tagungen ausgetragen werden. Immigrantinnen in der »Ausländerarbeit« stellen den Anspruch, eigene Wege zu gehen und dabei eigene Fehler machen zu dürfen.

- Das »Helfersyndrom« vieler deutscher SozialarbeiterInnen, das Hilfsbedürftige reproduziert, ist ebenfalls ein oft auftretender Streitpunkt. Diese Hilfsbedürftigkeit, die bei EinwanderInnen reproduziert wird, wirkt ungewollt auch als ein Instrument der Unterwerfung und Kontrolle und ermöglicht Machtausübung, solange die EinwanderInnen keine gleichberechtigten PartnerInnen der Auseinandersetzung sein können. In den letzten Jahren werden verstärkt Stimmen aus dem Lager der EinwanderInnen laut, die sich auch gegen gut gemeinte Bevormundungstendenzen wehren.

Was tun?

Soll mit all dem nun gesagt sein, türkische Frauen seien etwa nicht unterdrückt? Oder meinen wir, dass alles beim Alten bleiben soll? Das wird sich vielleicht manche/r LeserIn fragen.

Wir wollten aufzeigen, dass es unterschiedliche Wege der Emanzipation gibt, die aufgrund der eigenen Geschichte, Kultur, aktuellen Lebenssituation geformt werden. Dass es unterschiedliche Lebensweisen gibt, die man im Namen der Emanzipation oder des gemeinsamen Handelns weder kolonisieren noch kulturrelativistisch betrachten muss, sondern für die zunächst ein gleichberechtigter Status als Grundlage der Auseinandersetzung durchgesetzt werden muss. Dass man als Mitglied der ethnischen Mehrheit neue Verhaltensformen für den Umgang mit ethnischen Minderheiten entwickeln und einüben muss, wenn man dem Anspruch auf Gleichberechtigung und persönliche Entfaltung für alle Menschen gerecht werden will. Allerdings heißt das, man muss sich damit abfinden, selber überflüssig zu werden als Anführerin oder Besserwisser der Bewegung bzw. darauf hinarbeiten, sich überflüssig zu machen. Autonomie und Emanzipation einer Gruppe kann anders verlaufen, als man es in bester Absicht plant bzw. wünscht.

Also was soll man als Deutsche/r tun, wie soll man sich EinwanderInnen gegenüber verhalten? Bevor wir die Haltung darstellen, die wir als emanzipationsfördernd ansehen, wollen wir noch bei den Möglichkeiten der Emanzipation eingewanderter Frauen bleiben und mögliche Verhaltensweisen für diesen Bereich herausarbeiten, die weder kolonisierend noch kulturrelativistisch sein wollen. Sollen also Deutsche zugucken, wenn eingewanderte Frauen unterdrückt, z.B. von ihren Männern geschlagen werden?, werden wir oft gefragt.

Diese Frage generiert eine andere Frage: Wieso kommt frau nicht darauf, all das, was die deutsche Frauenbewegung für sich erkämpft hat bzw. fordert, auch für EinwanderInnen zu fordern? Wenn es z.B. selbstorganisierte Frauenhäuser für eingewanderte Frauen gäbe, dann hätten diese eine Alternative, einen Ort, wo sie hingehen, mit anderen Frauen ihrer Gruppe zusammenleben könnten, und zwar entsprechend *ihren* Emanzipationsvorstellungen. Die Einstellung von Einwanderinnen als Beraterinnen, Psychologinnen, Ärztinnen usw. wäre eine weitere Forderung. So sollten z.B. türkische Sozialarbeiterinnen (mit oder ohne Kopftuch) die Gruppenarbeit mit türkischen Frauen übernehmen. Wodurch ist denn die Einstellung deutscher Sozialarbeiterinnen für türkische Gruppen bzw. für andere ethnische Gruppen legitimiert? Tut man dabei nicht so, als ob z.B. türkische Frauen unter sich nicht in der Lage wären, ihre Probleme zu formulieren und sich damit auseinanderzusetzen? Es entspricht nicht der Realität, zu denken, in den jeweiligen ethnischen Gruppen fänden keine Auseinandersetzungen statt. Eingewanderte Frauen einer ethnischen Gruppe sind zumindest von der Herkunft her gleichberechtigt und können sich in ihrer Sprache und in eigenen (aus der Geschichte, Kultur usw. entwickelten) Kommunikationsformen mit Fragen ihrer Befreiung auseinandersetzen. Die dabei mit Sicherheit auftretenden politischen und sozialen Unterschiede und Gegensätze sind normale Begleitumstände solcher Befreiungsprozesse und werden nicht noch zusätzlich erschwert durch die Auseinandersetzung mit einer sozial und rechtlich in der bundesrepublikanischen Gesellschaft fest verankerten Position. Natürlich bleibt dabei die »deutsche Sichtweise« nicht ausgeschlossen, denn sie leben in der deutschen Gesellschaft und es bedarf nicht der Anwesenheit einer deutschen Sozialarbeiterin, um sich mit dem Verhalten und den Emanzipationsvorstellungen deutscher Frauen auseinanderzusetzen. Die unterschiedlichen Vorstellungen deutscher Frauen sind in unterschiedlichen gesellschaftlichen Bereichen auf unterschiedliche Weise maßgebend für das Leben in dieser Gesellschaft. Sie sind Vorbild oder Gegenbild dessen, was erstrebenswert ist (mit einer breiten Palette von Positionen zwischen diesen zwei Extremen).

In der Einwandererkolonie, in diesem riesigen »Transformationsmechanismus«, findet eine soziale und politische Auseinandersetzung statt, die hauptsächlich die deutsche Umwelt, mit der man täglich auf unterschiedliche Weise konfrontiert wird, zum Gegenstand hat. Kolonisierende und kolonisierte Haltungen, die es durchaus bei den eigenen Landsleuten gibt, sind auch ein Teil dieser Auseinandersetzung mit der deutschen Umwelt unter Migrationsbedingungen.

Autonomie und Selbstorganisierung von EinwanderInnen

Eine Frage, die von deutscher Seite in der alltäglichen Arbeit oft gestellt wird, ist: »Dürfen wir also Ausländer gar nicht kritisieren?« Wir meinen, dass diese Frage nicht so harmlos ist, wie sie auf den ersten Blick erscheint:

»Kritik« wird an »Ausländern« von allen Seiten geübt: von der Ausländerpolitik, die Verhaltensweisen vorschreibt (s. z. B. Integrationsdefinition), von dem o. g. Stadtrat (stellvertretend), der Verhaltensweisen sanktioniert, von der Lehrerin, die türkische Schülerinnen »überzeugt«, ihr Kopftuch abzunehmen, von all denjenigen, die EinwanderInnen als »Ausländer« definieren und – aus welchem Grund auch immer – ihnen die Zugehörigkeit zu dieser Gesellschaft absprechen, von deutschen SozialforscherInnen, die die »Defizite« der »Ausländer« definieren und Maßnahmen zu ihrer Kompensation vorschlagen, von all denen, die sich das Recht nehmen, selbstverständlich zu definieren, welche Lebensform aus dem Rahmen fällt. Das heißt, EinwanderInnen haben schon sehr viel an »Kritik« auszuhalten. Nicht zu Unrecht gewinnt man als EinwanderIn den Eindruck, dass man selber tatsächlich »integrationsunfähig« oder »integrationsunwillig« ist, dass es – egal was man schon geleistet hat – immer noch etwas auszubessern/wegzutherapieren gibt, dass man letztlich das »Ausländerproblem« vielleicht doch selbst verschuldet. Wo soll dann das positive Selbstwertgefühl hergenommen werden? Damit wollen wir sagen,

Kritik ist eine Kommunikationsform, die dann produktiv ist, wenn sie unter gleichberechtigten PartnerInnen stattfindet. Unter anderen Umständen artet sie leicht in Machtausübung aus. Können aber EinwanderInnen überhaupt gleichberechtigte PartnerInnen sein, solange sie per Gesetz diskriminiert sind, solange man ihnen in diesem Land elementare Menschenrechte vorenthält? Letzteres dient oftmals – meistens unbewusst – als Erklärung dafür, weshalb man als Linke/r den EinwanderInnen helfen, sie beschützen und auch bevormunden muss (bis sie Rechte bekommen). Dass man selbst dadurch die Passivität der EinwanderInnen mitproduziert, wird dabei übersehen.

Mit all dem ist natürlich nicht gemeint, dass man EinwanderInnen nur gut finden und loben soll. Dies wäre eine Form von Diskriminierung, die den anderen nicht ernst nimmt. Gegenseitige Kritik in gemeinsamen Arbeitszusammenhängen bzw. aufgrund konkreter politischer Arbeit oder in persönlichen Beziehungen ist etwas grundsätzlich anderes als die verallgemeinernde Kritik an kulturellen Lebensformen, die diese undifferenziert als schädlich und rückständig verdammt.

Wir konnten am Beispiel der Lehrerin verfolgen, wie emanzipatorische Vorstellungen eine Politik unterstützen können, die den Widerstand von EinwanderInnen zu brechen sucht. Dies kann man weiter fassen und für eine bestimmte Form linker Politik allgemeiner formulieren: Linke Politik nämlich, die mit der Kolonialhaltung nicht gebrochen hat, kann zur Lähmung eines Widerstandspotenzials von EinwanderInnen beitragen (z. B. indem man sie vertritt, anstatt sie dabei zu unterstützen, sich selber zu vertreten). Die Einwandererkolonie und die darin zu entwickelnden Einwandererkulturen – auch die politische Kultur – sind notwendige (aber nicht hinreichende) Voraussetzungen für die Schaffung eines positiven Selbstwertgefühls bei EinwanderInnen, für die Stabilisierung ihrer Persönlichkeit, für die Herausbildung und Entwicklung neuer kollektiver Lebensweisen, die den aktuellen Lebensbedingungen entsprechen, für die Formulierung von *offensiven* Forderungen, für die Herausarbeitung von Strategien zu deren Durchsetzung. Unter den gegebenen Bedingungen waren die Einwanderervereine nicht in der Lage, eine offensive Politik zu betreiben. Sie haben eher auf Gesetze und deren Verschärfung *reagiert*, was wiederum mit den fehlenden Rechten und den fehlenden Mitbestimmungsmöglichkeiten zusammenhängt.

Jeder weiß, wie konfliktträchtig die oben skizzierten Prozesse sich vollziehen, und wenn es um EinwanderInnen geht, so müssen noch die ungünstigen Bedingungen, unter denen diese Prozesse stattfinden, mitberücksichtigt werden (niedriger sozialer Status, Rechtlosigkeit, Diskriminierung, Rassismus, Integrationsforderungen von allen Seiten usw.). Unter den gegebenen Bedingungen, da die Majorität den Minderheiten kaum Möglichkeiten lässt, sich mit den eigenen Kulturen auseinanderzusetzen und sie entsprechend ihren Voraussetzungen zu transformieren, kann es keine gleichberechtigte Auseinandersetzung geben.

Die Selbstorganisierung von EinwanderInnen zu akzeptieren heißt allerdings nicht, dass Deutsche sich aus der Affäre ziehen sollen. Die Umdefinierung des »Ausländerproblems« zu einem Problem der deutschen Gesellschaft ist eine Voraussetzung dafür, das gemeinsame Projekt der Demokratisierung dieser (nur in Teilen demokratischen) Gesellschaft auch gemeinsam anzugehen. Dies ist jedoch nur möglich, wenn EinwanderInnen an allen Entscheidungsprozessen gleichberechtigt beteiligt sind. Das bedeutet, ihnen den Zugang zu allen Positionen in der Gesellschaft zu ermöglichen und sie nicht nur in »ausländerspezifischen« Fragen zu Rate zu ziehen. Es heißt auch, dass Strukturen geschaffen werden, die die Dominanz von Deutschen zurückdrängen und Möglichkeiten eines gleichberechtigten Umgangs ohne Paternalismus und Rassismus eröffnen. Man kann damit schon anfangen, z. B. in Einrichtungen der »Ausländerarbeit«, indem man EinwanderInnen gleichstellt sowohl in Bezug auf Aufgaben und Entscheidungen als auch in Bezug auf Bezahlung.

Forderungen nach Niederlassungsrecht, Wahlrecht, doppelter Staatsbürgerschaft, Recht auf muttersprachlichen Unterricht etc. sind auch von Deutschen zu vertreten, insbesondere in Gremien, zu welchen EinwanderInnen keinen Zugang haben, wie z. B. im Bundestag, in Parlamenten, Kommunen etc. Parallel dazu sollen Autonomie und Selbstorganisierung der Einwanderergruppen unterstützt werden. Das heißt nicht, dass EinwanderInnen sich nicht mehr in deutschen Organisationen bewegen sollen. Viele können und wollen ihre Sichtweisen dort vertreten. Autonomie und Zusammenarbeit können (und werden wohl auch immer) neben- und ineinander existieren. Autonomie und Nicht-Bevormundung heißt allerdings nicht, EinwanderInnen und ihre Vereine ihrem Schicksal zu überlassen und zuzusehen, wie z. B. Einwanderervereine nacheinander eingehen. Es heißt vielmehr, sich dafür einzusetzen, dass Voraussetzungen geschaffen werden, unter denen Einwanderergruppen existieren und sich weiterentwickeln können: Das fängt an bei der Unterstützung von Raumforderungen, von Forderungen nach finanzieller Unterstützung und geht bis hin zum Abbau von Rassismus. Dabei muss man sogar in Kauf nehmen, dass eine autonome Entwicklung anders aussehen kann, als man sie sich vorstellt, und dass der Einsatz für EinwanderInnenrechte keinen Anspruch auf Gegenleistung seitens der EinwanderInnen begründet.

Da es hier um Minderheiten geht, sind neben den gleichen Rechten noch Minderheitenrechte nötig. Darunter fallen z. B. gezielte Antidiskriminierungsmaßnahmen, die in anderen Ländern unter dem Titel »affirmative action« oder »positieve aktie« eingesetzt wurden mit unterschiedlichem Erfolg. Sicherlich sind mit solchen Maßnahmen Probleme verbunden. Jedoch muss man feststellen, dass nach über 30 Jahren Einwanderung immer noch jegliche rechtliche Grundlage für die Bekämpfung von rassistischer Diskriminierung fehlt. Die Diskussion über die Entwicklung von Forderungen in diese Richtung, über den Entwurf eines Antidiskriminierungsgesetzes hätte u. a. auch den Vorteil, dass man nicht nur reaktiv aufgrund der vorliegenden Entwürfe zum Ausländergesetz und in der Logik des Ausländergesetzes diskutieren würde, sondern eine eigene Perspektive entwickeln könnte. Als erste Maßnahmen z. B. gegen die besondere Diskriminierung von Minderheiten könnten Antidiskriminierungs- und Quotierungsregelungen eingeführt werden. Aufgrund solcher gesetzlicher Regelungen könnten dann rassistische Vorfälle am Arbeitsplatz und in der Öffentlichkeit festgestellt und bekämpft werden (heute werden nicht mal offen rassistische Morde als solche verurteilt; dieses Motiv kennt man nicht in der Rechtsprechung). Die Einrichtung von Antirassismus-Büros und -Referaten in verschiedenen Institutionen, wie z. B. Schulen, Betrieben, Gewerkschaften, Wohlfahrtsverbänden etc., wäre ein weiterer nützlicher Schritt, der mit dazu beitragen würde, rassistische Diskriminierungen bewusster wahrzunehmen, sie nicht lediglich als Einzelfall zu betrachten und Wege zu ihrer Bekämpfung zu suchen. Antirassistische Bildungsarbeit und Rassismusforschung sind ebenfalls ein wesentlicher Bestandteil dieser Arbeit. Im Bereich der Schule sind Maßnahmen notwendig, die die Unterrichtung von Einwandererkindern in ihren Muttersprachen garantieren. Denn gleiche Rechte schließen das Recht ein, ebenso wie deutsche Kinder in der eigenen Sprache unterrichtet zu werden und nicht nur in der Fremd- bzw. Zweitsprache Deutsch. Die zweisprachige Realität dieser Kinder erfordert auch eine zweisprachige Erziehung. Gezielte Antidiskriminierungsmaßnahmen in diesem Bereich wären der Schutz und die Anerkennung von Einwanderersprachen in Schule und Öffentlichkeit. Dies alles sind Bestandteile einer antirassistischen Politik, deren konkrete Ausgestaltung erst in der Praxis vorgenommen werden kann.

Was fehlt, ist u.a. ein politisches Verständnis, welches die Überzeugung einschließt, dass man als Deutsche/r diese politische emanzipatorische Arbeit nicht für die EinwanderInnen leistet, sondern für sich, für die deutsche Gesellschaft, die es nötig hat, entsprechend den eigenen Ansprüchen, die man an eine menschenwürdige, antirassistische, sozialistische Gesellschaft stellt, in der man selber leben will, verändert zu werden. Gleichberechtigung und kulturelle Autonomie für EinwanderInnen verstehen wir dabei als eine Voraussetzung – und nicht als das Endziel –, um gemeinsam mit Deutschen und EinwanderInnen diese Gesellschaft zu verändern. Früher hätte man gesagt, es ginge darum, für eine »multikulturelle

Gesellschaft« zu arbeiten. Heute kann man diesen Begriff jedoch nicht mehr verwenden. Wir ziehen es vor, die Perspektive zu umschreiben, solange wir sie nicht auf einen treffenden Begriff bringen können. Also reden wir hier von Gleichberechtigung der ethnischen Minderheiten, die das Recht auf Differenz (aber keineswegs die Reduktion darauf) einschließt. Antirassistische Arbeit ist ein Weg dahin. Trotz der Kritik, dass Antirassismus ein negativ abgrenzender Begriff ist, finden wir es wichtig, ihn zu benutzen, denn »wenn man in einer Gesellschaft ohne antirassistische Politik lebt, ist man dazu verurteilt, in einer rassistischen Gesellschaft zu leben« (Hall 1989b, 915). Die Entwicklung einer antirassistischen Bewegung und einer antirassistischen Politik, die mit dazu beitragen können, den »gesunden antirassistischen Menschenverstand« anstelle des heute weit verbreiteten rassistischen gesunden Menschenverstandes zu setzen, könnten uns bei der Konkretisierung der o.g. Perspektive weiterbringen, woraus sich dann vielleicht müheloser der passende Begriff für ihre Benennung ergeben würde.

4. Zusammenfassung

Wir haben dafür plädiert, anstatt von »Ausländerfeindlichkeit« von Rassismus zu sprechen.

Rassismus bezeichnet die Konstruktion gesellschaftlicher Gruppen auf Basis ihrer Herkunft (geografisch und/oder verwandtschaftlich) als Träger unveränderlicher, als minderwertig definierter Eigenschaften und daraus resultierender Verhaltensweisen. Körperliche Merkmale werden zum Kennzeichen dieser Eigenschaften und Verhaltensweisen. Sie werden dadurch aus dem historischgesellschaftlichen Kontext isoliert und naturalisiert. Diese homogenisierende, naturalisierende Konstruktion von Menschen als natürliche Gruppen, dieser Prozess der Rassifizierung führt zur Konstruktion sozialer Gruppen als »minderwertige Rassen«. Wir sprechen von Rassismus, wenn die Gruppe, die eine andere als minderwertige »Rasse« konstruiert, auch die Macht hat, diese Konstruktion gesellschaftlich durchzusetzen.

Wir fragten zunächst nach der Funktion des Rassismus für die »freiwillige Einordnung« in Herrschaftsverhältnisse. Den Staat definierten wir als eine Instanz, die den gesellschaftlichen Zusammenhang bei gleichzeitiger Fixierung der sozialen Gegensätze organisiert. Das Ideologische sahen wir als eine Form »ideeller Vergesellschaftung von oben«, d.h. als Form, in der Handlungsorientierungen aus allgemeinen Werten abgeleitet werden, die jenseits aller realen Interessen zu stehen scheinen. An einigen rassistisch argumentierenden Leserbriefen versuchten wir, Formen ideologischer Vergesellschaftung herauszuarbeiten:

1. Deutsche Lohnabhängige nehmen gegenüber eingewanderten Lohnabhängigen den Standpunkt von Unternehmern ein, die für eine Arbeit bezahlt haben. Einerseits erleben die deutschen Arbeitenden auf diese Weise einen ideellen Machtzuwachs, andererseits entziehen sie damit ihren eigenen Forderungen den Boden. Eine antirassistische Politik könnte diesen Widerspruch zum Ausgangspunkt nehmen.
2. In der Abwehr gegen »Ausländer« wird eine *bestimmte* Form »deutscher Identität« entwickelt. In ihr werden kulturelle Lebensformen mit staatlichen Instanzen verknüpft. Als Negativbild dieser »deutschen

Identität« erscheint die »türkische Kultur«. Sie werden zu unvereinbaren Gegensätzen. Widerständige Elemente der Alltagskultur werden in diesem Identitätsbildungsprozess zu Elementen der Einordnung transformiert: Bedürfnisse nach nachbarschaftlichen Beziehungen, nach einer vertrauten Umgebung werden gegen »die Fremden« gewendet. Auch hier gibt es wieder einen Widerspruch, der von einer antirassistischen Politik aufgegriffen werden kann: Die angesprochenen Bedürfnisse müssten aus ihrer Verknüpfung mit staatlichen Instanzen herausgelöst und gegen die Zerstörung der Lebensformen eben durch diesen Staat und durch profitorientierte Bauweisen gewendet werden. Das Bedürfnis nach »Heimat« könnte auf diese Weise eine widerständige Stoßrichtung bekommen, wie dies in der ökologischen Bewegung zum Teil schon geschieht. Aus einem statischen, rückwärtsorientierten Heimatbedürfnis könnte ein Bedürfnis nach Vertrautheit entwickelt werden, das zugleich offen ist für Veränderungen und andere Lebensformen neben sich respektiert.

3. Die Forderung nach Integration hat auch eine Funktion für die deutsche Bevölkerung: Sie unterstellt die Minderwertigkeit der Einwandererkulturen und bestätigt damit zugleich die Höherwertigkeit dessen, was als deutsche Lebensweise gilt. Ökonomische und staatliche Mechanismen zwingen zur Anpassung an vorgegebene Wertsysteme. Diese Anpassung, in »Normalisierungspraxen« von unten vollzogen, ist verbunden mit der Unterdrückung und Umformung von Lebensbedürfnissen. Die Integrationsforderung rechtfertigt diesen Anpassungsprozess und ist gleich-

zeitig eine Warnung an EinwanderInnen *und* an Deutsche, nicht aus den vorgegebenen Strukturen auszubrechen.

4. Als ein roter Faden zieht sich durch alle Formen rassistischen Denkens und Handelns die Abwehr gegen die Erkenntnis der eigenen Unterwerfung. Die mühsam erworbene Kompetenz in der Inkompetenz, d.h. die Fähigkeit, sich im vorgegebenen Rahmen von Verboten und Geboten als selbsttätiges Subjekt zu leben, wird durch andere Lebensformen infrage gestellt. Rassismus ist eine Form, diese Unsicherheit der eigenen Existenz zu verdrängen. Sie ermöglicht es, die Fragwürdigkeit der Institutionen und Lebensformen des eigenen Landes, die Teil der eigenen Persönlichkeitsstruktur geworden sind, abzuwehren. Sie erscheinen neu gestärkt, indem sie als »von außen« bedroht dargestellt werden können. Die Spezifik des Rassismus gegenüber anderen Herrschaftsverhältnissen besteht darin, dass alle inneren Gegensätze aufgehoben erscheinen in dem Gegensatz »innen« (womit das ganze Land gemeint ist) und »außen« (= nichtdeutsch). So wird den Einzelnen ermöglicht, sich als Sachwalter »des Ganzen« zu imaginieren.

Im zweiten Teil entwickelten wir unser Konzept von Kultur und kultureller Identität, zeigten die Bedeutung der Einwandererkulturen für das Überleben von EinwanderInnen und stellten die Konflikte dar, die entstehen, wenn Deutsche den EinwanderInnen ihre Emanzipationskonzepte aufzwingen wollen.

- Kulturelemente haben eine widersprüchliche Struktur: Sie können *gleichzeitig* gegen Herrschaft gerichtet *und* eine Art und Weise sein, in der sich Menschen bzw. soziale Gruppen in Herrschaftsstrukturen einbauen, sie akzeptieren und stützen.

- Kulturen und Identitäten, verstanden als unabgeschlossen und prozesshaft, als lebenslange Prozesse der Definierung und Neu-Definierung der eigenen Person und anderer, sind keine Dinge, die bewahrt werden könnten. Der Begriff »Bewahrung der kulturellen Identität« ist unbrauchbar und irreführend, weil er die komplexen und widersprüchlichen Prozesse der Identitätsfindung und Herausbildung kultureller Lebensformen nicht beschreiben kann.
- Die These, dass der »Kulturkonflikt« die Probleme von EinwanderInnen hervorruft, verschweigt die Tatsache, dass nicht die Konfrontation der Menschen mit verschiedenen Kulturen *an sich* das Problem ist, sondern die Bedingungen, unter denen dies geschieht. Bei EinwanderInnen findet diese Konfrontation unter äußerst schlechten Bedingungen statt. Ihr niedriger sozialer Status, ihre Rechtlosigkeit und die sich ablehnend verhaltende Aufnahmegesellschaft tragen dazu bei, dass die Einwanderung mit einer Kränkung des Selbstbewusstseins einhergeht.
- Kulturelle Verhaltensformen sind in dem sozialen Bezugsrahmen zu analysieren, in dem sie gelebt werden, wenn sie Erkenntnisse über die Einwanderergruppen liefern sollen. Sie sind weder mitgebrachtes Erbe noch reine Traditionspflege oder eine bloße Übernahme von Verhaltensformen der Majorität, sondern der Versuch, Antworten auf die aktuellen Lebensbedingungen zu finden, die sowohl auf das Mitgebrachte zurückgreifen als auch das in der

Bundesrepublik Erfahrene mit einbeziehen und ein Leben in der Emigration erst ermöglichen. Darunter sind die unterschiedlichsten Verhaltensformen zu finden, die von der Überanpassung an deutsche Maßstäbe bis zur Konservierung von Elementen der Herkunftskulturen reichen. Wie sich diese Verhaltensformen entwickeln können, hängt unter anderem auch von der Akzeptanzbereitschaft der Aufnahmegesellschaft ab.

- Die Entwicklung der Einwandererkulturen ist eine Voraussetzung für die Herausbildung neuer kultureller Identitäten unter EinwanderInnen und *zugleich* eine Folge der Veränderung von Identitäten unter Lebensbedingungen in der Emigration.
- »Integration« führt nicht zur Gleichberechtigung. Die Integrationsforderung wird von den unterschiedlichsten Gruppen der bundesrepublikanischen Gesellschaft an EinwanderInnen gestellt. Die Einwanderung, das Dasein anderer ethnischer und kultureller Gruppen wird von einer breiten Mehrheit in der Bundesrepublik als Bedrohung der eigenen kulturellen Identität empfunden. Die Kulturen der EinwanderInnen, auch wenn sie als minderwertig angesehen werden und ihnen die Existenzberechtigung in dieser Gesellschaft streitig gemacht wird, stellen den Beweis dar, dass es sich auch anders leben lässt. Dies wirkt zunächst einmal verunsichernd auf die Selbstverständlichkeit, mit der die eigenen Lebensformen für die besten gehalten werden. Auch Linke entwickeln Abwehrmechanismen gegen die »Fremden« und ihre Verhaltensweisen und verhalten sich gegenüber EinwanderInnen kolonisierend. Es ist paternalistisch

und kolonisierend, EinwanderInnen den Emanzipationsweg vorzuschreiben, auch wenn das vorgegebene Ziel deren Emanzipation ist. Unterwerfung unter Emanzipationsvorstellungen anderer bleibt Unterwerfung.

- Die Schwierigkeit der »Eingeborenen«, wahrzunehmen und zu akzeptieren, dass es unterschiedliche Wege der Emanzipation geben kann, die anders als ihre eigenen aussehen, ist ein in der »Ausländerarbeit« oft auftretender Konflikt. Es ist dabei wichtig, sich bewusst zu machen, wie jede/r in den verschiedenen Lebensbereichen durch »Normalisierungspraxen« und Integrationsforderungen, Ethnozentrismus und Rassismus reproduzieren und stabilisieren kann, nicht um moralische Anklage zu erheben, sondern um geeignete Strategien dagegen entwickeln und einsetzen zu können. Die Integrationsforderungen von Linken beziehen sich auf »progressive« Verhaltensweisen. Dennoch sind sie Machtausübung und implizieren eine Abwertung anderer Lebensweisen und Kulturen.
- Linke Politik, die mit der Kolonialhaltung nicht gebrochen hat, kann zur Lähmung eines Widerstandspotenzials von EinwanderInnen beitragen, trotz entgegengesetzter Absicht.
- Für die Schaffung eines positiven Selbstwertgefühls bei EinwanderInnen, für die Entwicklung neuer kollektiver Lebensweisen, für die politische Betätigung von EinwanderInnen ist die jeweilige Einwandererkolonie und sind die darin zu entwickelnden Kulturen eine notwendige (aber nicht hinreichende) Voraussetzung.

- Eine linke Politik sollte die Selbstorganisierung der EinwanderInnen respektieren und fördern, ohne sie zu bevormunden und Gegenleistungen von ihnen zu erwarten. Dies bedeutet einerseits, sich gegen Diskriminierung und Rassismus einzusetzen, und andererseits, für die Schaffung von Voraussetzungen, unter denen Einwanderergruppen existieren und sich weiterentwickeln können, einzutreten.

Ein neues politisches, emanzipatorisches Verständnis müsste die Überzeugung einschließen, dass man als Deutsche/r diese politische Arbeit nicht *für* die EinwanderInnen leistet, sondern für sich, für die eigene Befreiung aus Strukturen der Unterordnung und für die Schaffung einer Gesellschaft, die den eigenen Zielen entspricht. Dann würde aus Antirassismus als moralischer Pflicht ein Antirassismus, der Element der eigenen Befreiungsperspektive wäre.

Literatur

Arın Cihan (1983). Die nationale Identität ist für den Alltag ohne Gebrauchswert. *Frankfurter Rundschau*, 24.9., S. 14.

Arbeitsgruppe Ausländerfreundliche Maßnahmen (Hg., 1986). Argumente gegen Rassismus und Ausländerfeindlichkeit. Villigst

Ausländerbeauftragte des Senats, Die (Hg., 1989). Miteinander leben in Berlin. Berlin

Balibar Étienne (1989). Gibt es einen »neuen Rassismus«? *Das Argument* 175, S. 369ff.

Bukow Wolf-Dietrich & Llaryora Roberto (1988). Mitbürger aus der Fremde. Soziogenese ethnischer Minoritäten. Opladen: Westdeutscher Verlag.

CDU (1984). Konzept zur Ausländerpolitik. Beschluß des Bundesfachausschusses Innenpolitik der CDU vom 17. September 1984.

Clarke John (1979). Jugendkultur als Widerstand. Frankfurt/M.: Syndikat.

FDP (1988). Positionen einer liberalen Ausländerpolitik. Beschluß des Bundesvorstandes vom 27. Februar 1988

»Fremden«-Info (1989). Nr. 17, Nov./Dez. Frankfurt/M.

Fuchs Hans-Jürgen (1986). Das glückliche Bewusstsein und die Krise. Ausländerfeindlichkeit in der Bundesrepublik. Frankfurt/M.: Brandes & Apsel

Gaserow Vera (1985). Die vielen Seiten eines Kopftuchs. *Tageszeitung*, 11.11.

Grünen, Die (o. J.). Das Bundesprogramm.

dies. Entwurf eines Gesetzes über die Niederlassung von Ausländern und Ausländerinnen (Niederlassungsgesetz für Ausländer und Ausländerinnen). Drucksache 11/4466. Deutscher Bundestag.

Hall Stuart (1989a). Die Konstruktion von »Rasse« in den Medien. In: ders., Ausgewählte Schriften. Ideologie, Kultur, Medien, Neue Rechte, Rassismus. Berlin/Hamburg: Argument. S. 150ff.

ders. (1989b). Rassismus als ideologischer Diskurs. *Das Argument* 178, S. 913ff.

Haug Frigga (Hg., 1983). Sexualisierung der Körper. Frauenformen 2. Berlin (West): Argument.

dies. (1986). Zeit der Privatisierungen? Verarbeitungsformen gesellschaftlicher Umbrüche. *Das Argument* 156.

Haug Wolfgang Fritz (1967). Der hilflose Antifaschismus. Frankfurt/M.: Suhrkamp.

ders. (1984). Antisemitismus aus marxistischer Sicht. In: H. A. Strauss & N. Kampe (Hg.), Antisemitismus. Band 213 der Schriftenreihe der Bundeszentrale für politische Bildung. Bonn.

ders. (1985). Einführung ins »Kapital«. Berlin: Argument.

ders. (1986). Die Faschisierung des bürgerlichen Subjekts. Berlin: Argument.

Heckmann Friedrich (1981). Die Bundesrepublik, ein Einwanderungsland? Zur Soziologie der Gastarbeiterbevölkerung als Einwanderungsminorität. Stuttgart: Klett-Cotta.

Hoffmann Lutz (1986). Beiräte – Wahlrecht – Bürgerrecht. Frankfurt/M.: Dağyeli.

Hoffmann Lutz & Even Herbert (1984). Zur Soziologie der Ausländerfeindlichkeit. Basel/Weinheim: Beltz.

Hoffmann-Axthelm Dieter (1983). Ghettosituation und kulturelle Widersprüche. In: Cihan Arın (Hg.), Ausländer im Wohnbereich. Berlin: EXpress Edition. S. 103ff.

Huisken Freerk (1987). Ausländerfeinde und Ausländerfreunde. Eine Streitschrift gegen den geächteten wie den geachteten Rassismus. Hamburg: VSA.

Institut für Angewandte Sozialwissenschaften Bad Godesberg (1989). Die politische Stimmung in Hamburg. Kurzbericht. Juni-August.

Institut für Demoskopie Allensbach (1985). »Zwischen Toleranz und Besorgtheit«. Einstellungen der deutschen Bevölkerung zu aktuellen Problemen der Ausländerpolitik.

Kalpaka Annita (1986). Handlungsfähigkeit statt »Integration«. Schulische und außerschulische Lebensbedingungen und Entwicklungsmöglichkeiten griechischer Jugendlicher. München: DJI.

Kalpaka Annita & Räthzel Nora (1985a). Für kulturelle und politische Autonomie der Einwanderer. *Informationsdienst zur Ausländerarbeit* 1/1985.

dies. (1985b). Paternalismus in der Frauenbewegung?! *Informationsdienst zur Ausländerarbeit* 3/1985.

dies. (1988). »Ausländerfeindlichkeit« und Rassismus in der BRD. Eine Kritik der gegenwärtigen Erklärungsansätze. *Informationsdienst zur Ausländerarbeit* 1/1988.

Maas Utz (1984). Versuch einer kulturanalytischen Bestimmung ausländerpädagogischer Aufgaben. *Deutsch Lernen*, Nr. 1/1984.

MEW 23 (1969f.). Marx-Engels-Werke, Das Kapital. Berlin.

Miles Robert (1989). Bedeutungskonstitution und der Begriff des Rassismus. *Das Argument* 175, S. 353ff.

Osterkamp Ute (1989). Gesellschaftliche Widersprüche und Rassismus. In: Otger Autrata u. a.: Theorien über Rassismus. Berlin (West)/Hamburg: Argument.

Regierungsentwurf zum Neuen Ausländergesetz. Dezember 1989

Rehbein Jochen (1985). Typen bilingualen Unterrichts. In: BAGIV (Hg.), Muttersprachlicher Unterricht in der Bundesrepublik Deutschland. Hamburg: ebv Rissen.

Rehmann Jan (1986). Kirchen im Nationalsozialismus. Berlin: Argument.

Scheuerer Franz (1989). Der mühsame Abschied vom Rassendenken. *Rote Blätter*, 11/1989, S. 8.

Schopp G. M. (1985). Türkische Jugend in Deutschland (unveröffentlichtes Manuskript).

Schröer Hubertus (1981). Kulturarbeit und Ausländerarbeit. *Informationsdienst zur Ausländerarbeit* 4/1981.

Seeger W. (1983). Ausländer-Integration ist Völkermord. o. O.

Sellnow Irmgard u. a. (1978). Weltgeschichte bis zur Herausbildung des Feudalismus. Ein Abriß. Berlin (Ost): Akademie-Verlag.

SPD (1989). SPD-Fraktion im Bundestag: Entwurf eines Bundesausländergesetzes. Drucksache 11/5637. Deutscher Bundestag

Trenz Erika & Betscheider Monika (1989). Nicht nur Anti-Rassismus – Für die multikulturelle Gesellschaft. Thesen zur Fraktionssitzung der Grünen im Bundestag am 18.4.1989

Tsiakalos Georgios (1982). Bildung und Überprüfung von Hypothesen in der Migrantenforschung. In: Wilfried Röhrich (Hg.), Vom Gastarbeiter zum Bürger. Berlin: Duncker & Humblot.

ders. (1983). Ausländerfeindlichkeit. Tatsachen und Erklärungsversuche. München: C.H. Beck.

ders. (1983a). Kulturrassismus in der Erziehung – Sind alle Nicht-Deutschen rückständig? In: Rolf Italiaander (Hg.), Fremde raus? Frankfurt/M.: Fischer.

Willis Paul (1981). Profane Culture. Frankfurt/M.: Syndikat.

ders. (1982). Spaß am Widerstand. Frankfurt/M.: Syndikat.

Philip Cohen

Unter die Haut: Antisemitismus, Rassismus und Antirassismus im Vereinigten Königreich[1]

Duck Soup – Von der Assimilation zur multikulturellen Gesellschaft

Im Film *Duck Soup* (dt.: *Die Marx Brothers im Krieg)* gibt es eine Szene, die das Publikum immer wieder nachhaltig beeindruckt. Der von Groucho gespielte Präsident von »Freedonia« verfolgt Harpo, einen ausländischen Agenten, dem es gelungen ist, sich in den Regierungspalast zu schleichen, indem er sich als Grouchos Doppelgänger getarnt hat. Harpo hält sich hinter einer offenen Tür versteckt, und um seiner drohenden Gefangennahme zu entgehen, entschließt er sich, seine Verkleidung als neues Fluchtmittel zu benutzen. Er stellt sich in die leere Türfüllung und spielt nun *tatsächlich* Grouchos Doppelgänger, indem er dessen Gesten und Bewegungen in vollkommener Synchronie imitiert. Auf diese Weise entsteht die optische Illusion eines Spiegels, in dem der Präsident sein eigenes Abbild betrachtet. Der lautlose Tanz dauert einige Zeit, währenddessen Groucho durch plötzliches Innehalten oder unvorhersehbare Bewegungen seinen Doppelgänger aus der Fassung zu bringen versucht. Schließlich zerbricht die Illusion, als beide die Plätze tauschen und

1 Dies ist die gekürzte Fassung des Textes »Gefährliche Erbschaften: Studien zur Entstehung einer multirassistischen Kultur in Großbritannien«, der in Annita Kalpaka, Nora Räthzel (1990): *Die Schwierigkeit, nicht rassistisch zu sein* erschien.

dabei durch den imaginären Spiegel steigen. Nun beginnt die Jagd von neuem.

Zweifellos kann diese kleine Szene auf sehr verschiedene Weise interpretiert werden, doch geht es mir hier um die Möglichkeit, sie als eine Parabel über »Rasse«[2] und Ethnizität in der modernen Welt zu verstehen; eine Parabel, die zudem von besonderer Bedeutung für einige Gesichtspunkte ist, welche ich im Folgenden diskutieren möchte.

Der Film spielt in einer von aberwitzigem Nationalismus beherrschten Welt winziger, kriegerischer Staaten, in denen größenwahnsinnige demagogische Diktatoren regieren, die sich nicht einmal einen gebrauchten Panzer leisten können. Der Film ist eine sehr wirkungsvolle Satire auf den Patriotismus oder zumindest auf dessen chauvinistischere Formen. Überall wird Hitlers Schatten sichtbar. Doch enthält der Film darüber hinaus eine andere, verschlüsselte Reihe von Anspielungen, die unser Thema noch stärker berühren.

Die Marx Brothers gehörten zu jener Generation jüdischer Einwanderer, die gerade zu der Zeit vom Mainstream der amerikanischen Gesellschaft aufgesogen wurden, als in Europa die Woge des Antisemitismus ihren Höhepunkt erreichte. Vielen muss es damals so vorgekommen sein, als laufe die Wahl zwischen Amerika und Europa nicht lediglich auf die Entscheidung zwischen

2 In der englischen Diskussion ist es üblich, von *race* zu sprechen, mit der Begründung, es gäbe zwar keine biologischen, aber sozial konstruierte Rassen. Wir waren der Ansicht, dass der unproblematisierte Gebrauch dieses Wortes in der deutschen Sprache nicht möglich ist, und haben es deshalb auch dort in Anführungszeichen gesetzt, wo dies der Autor nicht tut. (Anm. d. Hg.)

Alter und Neuer Welt, sondern zwischen Leben und Tod selbst hinaus. Nichtsdestotrotz sollte der amerikanische Way of Life die jüdische Identität auf andere Weise als der Holocaust infrage stellen. Grouchos berühmtes Bonmot (»Ich möchte nie einem Klub angehören, der mich als Mitglied akzeptiert.«) ist ein direkter Kommentar zur Assimilation, die damit zugleich verweigert wird. Sein Paradox ist das der jüdischen Flüchtlinge, die aufgefordert wurden, ihre geschichtliche Individualität als Preis für das Überleben in den amerikanischen Schmelztiegel zu werfen. Doch das ist nur die eine Seite der Medaille.

In Deutschland selbst gab es viele Juden, denen es ungeachtet aller Schwierigkeiten gelungen war, zu führenden Positionen im ökonomischen, kulturellen und politischen Leben aufzusteigen. Anfänglich glaubten sie noch, vor Verfolgungen sicher zu sein, doch währte diese Illusion nicht lange, denn gerade ihr Erfolg machte sie zu besonderen Zielscheiben rassistisch motivierter Ressentiments und Neidgefühle. Andere Juden, weniger assimiliert und wohlhabend, suchten andere Fluchtwege, indem sie ihren Namen oder ihr Aussehen veränderten, in den Untergrund gingen oder sich als »Arier« ausgaben. Gerade diese »verborgenen Juden« aber dienten als Vorwand für viele Präventivmaßnahmen, und gerade sie wurden bei der Gefangennahme besonders brutal behandelt. Denn in den Augen der Antisemiten ist es verwerflich genug, ein Jude zu sein, jedoch vorzugeben, keiner zu sein, ist ein noch größeres Verbrechen (vgl. Hilberg 1973, Davidowicz 1979, Mosse 1978, Arendt 1951).

Seine Abstammung zu verleugnen, falsche Angaben bezüglich seiner Vorfahren zu machen und die Identität dessen anzunehmen, der einen unterdrückt – all dies wird oft als Zeichen äußerster Böswilligkeit gedeutet. Treffender ließe sich sagen, dass der Rassismus manche Menschen in den existenziellen Selbstmord treibt. Doch wird oft übersehen, dass diejenigen, die ihre ethnische Zugehörigkeit leugnen, um »ihre Haut zu retten«, damit implizit die Logik »rassischer« Zuschreibungen unterlaufen; sie zerschneiden die imaginären Verbindungen zwischen Abstammung und Schicksal, sie wehren sich dagegen, als biologische Einheit definiert zu werden, und beharren auf dem Recht, eine andere Rolle zu spielen als die, welche rassistische Diskurse für sie entworfen haben. Doch dies sind und bleiben individuelle Handlungen, Fluchtbewegungen, die die Offenheit von Ethnizität gegenüber kulturellen Vereinbarungen ausnutzen, während sie zugleich die Schemata rassistischer Codierungen bestätigen. Von daher werden jene Gruppen, die unter offen rassistischer Herrschaft sich der Verfolgung durch Strategien der Assimilation oder der Verstellung zu entziehen suchen, so ambivalent behandelt. Insgeheim werden ihre Handlungen befürwortet, da sie von dem Verlangen, der »Herrenrasse« anzugehören, Zeugnis ablegen. Öffentlich aber werden sie bestraft, weil sie die Trennschranke zwischen den »Rassen« überschreiten oder die Grenzziehungen verwischen und es wagen, in die Fußstapfen ihrer Herren zu treten (vgl. Sartre 1948).

Bestimmte Gruppen in den derzeitigen antirassistischen Bewegungen haben es zu ihrer vordringlichsten Aufgabe gemacht, jungen Menschen bei der Suche nach einer »ethnischen Identität« zu helfen, die auf solche der Entfremdung geschuldeten Tricks verzichten kann. Doch ist die Identitätsfindung kein so einfacher und geradliniger Prozess, wie manche Verfechter des kulturellen Selbstbewusstseins es uns glauben machen wollen. Die bereits erwähnte Szene aus *Duck Soup* kann vielleicht ein gewisses Licht auf diese komplexen Vorgänge werfen. Wir verfolgen die Spiegelsequenz deshalb mit Spannung, weil wir darauf warten, dass Harpo eine falsche Bewegung macht, einen »Fehler« begeht, der seine wahre Identität als Betrüger und Eindringling entlarven würde. Dadurch, dass er Grouchos Doppelgänger wird, hört er auf, der Andere für den anderen zu sein, indem er ein anderer wird als der, der er ist. Aber er wartet nicht in einem Existenzialistencafe auf Godot. Er war einfach clever genug, ein Mittel zu ersinnen, dessen Verwendung ihn nicht mehr als Fremden erscheinen lässt: Er verkörperte wortwörtlich den amerikanischen Traum – nämlich Präsident zu werden. Doch beruht dies auf einer optischen Illusion, die genau deswegen so zerbrechlich ist, weil sie durch menschliche Interaktion aufrechterhalten werden muss. Denn das Wunder der absoluten Identifikation wird im Moment seiner Inszenierung durch den Stachel einer unaufhebbaren Differenz vergiftet, durch ein Anderssein, das nicht der eigenen, subjektiven Tat, sondern den faktischen Machtverhältnissen geschuldet ist. In diesem mimetischen Tanz kommt Groucho die Führungsrolle zu; im Versuch, sein »Spiegelbild« auf dem falschen Fuß zu erwischen, behält er die Fäden in der Hand, während Harpo verzweifelt versucht, nicht aus der Rolle zu fallen. Eine perfekte Übersetzung des Assimilationsspiels. Eine ihrer subtileren Grausamkeiten besteht darin, dass es in Wirklichkeit überhaupt keine Illusion gibt. Wir, die Zuschauer, wissen bereits Bescheid. Und wir alle wissen, wer der tatsächliche Präsident, der richtige amerikanische Junge ist und wer nicht. Wir schauen der Handlung zu, als wären wir hinter einem durchsichtigen Spiegel versteckt; wir warten darauf, dass der Verdächtige sich selbst entlarvt, und genießen in der Zwischenzeit die Verrenkungen, die er ausführt, um sein Selbstbild der von ihm unterstellten Wahrnehmungsweise des anderen anzugleichen. Genau diese *verborgene Macht der Überwachung* aber ermöglicht dem Staat die Institutionalisierung des Rassismus als stumme Routine alltäglicher Klassifikation und Kontrolle, die offene Türen just dann in Kristallglaswände verwandelt, wenn das »falsche Gesicht« im Türrahmen auftaucht, und die die Einlassbeschränkung an jedem möglichen Zugang zu einer rein bürokratischen Sache macht. Nicht weil man ihn institutionalisierte, wird der Rassismus aus dem Bewusstsein verdrängt. Vielmehr kann er umgekehrt gerade deswegen institutionalisiert werden, weil er unbewusst »hinter dem Rücken« der Subjekte wirkt, denen er innerhalb dieser unpersönlichen Machtstrukturen ihren Ort zuweist.

Harpos Verbrechen – und dies verbindet vielleicht die jüdische Erfahrung der Immigration mit anderen geschichtlichen Vorgängen – besteht darin, einer offiziellen Politik der Ausschließung durch die List der Täuschung Einhalt geboten zu haben: Er hat die richtigen »Losungen« gelernt, die den Zugang zu den Korridoren der Macht eröffnen, während er zugleich ohne Papiere oder andere anerkannte Referenzen unterwegs ist. Reisepässe für den Weg zum Erfolg werden per definitionem nicht ausgegeben, die wirklichen Pässe aber verknüpfen die Herkunft (Geburtsort und -datum, Nationalität, besondere Kennzeichen) mit ganz anderen Bestimmungsorten. Durch solche Mittel verfälscht der Rassismus unser aller Identität.

Unter diesen Umständen blieb vielen Einwanderern

kaum eine andere Wahl, als das Verhalten der »Herren« »nachzuäffen«, was oft in einer so übertriebenen Weise geschah, dass kein Zweifel daran gelassen wurde, wer dem entsprechenden Tier näher stand. Onkel Tom parodiert Uncle Sam, so wie der Thronanwärter die Machenschaften der Macht öffentlich zur Schau stellt. Das gilt nicht nur für *Duck Soup*, sondern auch für viele andere Filme der Marx Brothers.

Im Gegensatz zu diesen tänzerischen Schatten- und Beschattungsspielen geht es der antirassistischen Bewegung in zunehmendem Maße um eine offene Anerkennung der Elemente von Differenz und Herrschaft. Pädagogischerseits lässt sich diese Position sicher nicht mit ein oder zwei Überraschungszügen erreichen; es herrschen Kompromisslösungen vor. Sie werden beispielhaft vorgeführt, wenn Groucho und Harpo sich aneinander vorbeiwinden, um jeweils den Platz des anderen auf der »falschen« Seite des imaginären Spiegels einzunehmen, ohne den Bann ihres Doppelspiels auch nur für einen Moment zu brechen. Die Spiegelphase der »Rassenbeziehungen« wird hier bis an ihre Grenzen geführt: Es enthüllt sich die Funktionsweise ihrer Mystifikation, während ihre Phänomenologie unbeschädigt bleibt. Die Tür zu öffnen, welche vom Imaginären (und der Imitation) fortführt, bedeutet noch nicht, einen tatsächlichen Kontakt herzustellen, der zwangsläufig auf einen erneuten Konflikt hinauslaufen würde. Stattdessen wird die Struktur einer Phantasiewelt aufrechterhalten, die im Glauben an das harmonische Zusammenleben verschiedener »Rassen« besteht. Was in dieser Phase der Spiegelszene tatsächlich dargestellt wird, ist die Verschiebung des Assimilationsspiels in Richtung auf den Multikulturalismus.

Das Illusionäre des Multikulturalismus besteht in der Vorstellung, Herrschende und Beherrschte könnten auf irgendeine Weise die Plätze tauschen und erfahren, wie die jeweils andere Hälfte lebt, ohne dass die Machtstrukturen dabei infrage gestellt würden; so als ob machtgeprägte Beziehungen wie durch einen Zauberspruch im direkten Erfahrungsaustausch aufgehoben werden könnten und die Ideologie in der Kommunikation von Mensch zu Mensch sich verflüchtigte (zur Kritik am Multikulturalismus vgl. Mullard 1980).

Nichtsdestotrotz weist eine solche Verschiebung über sich hinaus auf die Möglichkeit, mit diesem Problem substanzieller umzugehen, nämlich auf Handlungsformen, in denen ethnische Minderheiten ihren Anspruch auf einen eigenen, jedoch gleichberechtigten Ort im staatlichen Gemeinwesen anmelden. Genau an diesem Punkt weicht die Maskerade zumeist der unverhüllten Gewalt. Groucho zeigt sein wahres Gesicht, arretiert Harpo unter der Beschuldigung der Amtsanmaßung und schlägt ihn zusammen, um klarzustellen, wer am längeren Hebel sitzt. Wenn die verschwiegenere Routine des staatlichen Rassismus durchbrochen wird, werden auf den Straßen Köpfe eingeschlagen, denn dann findet auch der Widerstand seine Stimme. Dergleichen ist im Drehbuch natürlich nicht vorgesehen, das gilt für Hollywood-Filme wie für »Rassenbeziehungen« gleichermaßen. Doch gerade dann, wenn sich dafür ein Raum eröffnet, entstehen auch die Schwierigkeiten für die Konstruktion einer angemessenen antirassistischen Theorie und Praxis.

Unter die Haut – Antisemitismus und Vorurteile gegen Schwarze

Das erste und zugleich schwierigste Problem besteht darin, einen – analytischen oder organisatorischen – Rahmen zu entwerfen, innerhalb dessen verschiedene Formen des Rassismus deutlich unterschieden werden können und der es erlaubt, die geschichtliche Individualität der dem Rassismus unterworfenen Subjekte kenntlich zu machen. So mag zum Beispiel die Szene aus *Duck Soup* eine interessante Parabel über die Problematik jüdischer Identität sein, doch was kann sie über die Erfahrungen von Schwarzen mit dem Rassismus sagen? Zweifellos gibt es da wenige Gemeinsamkeiten, und zwar aus dem einleuchtenden Grund, dass Schwarze ihre Hautfarbe nicht verändern können, um »ihre Haut zu retten«. Bisweilen wird die Meinung vertreten, dass Vorurteile, die von der Hautfarbe ausgehen, die paradigmatische Form rassistischer Ideologie darstellten und dass antijüdische oder antiirische Ressentiments entweder eine besondere Unterklasse dieser Ideologie seien oder mehr mit Religion als mit »Rasse« zu tun hätten. Eine solche Politik der Ausnahmefälle kann in einer ganzen Reihe von Punkten infrage gestellt werden. Die Erfahrung jüdischer und asiatischer oder irischer und afrokaribischer Gemeinschaften weist hinsichtlich der Überschreitung von Klassengrenzen und der Reaktion auf rassistische Vorurteile einige deutliche Parallelen auf. Zugleich aber gibt es ebenso bedeutsame Unterschiede. Ein etwas stärkeres Argument besagt, dass die Hautfarbe Schwarze nie vor der Assimilationspolitik bewahrt hat. Die im 18. und 19. Jahrhundert nach England gebrachten Plantagensklaven, die zuerst als Domestiken und dann als Imitate des englischen Gentleman in die »Gesellschaft« eingeführt wurden, waren nur die Vorreiter all derer, die nach und nach in *coconuts* verwandelt wurden: außen schwarz, innen weiß. Die Hautfarbe, als sichtbares Symbol des Unterschieds, kann solche Aufspaltungen *unsichtbarer* machen, als dies beim »verborgenen Juden« der Fall ist (vgl. Fanon 1970).

Und das ist der springende Punkt. Sichtbarkeit ist ein gesellschaftliches Konstrukt, sie kann sich mit der Zeit verändern. So wurden etwa in den 1850er Jahren irische Einwanderer von den Behörden als besonders »gefährlich« klassifiziert und herausgegriffen, während einhundert Jahre später ihre Ankunft kaum bemerkt wurde, obwohl sie unter allen Einwanderern aus dem Bereich des neuen Commonwealth die zahlenmäßig stärkste Gruppe darstellten. Was nicht heißt, dass die antiirischen Vorurteile in der Zwischenzeit von der Bildfläche verschwunden wären. Nie waren Witze über »Paddy« populärer als in den 1950er Jahren. Ohne sich weiter Gedanken zu machen, stellten Hauswirtinnen nach wie vor Schilder mit der Aufschrift »Keine Iren, keine Farbigen, keine Hunde« in die Fenster – alle waren gleichermaßen unerwünscht. In der Tat waren Schwarze und Iren austauschbar – im Code rassistischer Schimpfworte fungierten beide als Kategorien des Animalischen (zur Verwendung von Kategorien aus dem Tierreich vgl. Leach 1964, Poliakov 1975 und Thomas 1983; zur vergleichenden Untersuchung von Schwarzen und Iren in Großbritannien vgl. Lebow 1976). Die rassistische Ideologie bringt ihre Wirkungen weniger durch die Ausnutzung sichtbarer Unterschiede hervor, als vielmehr durch das, was sie vergleichbar oder unsichtbar macht.

Und schließlich haben die rassistischen Diskurse sich bei ihrer Suche nach natürlichen Symbolen der Minderwertigkeit nicht einfach auf körperliche Merkmale beschränkt. Namen und Anredeformen, Geisteshaltungen und Lebensbedingungen, Kleidung und Brauchtum – alle Arten von Sozialverhalten und kultureller Praxis sind zum Dienst gepresst worden, das »Wesen« irgendeiner »Rasse« zu bezeichnen. In der Sichtung dieses Materials verhalten sich die rassistischen Codierungen opportunistisch und folgen einzig einer Ökonomie der Bedeutungen: Sie wählen jene Zeichen aus, die für die ideologische Arbeit am geeignetsten sind. Es geht nämlich darum, innerhalb einer bestimmten Reihe historischer Bedingungen für symbolische Repräsentation Differenz und Herrschaft miteinander zu verbinden und zugleich als natürlich erscheinen zu lassen. Wenn man die Antwort auf die Frage nach der Un/Sichtbarkeit von der körperlichen Erscheinung abhängig macht, klammert man eben diese geschichtlichen Realitäten aus (eine »physikalistische Position« wurde kürzlich wieder von Smith in Rex & Mason 1986 vertreten).

Es gibt dafür kein besseres Beispiel als das Unterfangen einiger weißer Schriftsteller, die ihr Gesicht schwarz anmalen, um die Alltagswirklichkeit rassistischer Vorurteile »aus erster Hand« mitzubekommen. Jedoch schlüpfen sie weniger in die Haut eines Schwarzen, als dass sie stillschweigend der landläufigen Meinung Tribut zollen, die da besagt, die Auswirkungen des Rassismus reichten nicht unter die Haut, sondern könnten so einfach entfernt werden wie Theaterschminke. Weit davon entfernt, die unausrottbare Grundlage rassistischer Vorurteile nachzuweisen, produzieren diese Scheinschwarzen – die nicht einmal wirkliche *coconuts* sind – eine Art von sozial engagiertem Voyeurismus, der den Bedürfnissen des weißen liberalen Gewissens aufs Beste angepasst ist (vgl. Griffin 1986; einen allgemeinen Überblick über liberale Strategien der Bewusstmachung gibt Rich 1984). Unter diesen Bedingungen gerät die Suche nach Authentizität unvermeidlicherweise zu einem Akt der Böswilligkeit; entstanden aus einem unmöglich zu stillenden Verlangen – eine »schwarze« Identität zu besitzen – endet sie damit, die schwarze Stimme durch die eigene zu ersetzen. Diese projektive Identifikation mit den Unterdrückten bildet, mitsamt dem komplizierten Netz von Schuld- und Neidgefühlen, den Stoff, aus dem die gegenwärtigen Beziehungen zwischen den »Rassen« gemacht sind. In diesem Fall werden sie wortwörtlich ausagiert. Doch ist die Wirkung deswegen nicht weniger kosmetisch, denn die tatsächlichen Determinanten der Erfahrung von Schwarzen verschwinden in einer Praxis der Repräsentation, die ihre Verwicklung in eine bestimmte geschichtliche Episode des Rassismus zu verschleiern sucht. Denn *tatsächlich* treten diese Schriftsteller – wiewohl unbewusst – in die Fußstapfen jener Vaudeville-Schauspieler, die sich schwarz anmalten, um der rassistischen Darstellung von Schwarzen vor einem weißen Publikum die nötige Glaubwürdigkeit zu verleihen. Man spürte wohl (und das nicht ohne Grund), dass auf schwarze Schauspieler dabei nicht unbedingt zu rechnen wäre.

Natürlich unterstelle ich nicht, dass der Antisemitismus dasselbe ist wie das rassistische Vorurteil gegen Schwarze. Es handelt sich hier um sehr verschiedene Ausformungen von Rassismus, die ihre je eigene Geschichte und Bedeutungsstruktur besitzen. Doch können sie unter gewissen Umständen ähnliche Strategien hervorrufen. So kann zum Beispiel ein Antisemit zu einem Juden sagen: »Komisch, Sie sehen gar nicht jüdisch aus.« Und fügt für sich selbst hinzu: »Wenn man allerdings Cohen heißt, *ist* man Jude.« Doch könnte dieselbe Person zu einem Menschen afrokaribischer Abstammung sagen: »Sie benehmen sich gar nicht wie ein Schwarzer«, während er *sotto voce* fortfährt: »Obwohl Sie schwarz sind.« Das sind zwei parallellaufende Möglichkeiten, den anderen zu verunsichern, ohne auf rassistische Intentionen festgelegt werden zu können. In der jeweiligen gattungsbezogenen Fixierung des Gegenübers wird ein je anderer Beschreibungsfaktor ins Spiel gebracht: einmal der Name, das andre Mal der Körper. Dabei geht es nicht um absolute oder *inhärente* Unterschiede zwischen jüdischen und schwarzen Menschen! Die Körper der Juden sind übersät von Narben, welche die Geschichte ihnen zugefügt hat, und die Nachkommen der afrikanischen Sklaven tragen deren Geschichte in ihren Namen. Die Tatsache, dass im einen Fall auf die Genealogie (den jüdischen Namen), im anderen auf den Phänotyp (die schwarze Haut) Bezug genommen wird, deutet auf eine innere Differenzierung in den diskursiven Strategien des gängigen Rassismus hin: Der Antisemitismus bezieht seine normativen Symbole vielfach aus dem *religiösen Diskurs* (und von daher aus der biblischen Genealogie), während das phänotypisch orientierte Vorurteil seine Gründe und Abgründe zumeist aus dem *wissenschaftlichen* Rassismus (und von daher aus der Sprache der naturwissenschaftlich ausgerichteten Anthropologie) bezieht. Die Punkte, an denen diese beiden Diskurse sich überschneiden und einander mit Munition versehen, sind selbst zum Teil durch ihre jeweilige Geschichte bestimmt. Diese wollen wir kurz betrachten, bevor wir erörtern, wie und wo man die Trickeffekte der Ikonografien von Juden und Schwarzen miteinander kombiniert hat.

Die Gestalt des ewig und ruhelos umherwandernden Juden ist einer der mächtigsten und zählebigsten Mythen des Antisemitismus, eine Saga, die von drei Refrains durchzogen wird: erstens ist der Jude eine Art *Vampir*, der an getauften Kindern den Ritualmord vollzieht, um in einer obszönen Verkehrung der Abendmahlszeremonie ihr Blut am Passah-Fest zu trinken; zweitens operiert der Jude als *unsichtbare Hand*, die insgeheim den Verlauf der Geschichte steuert, um Zerstörung und Tod über das politische Gemeinwesen zu bringen; drittens ist der Jude ein *Parasit*, der die ihn beherbergende Gesellschaft als seinen Wirt aussaugt. Diese Bilder waren, einzeln oder im Ensemble, der Rechtfertigungsgrund für alle möglichen Angriffe auf die jüdischen Gemeinschaften in Europa. Die Botschaft, die sie verkünden, lautet: die Juden sind eine Rasse von Parias, und die Diaspora ist die gerechte und unaufhörliche Bestrafung für ihren ursprünglichen und in wahnhafter Regelmäßigkeit wiederholten Mord an Christus. Auf diese Weise kann noch die Flucht jüdischer Bevölkerungsgruppen vor der Verfolgung als Beweis für ihr »nomadisches« Wesen gegen sie verwendet werden.[3]

Das ganze Mittelalter hindurch blieben diese Bilder dem Diskurs der biblischen Genealogie und ihrer

3 Die beste Darstellung des Antisemitismus und seines Verhältnisses zur jüdischen Frage lässt sich in Rodinson 1983 finden. Rodinsons konsequenter Standpunkt gegen jede Art von Ethnozentrismus, sei er nun jüdisch, arabisch oder anderer Art, hat großen Einfluss auf die folgenden Gedanken gehabt.

christlich-neutestamentarischen Theodizee[4] verhaftet. Aber das Aufkommen des Kapitalismus war natürlich eine Gefahr für die kirchliche Hegemonie und drohte viele ihrer traditionellen Strukturen zu destabilisieren. In dieser Übergangsperiode machte der Antijudaismus in zunehmendem Maße dem eigentlichen Antisemitismus Platz, und die drei Schlüsselbilder des Juden wurden innerhalb einer neuen Bedeutungskonstellation positioniert. Sie dienten nun als Metaphern jener ökonomischen Veränderungen, die die gesellschaftliche und moralische Ordnung, auf welche die Kirche sich stützen konnte, aufbrachen. Karl Marx hat uns unermüdlich daran erinnert, dass der Fortschritt die dunkle Seite der Geschichte repräsentiert; und im antisemitischen Diskurs wird der Jude zur Verkörperung der dunklen – d. h. der dynamischen und zerstörerischen – Seite des Kapitalismus. Insbesondere spielt das Handelskapital in diesem Prozess eine Schlüsselrolle: indem es die traditionellen Bande der Feudalität zerstört und ältere Verkehrsformen aufzehrt, ebnet es der Heraufkunft eigentlich kapitalistischer Produktionsverhältnisse den Weg. Es kann also nicht überraschen, dass der Jude vor allem mit den rein negativen Auswirkungen des Kaufmanns- oder Handelskapitals in Verbindung gebracht wird. Der wandernde Jude wird zum Sinnbild der ungehinderten Zirkulation dieses Kapitals, dessen ebenso verborgener wie parasitärer Einfluss auf das überkommene Wirtschaftsleben durch das Bild des Vampirs und der unsichtbaren Hand in vollendeter Weise versinnbildlicht

4 Theodizee = Rechtfertigung Gottes angesichts des in der Welt zugelassenen Bösen (Anm. d. Hg.).

wird.[5] Ungeachtet ihrer tatsächlichen Tätigkeit also werden die Juden dazu gezwungen, eine *Art gattungsbedingten* Wuchers zu betreiben, indem sie entweder die moralisch verankerte Ökonomie des »gerechten Preises« des Kapitals überschreiten oder den Preis für die Arbeitskraft untergraben. Zugleich ist, dem Antisemitismus sei Dank, das Christentum in der Lage, sich gegen die schlimmsten Auswüchse des Kapitalismus abzugrenzen, während es weiterhin eine Arbeitsethik predigt, die das Profitmotiv in den Rang einer besonderen Berufung erhebt, die von allen angestrebt, doch nur von wenigen Auserwählten verwirklicht wird.

Mit dem Zeitalter von Aufklärung und Vernunft wird diese Thematik in den kulturellen Bereich transponiert. Nunmehr repräsentiert der wandernde Jude die freie Zirkulation der *Ideen*, deren negative Seite in der Bedrohung überkommener religiöser und politischer Glaubenssysteme besteht. Der Jude wird zum Symbol für die Entfremdung und Wurzellosigkeit des modernen Intellektuellen, und dadurch wiederum kann er begründetermaßen von den gehobenen Berufen und dem akademischen Leben weiterhin ferngehalten werden. Mehr noch: sobald wandernde Juden anfangen, Wurzeln zu schlagen, werden sie noch gefährlicher; man befürchtet, dass sie – wie die nach ihnen benannten *creepers* (Kriechpflanzen) – in jede Ecke und jeden Winkel von Englands »green and pleasant land« sich ausbreiten. Nun geht die Bedrohung vom Beharrungsvermögen der jüdischen Kultur aus. Zu guter

5 Zur strategischen Rolle des Handelskapitals vgl. Fox-Genovese 1983 und Rey 1973. Zum Symbol des wandernden Juden s. Dundes u.a. 1986, zum Vampir als ökonomischer Metapher Moretti 1983 und zum Thema der »unsichtbaren Hand« Poliakov 1980.

Letzt lassen die erdumspannenden Verschwörungstheorien des modernen Antisemitismus die ideologische und die ökonomische Dimension in eins fallen: Der Jude wird zum meuchelmörderischen Kapitalisten, der die Arbeiter verbluten lässt, und *zugleich* ist er der Sozialist und Freidenker, der die Herzen und Hirne der englischen Jugend vergiftet (vgl. Holmes 1979 und Poliakov 1974).

[...]

Den Rassenanthropologien des 18. und 19. Jahrhunderts fiel die Aufgabe zu, ein einziges umfassendes Erklärungsprinzip zu finden, das in der Lage wäre, eine rationale Theodizee »rassischer« Privilegien zu begründen und die strukturelle Ungleichheit in einem organischen Bild des politischen Gemeinwesens zu verankern. Zentrum dieser Unternehmung war die Umwandlung der kolonialen »Abenteuergeschichte« in eine »zivilisatorische Mission«. Die »Bürde des weißen Mannes« bestand nicht nur darin, beispielhaft die angeborene Überlegenheit einer Herrenrasse zu demonstrieren, darüber hinaus war den »minderen und gesetzlosen Arten« der Vorteil zu zeigen, den sie als loyale und abhängige Subjekte gewinnen würden. Doch besaß dies Projekt auch seine Widersprüche.

Wenn kapitalistische Freiheit im Recht auf den Kauf und Verkauf der Ware Arbeitskraft, *nicht jedoch der Seelen* sich manifestierte, konnten dann Sklaven, deren Arbeitskraft nicht mehr ihr privates Eigentum war, überhaupt Seelen besitzen? Mehr noch, wenn sie, wie es mit Leibeigenen geschehen war, »befreit« werden sollten, dann wurden sie natürlich frei für die Lohnarbeit unter kapitalistischen Produktionsbedingungen. Mit anderen Worten: Wenn man die Schwarzen mit einer der Rettung zugänglichen Seele ausstattete und sie als menschliche Individuen anerkannte, so musste ihre potenzielle »Familienähnlichkeit« mit einer einheimischen Arbeiterklasse zugegeben werden. Wenn man sie andererseits als völlig fremde Gattung betrachtete, ihnen den Status als Menschen verweigerte und sie für unbelehrbar hielt, dann konnten weder Sklaverei noch Empire als »zivilisatorische Mission« gerechtfertigt werden, obwohl es leichter erscheinen mochte, zwischen den Schwarzen in den Kolonien und den einheimischen »Lohnsklaven« eine breite evolutionäre Kluft aufrechtzuerhalten (vgl. Bolt 1971 und Lorimer 1978).

Man löste dieses Rätsel, indem man die »besondere« Stellung der Schwarzen so in der Natur verankerte, dass einzig der »freigeborene Engländer«, welcher Klasse er auch immer angehören mochte, das kulturelle Vermächtnis zu verwalten imstande war. Es waren also die Diskurse der Naturwissenschaften, mittels derer der angelsächsische Rassismus die Entdeckung machte, dass die »Gaben der Zivilisation« ausschließlich englischen Charakter trugen, während die »primitive Mentalität« das Los all jener war, die bei der geistigen Ausstattung weniger Glück gehabt hatten.

Es blieb der Schädelkunde und der vergleichenden Anatomie überlassen, eine neue materialistische Wissenschaft von Ungeheuern zu begründen, in der die klassischen Blemmyae, Kynokephalen etc. durch Protomorphe und Mongoliforme ersetzt wurden. Wohl waren diese neuen »Rassen« von Ungeheuern immer noch an den Rändern der abendländischen Vernunft angesiedelt, doch besaßen sie den großen Vorteil, auf die »wissenschaftlichen« Verfahrensweisen dieser Vernunft – Präparation und Analyse – zugeschnitten zu sein. Und da sie nicht mehr in den geografischen Grenzbezirken angesiedelt waren, wurden sie der Dreh- und Angelpunkt auf den neuen Landkarten europäischer Erkenntnis, die sich nun an die Kolonialisierung der Welt machte (zum Aufkommen des wissenschaftlichen Rassismus s. Rose 1976 und Lewontin u.a. 1982, zur Form der westlichen Rationalität Foucault 1970; die strategische Rolle der Monster bei der Verknüpfung von Vernunft und Rassismus untersucht Tort 1979).

Schwarze wurden, als Objekte dieser Naturwissenschaft vom Menschen, auf einen »privilegierten« Platz gezwungen und hier auf eine von zwei möglichen Arten charakterisiert: Entweder standen sie den Affen oder Wilden nahe und wurden von mehr oder weniger rohen Instinkten angetrieben, die durch besondere Befriedungstechniken eingedämmt werden mussten, oder sie galten als edle Wilde, als Kinder der Mutter Natur, die von der Zivilisation noch nicht verdorben worden waren und so weit wie möglich in ihrem abgegrenzten und ursprünglich-primitiven Zustand belassen werden sollten. Man sollte jedoch nicht annehmen, dass das idealisierte Bild des edlen Wilden eine aufgeklärtere oder weniger rassistische Sichtweise repräsentierte als das abschätzige des Affen. Vielmehr handelt es sich hierbei um zwei Seiten einer Medaille: In beiden Fällen wurde Schwarzen die Fähigkeit zu Vernunft, Moral und Gesetzlichkeit abgesprochen; das Vorrecht auf diese Dinge kam allein der englischen Herrenrasse zu. Dies Messen mit zweierlei rassistischem Maß war ursprünglich dazu gedacht, zwischen dem Afrikaner (= Affe) und dem amerikanischen Indianer (= edler Wilder) zu unterscheiden. In der Folge wurde es zum Mittel der Grenzziehung zwischen guten und schlechten Eingeborenen; mit ihm begründete man jene charakteristische Mischung aus Unterdrückung und Paternalismus, die zum Markenzeichen der britischen Kolonialherrschaft wurde. In neuerer Zeit sind ähnliche, wenn auch verfeinerte Unterscheidungen auf schwarze Gemeinschaften in Großbritannien selbst angewendet worden.

Immer wenn die Gefahr drohte, dass Schwarze aus diesen Positionierungen ausbrechen und zu ihren eigenen Bedingungen in die Geschichte eintreten könnten, wurde eine weitere Strategie verfälschender Darstellung ins Feld geführt, um sie im Reservat zu halten. Hierbei wurden die Schwarzen zum »fehlenden Glied« *zwischen* dem Animalischen und dem Menschlichen, so dass sie eine anomale Kategorie bildeten und von daher in noch viel größerem Maße zum strategischen Feld »normalisierender« Eingriffe wurden. Dergestalt würde der Schwarze nicht einfach der Andere, sondern ein *Zwitterwesen* sein, Abkömmling einer (in kognitiver wie auch physisch-moralischer Hinsicht) gefährlichen Liebschaft zwischen Natur und Kultur, die gegen die Gesetze der zivilisierten Gesellschaft verstößt. Die für dies Ungeheuer ausgearbeiteten Ursprungsmythen nahmen vielerlei Gestalt an. Die frühe Rassenanthropologie hielt die Schwarzen für das Ergebnis der Paarung zwischen Europäern und Affen; umgekehrt galten Affen selbst als Ergebnis verbotenen Sexualverkehrs zwischen Schwarzen und Weißen (vgl. Poliakov 1975). In der Folge wurde die »besondere« Position von Schwarzen im Evolutionsplan präziseren Vermessungen unterworfen, z. B. hinsichtlich der Größe und Form ihrer Schädel oder ihrer »Intelligenz«quotienten.

Doch wie immer die Elemente kombiniert werden mögen, die Wirkung besteht darin, die beiden Seiten der rassistischen Münze zu einem einzigen, in sich widersprüchlichen Bild zu vereinigen – halb ein Wilder, halb zivilisiert, ist der Schwarze ein Tier mit menschlicher Seele. Auf diese Weise passt sich sein Bild den Erfordernissen der zivilisatorischen Mission und ihrer spezifischen Konstruktion des *double bind* an: Einerseits ermuntert man Schwarze, sich zu *coconuts* (d.h. zu *guten* Zwitterwesen) zu entwickeln, andererseits beutet man sie aus, um Volksphantasien über »Rassenvermischung« und ungeheure Geburtsraten zu nähren. Wie ein verborgener Faden durchzieht all diese perversen Konstruktionen die Große Angst der Bourgeoisie, dass die Schwarzen womöglich das fehlende Glied zwischen ihnen und der weißen Arbeiterklasse schmieden werden und dass diese »widernatürliche Vereinigung« die »Revolution« ausrufen und die organische Grundlage der Gesellschaftsordnung umstürzen wird (vgl. Lorimer 1978).

Diese kurze Erörterung zeigt uns, dass die Ideologien des Antisemitismus und des Vorurteils gegen Schwarze sehr verschiedenartige geschichtliche Entwicklungsmuster aufweisen. Doch können sie in einem strukturellen Sinn als komplementär verstanden werden. Juden wurden gezwungenermaßen zum Symbol für das vom Kapitalismus entfesselte Destruktivpotenzial der Ökonomie – der Jude repräsentiert das »schmutzige Geld«. Schwarze wurden zum Sinnbild jener libidinösen Triebe, die die zivilisatorische Mission in all denen unterdrückte, welche er dazu anhielt, des »weißen Mannes Bürde« zu tragen – der Schwarze repräsentiert den »schmutzigen Sex«.

Selbstverständlich gibt es genug Zusammenhänge, in denen beide Bilder miteinander in Beziehung treten, um sich gegenseitig zu verstärken, woraus dann sehr bizarre Konstruktionen erwachsen können. Wir haben gesehen, auf welche Weise der mittelalterliche Antisemitismus dem

Thema des Ritualmords verhaftet war – man unterstellte den Juden, sie würden das Blut ihrer Opfer trinken oder es zum Backen ungesäuerten Brotes verwenden. In einer Hinsicht ist dies die einfache Umkehrung des christlichen Hostien- und Abendmahlsymbols. Doch bezieht es sich auch auf einen unter Bauern verbreiteten Brauch, den die katholische Kirche verboten hatte: Junge Männer versahen sich heimlich mit dem Menstruationsblut jungfräulicher Mädchen, um damit ein besonderes Gebäck herzustellen, das dann als Aphrodisiakum verzehrt wurde. Durch diese Assoziationskette wird das jüdische Passahfest nicht nur travestiert, sondern in eine *Schwarze Messe* umgewandelt, die das Bindeglied zwischen den Schwarzen und dem Teufel herstellt und den jüdischen Antichristen mit jener sexuellen Potenz ausstattet, die den Schwarzen gerne zugeschrieben wird.

Die rassistische Einbildungskraft ist opportunistisch, das zeigt sich an der Anschaulichkeit ihrer Konstruktionen ebenso wie an der fortwährenden Suche nach immer ökonomischeren Methoden der Mitteilung des Immergleichen. Wir können dies anhand einer modernen Variante des Ritualmord-Themas illustrieren, das in einer unlängst von der *National Front* ins Leben gerufenen Kampagne fröhliche Urstände feierte. Ihr vorgebliches Ziel bestand darin, die rituellen Verfahrensweisen jüdischer und moslemischer Metzger als grausame Tierquälerei anzuprangern. Man zeigte Rabbis und Mullahs, die lange, bluttriefende Messer schwangen und sich am Todeskampf der gerade hingeschlachteten Tiere weideten. Die Botschaft ist simpel genug: Solche Ungeheuer sollten in einer Nation von Tierliebhabern nicht geduldet werden. Auf diese Weise werden jüdische und schwarze Gemeinschaften erneut zu Komplizen in einem teuflischen Verbrechen, das nur durch ihren Ausschluss aus der Gesellschaft gesühnt werden kann.

Die Punkte, an denen die Diskurse des Antisemitismus und des Vorurteils gegen Schwarze sich überschneiden, entspringen weder der Willkür noch der rein formalen Vergleichbarkeit. Die Prinzipien ihrer Verknüpfung sind dem umfassenderen gesellschaftlichen Rahmen, innerhalb dessen sie ihre Funktion erfüllen, einbeschrieben und durch ihn festgelegt. Ein gutes Beispiel dafür ist das Verbindungsglied, das der englische Rassismus zwischen der jüdischen und der schwarzen Diaspora geschmiedet hat. Wie wir oben sagten, konnten die Juden nicht zu Hintermännern des afrikanischen Sklavenhandels gemacht werden, weil die englische Pflanzeraristokratie diese Rolle ganz unverhüllt und stolz für sich selbst beanspruchte. Erst in den 1880er Jahren, als die Anzahl der Juden beträchtlich angewachsen war, konnte ihr Name auf andere Art und Weise »angeschwärzt« werden, indem man ihn mit dem *weißen Sklavenhandel* in Verbindung brachte. Einer der Hauptvorwürfe des viktorianischen Antisemitismus lautete, die Juden würden junge Christinnen entführen und sie als Prostituierte in die Bordelle verschiedener »heidnischer« Länder verkaufen. Die genaue Verortung war immer Spekulationssache (der Nahe Osten, Lateinamerika usw.) – aber das spielte eine geringere Rolle als die Vorstellung, englische Jungfrauen würden dazu gezwungen, den »Gelüsten der Hure Babylon« nachzukommen, um jüdische Vermögen zu vergrößern. In neuerer Zeit ist diesem Thema seine Umkehrung hinzugefügt worden: Der Jude ist jetzt die unsichtbare Hand, die die Einwanderung von Schwarzen aus den Kolonien organisiert. Ob er nun englische Mädchen ex- oder schwarze Männer importiert – dem Juden wird seine traditionelle Rolle als Händler in Sachen Menschenfleisch zugewiesen, und zwar auf eine Weise, die zugleich die negativen Stereotypen bezüglich der Sexualität von Schwarzen verstärkt: Schmutziges Geld vereint sich mit schmutzigem Sex. Dergestalt wird der Jude mit dem *Schwarzmarkt* in Verbindung gebracht, und das Bindeglied zwischen dem Einwanderer und dem Verbrecher nimmt endgültig seine vertraute (und nur allzu zeitgenössische) Gestalt an. (Zum weißen Sklavenhandel s. Bristow 1983, zum popularen[6] Antisemitismus Robb 1954, Freedman 1978 und A. Lee in Lunn 1980. In diesem Buch findet sich nützliches Material zu den Bildern, die über eine ganze Reihe von Einwanderergruppen kursieren. Cutler & Cutler 1986 untersuchen die Verbindungen, die im Mittelalter zwischen Juden und Schwarzen geknüpft wurden.)

Man sollte vielleicht hervorheben, dass diese Konstruktionen keine unmittelbare Widerspiegelung der tatsächlichen Beziehungsmuster sind, die das Verhältnis zwischen Juden und Schwarzen in Großbritannien bestimmen. Was die beiden Gemeinschaften in Wahrheit geschichtlich verbindet, liegt nicht so sehr in dem, was sie an unmittelbarer Diskriminierung erfahren haben; hier spielten sehr unterschiedliche politisch-ökonomische Konstellationen die entscheidende Rolle. Ausschlaggebend ist vielmehr

6 Der englische Begriff »popular« kommt aus der Hegemonietheorie Gramscis und bezeichnet das selbstverständliche, unhinterfragte Alltagsbewusstsein. Wo es möglich war, wurde diese Übersetzung gewählt. Wo nicht, musste zum deutschen Kunstwort »popular« gegriffen werden, da »populär« oder »volkstümlich« im Deutschen ganz andere Assoziationsfelder haben, die den Sinn des Gemeinten verändern würden. (Anm. d. Hg.)

eine ideologische Konstruktion, die Juden und Schwarze als ihr Wirtsvolk aussaugende Parasiten fixierte – ein beide vereinendes Bild, dessen Vollendung nicht auf die sich ausweitende Präsenz von Schwarzen angewiesen war, um seine Wirkung entfalten zu können, sondern welches dem englischen Rassismus bereits um die Jahrhundertwende zugrunde lag. Sicherlich speist sich die rassistische Einbildungskraft aus äußerst materiellen Quellen und zeitigt ebenso materielle Ergebnisse. Aber wenn sie sich in selektiver Weise auf tatsächliche Ereignisse und Prozesse bezieht, dann nicht mit dem Ziel, »die Tatsachen zu übertreiben«, sondern sie mit einer symbolischen Funktion auszustatten, die auf einer ganz anderen Ebene operiert: Die erdachten Handlungen sollen den Anschein des *Realistischen* bekommen, und noch die phantastischste Verschwörung soll glaubhaft wirken. Damit ist nicht gesagt, dass solche Bedeutungsgewebe nur in der Einbildung existieren; sie haben bei der Beförderung jüdischer Vorurteile gegenüber Schwarzen eine ebenso handfeste Rolle gespielt wie bei der Verstärkung des Antisemitismus von Schwarzen. Was ich mit Nachdruck infrage stelle, ist der Gedanke, die rassistische Phantasie sei lediglich eine, wie immer auch »verzerrte«, Widerspiegelung bestimmter beobachtbarer ethnischer Eigenschaften (vgl. z. B. Ray 1985). Genau das nämlich ist das Alibi, das der Rassismus für seinen Anspruch, das Alltagsbewusstsein zu repräsentieren, benötigt. Solcherlei Begründungen dürfen nicht unwidersprochen bleiben; vielmehr ist zu zeigen, dass rassistische Konstrukte eine innere Struktur besitzen, die aus den empirischen Charakterzügen der Bevölkerungsgruppen, gegen die sie sich richtet, weder abgeleitet noch auf diese zurückgeführt werden kann.

Der Antisemit definiert den Juden ebenso wenig, wie der Jude den Antisemiten hervorbringt. Die geschichtliche Individualität von Schwarzen wird ebenso wenig durch ihre Hautfarbe definiert wie durch die Vorurteilsformen, die sich darauf konzentriert haben. Wenn man von der »Judenfrage« oder dem »Rassenproblem« spricht, vermengt man genau diese verschiedenen Realitätsebenen miteinander. Aber wenn wir die vielschichtigen dialektischen Wechselwirkungen zwischen der Geschichte des Rassismus in seinen mannigfaltigen Formen und der Geschichte der ethnischen Gruppen, die verschiedentlich Zielscheibe von Angriffen waren, begreifen wollen, wären wir gut beraten, »Rasse« nicht einfach als einen anderen Ausdruck für »Ethnizität« aufzufassen und nicht zu glauben, dass man in aller Unschuld den einen Begriff durch den anderen ersetzen könne.

»Rasse«, Ethnizität und Klasse

Auf den ersten Blick scheint die Unterscheidung zwischen diesen drei Ausdrücken nicht schwer zu fallen. »Rasse« ist das Objekt des rassistischen Diskurses, außerhalb dessen sie keine Bedeutung besitzt; sie ist ein ideologisches Konstrukt und keine empirische Gesellschaftskategorie und bezeichnet von daher eine bestimmte Reihe imaginärer Eigenschaften genetischer Vererbung, mittels derer tatsächliche Positionen gesellschaftlicher Herrschaft oder Unterordnung unter Verweis auf die Genealogie arteigener Differenzen festgeschrieben und legitimiert werden[7].

7 Diese Definition stammt von Sibony (1981). Sie bezieht sich auf die historischen und diskursiven Grundlagen der Ideologie, über die Problematik der Generation einerseits und die der perversen Logik

Im Gegensatz dazu fehlt dem Begriff der Ethnizität jede Konnotation bezüglich angeborener Eigenschaften, sowohl höher- als auch minderwertiger. Es handelt sich hier um einen Ursprungsmythos, der nicht über ein genetisch festgelegtes Schicksal spekuliert, sondern sich – im Unterschied zu »Rasse« – auf einen realen Prozess geschichtlicher Individuation bezieht, insbesondere auf die durch Sprache und Kultur vermittelten Praxisformen, die ein Gefühl für kollektive Identität oder »Heimat« hervorbringen, welches von Generation zu Generation überliefert wird *und sich im Prozess dieser Überlieferung verändert.* (Die verschiedenen Positionen zum Verhältnis von »Rasse« und Ethnizität finden sich in Rex & Mason 1986. Von Epstein [1978] und Van den Berghe [1981] wird die ethnizistische Position am besten vertreten. Eine Kritik daran findet sich bei Kahn 1981.) Doch ist diese Veränderung untrennbar mit dem Klassenkampf verbunden. Gesellschaftliche Klassen sind kollektive geschichtliche Handlungsträger, die – unabhängig vom je individuellen Bewusstsein – durch ihre antagonistische Stellung innerhalb der gesellschaftlichen Arbeitsteilung definiert werden. Doch kann die Reproduktion dieser Klassenantagonismen nicht allein in den unmittelbaren Produktionsverhältnissen ihre Ursache finden, weil die geschlechts- und altersspezifische Arbeitsteilung in der Gesamtgesellschaft mit zu den Reproduktionsfaktoren gehört. Und genau

der Generalisierung andererseits. Der Vorteil dieser Formulierung im Vergleich zu Wörterbuchdefinitionen (z.B. moralische und geistige minderwertige/höherwertige Eigenschaften, die aus körperlichen Merkmalen abgeleitet werden) besteht darin, dass Rassismus nicht mit Sexismus oder Ageism verwechselt wird, während zugleich auf mögliche verbindende Prinzipien verwiesen wird.

diese Dimensionen der Klassenreproduktion können sehr gut mittels »Ethnizität« und »Rasse« artikuliert werden. (Klassenanalytische Modelle finden sich bei Marxisten und Weberianern, s. die Beiträge von Rex und Wolpe in Rex & Mason 1986, ebenso den Überblick von Solomos 1986. Die Rolle, die Geschlechterverhältnisse bei der Reproduktion von Ethnizität spielen, wird von Yuval-Davis und Anthias 1989 diskutiert.)

Die Beziehungen zwischen diesen drei Termini sind also oftmals sehr vielschichtig. Sehen wir uns zunächst das Paar »Rasse« und »Ethnizität« näher an. »Rasse« muss, darauf wiesen wir hin, nicht notwendigerweise zum Bedeutungsfeld von »Ethnizität« gehören, Letztere kann ebenso gut eine Ausdrucksform des Klassenbewusstseins darstellen. »Rasse« aber verweist immer auf »Ethnizität«. Der rassistische Diskurs schließt nämlich entweder Ethnizität vollständig in sich ein, indem er sprachliche oder kulturelle Identität auf ein biologisches Substrat reduziert, oder er naturalisiert diese Identität innerhalb einer festgelegten Hierarchie »sozialer Charaktereigenschaften«. Ethnizität kann als biologische oder kulturelle »Rasse« konstruiert werden.

Dennoch bleibt die Beziehung zwischen »Rasse« und »Ethnizität« asymmetrisch. Wie kommt es dann, dass diese beiden Ausdrücke im gegenwärtigen Sprachgebrauch – z. B. in der »multirassischen/multiethnischen Erziehung« – als miteinander austauschbar benutzt werden? Sicher nicht nur aus Nachlässigkeit; hier deutet sich eine Verwechslung an, die ernsthafte Folgen zeitigt. Denn immer dann, wenn »Rasse« und »Ethnizität« in einen Topf geworfen werden, droht die Gefahr der Verdinglichung: »Ethnizität« wird zu einer Reihe von Charaktereigenschaften, die in ihrer Gesamtheit ein Wesen definieren – das Jüdische, das Irische, das Schwarze etc. Auf diese Weise hören die Eigenschaften auf, Bestandteile eines konkreten geschichtlichen Prozesses zu sein, und gerinnen zum abstrakten Ausdruck einer ewigen, transhistorischen Identität (s. Rodinson 1983). Obwohl solche Begrifflichkeiten wie »innere Ethnizität« in der antirassistischen Arbeit erfolgreich mobilisiert werden können (um etwa Vorstellungen hinsichtlich dessen, was »das Schwarze« ausmacht, mit positiver statt negativer Bedeutung aufzuladen), geschieht dergleichen doch nur um den Preis deterministischer Annahmen bezüglich Identität und Gesellschaft, die in letzter Hinsicht auf biologischen Argumenten beruhen. Darüber hinaus war es genau diese verdinglichte Form von Ethnizität, die ausgenutzt wurde, um jenes »andere England«, das weder angelsächsisch ist, noch der Mittelklasse angehört, zu definieren und so lange zu marginalisieren, bis nur noch eine exotische Silhouette übrig blieb.

Der Ethnizismus kann viele Formen annehmen. In seiner militanten Version führt er zur inflationären Vermehrung ethnisch definierter Vorzüge, was bisweilen (vor allem im Zusammenhang mit Antidiskriminierungsgesetzen auf dem Arbeitsmarkt) die Rivalität zwischen ethnischen Minderheiten anheizen kann. Die liberale Variante bringt, wie wir gesehen haben, einen sozial engagierten Voyeurismus bei jenen hervor, denen die erwähnten Vorzüge fehlen. In beiden Fällen besteht die Tendenz, »Ethnizität« zum naturgegebenen Symbol des Widerstands zu fetischisieren und sie damit ihres tatsächlichen Bedeutungszusammenhangs zu berauben. Der rassistischen Vereinnahmung von Ethnizität lässt sich nicht dadurch begegnen, dass die Verfahrensweise einfach umgedreht und nunmehr »Rasse« ethnisiert wird. Darüber hinaus geht das Argument, Rassismus sei ein ausschließlich europäisches Problem oder eine bestimmten Gruppen in Europa angeborene Disposition, in zweifacher Hinsicht fehl. Es unterschlägt nämlich nicht nur die Existenz anderer Fälle (wie etwa die Rolle des Rassismus bei der Entstehung des japanischen Faschismus), sondern ihm entgeht auch die Tatsache, dass der Rassismus, mag er auch (wie z. B. in Großbritannien) noch so eingebürgert und institutionalisiert sein, ständigen Veränderungen, Herausforderungen, Störungen und Rekonstruktionen unterliegt. Dem Rassismus seine Geschichte abzusprechen heißt, sich einer Art Fatalismus zu ergeben. Man kann Weiße nicht mit ihrer Verantwortung für rassistische Vorurteile konfrontieren und zugleich erklären, sie seien dispositionell unfähig, etwas dagegen zu tun. Solche Double-Bind-Strukturen, die zurzeit bei einigen Ansätzen der antirassistischen Erziehung in Blüte stehen, sind ziemlich unproduktiv. Doch ist es wohl die Verwechslung von Rassismus und Ethnozentrismus, die den größten Schaden verursacht. Mit ihrer Hilfe lässt sich die Unterstellung lancieren, der Separatismus der Schwarzen sei seinem Wesen nach rassistisch, *nicht aber* die »britische« Lebensart, deren offizielle Anerkennung einer Kultur der Schwarzen gegen null tendiert. Natürlich umfasst »Ethnizität« per definitionem auch solche Bedeutungsgehalte, die das ethnisch je Andere ausschließen. Wie sollte sonst ein Gefühl für geschichtliche Individualität seinen Ausdruck finden? Jede Sprache und Kultur privilegiert, *soweit sie dazu imstande ist*, ihre eigenen Praxisformen, indem sie sie zur Benennung ihrer Ursprünge und zur Verteidigung ihrer Grenzen benutzt. Jede Form von Ethnizität ist ethnozentrisch, *wenn sie die Möglichkeit dazu besitzt.* Die Betonung liegt auf dem Wörtchen *wenn.*

Wie aber kann sich eine bestimmte Version des Ethnozentrismus als Norm etablieren, die den Anspruch erhebt, für die Gesellschaft als ganze zu gelten? Genau hier müssen wir die Funktion von sozialen Klassen berücksichtigen. Antonio Gramsci hat den Begriff der »Hegemonie« geprägt, um den Prozess der strukturellen und kulturellen Auseinandersetzungen und Verhandlungen zu beschreiben, in dem es einer Klasse gelingt, die moralische Führerschaft in der Gesamtgesellschaft zu übernehmen, so dass ihre eigene Ideologie zum selbstverständlichen und allgemeinen Alltagsbewusstsein wird. Durch diese Strategie gewinnt die führende Klasse die aktive Zustimmung der Bevölkerungsmehrheit zu Politik- und Praxisformen, die das System von Herrschaft und Unterordnung absichern, indem sie, durchaus im Rahmen der repräsentativen Demokratie und ohne offene Ausübung von Zwang, alternative Ideen zur »Undenkbarkeit« verurteilen. Verständlicherweise wies Gramsci der Erziehung und den Massenmedien bei der Organisierung der Klassenhegemonie eine Hauptrolle zu. Ethnische Hegemonie setzt auf ähnliche (wenn auch nicht identische) Strategien, mittels derer eine bestimmte Machtelite den Anspruch erhebt, eine ethnische Mehrheit so zu repräsentieren, dass deren sprachliche und kulturelle Normen der übrigen Gesellschaft als Ideale oder Modelle aufgezwungen werden, denen alle nacheifern sollten.[8]

8 Die jüngsten Versuche, eine gramscianische Perspektive für die Untersuchung von »Rasse«, Klasse und Ethnizität zu entwickeln, stammen von Hall (1980a), Sarup (1986) und Genovese 1971. Die

Vielfach wird die ethnische mit der Klassenhegemonie verbunden, und die eine wirkt durch die andere, so dass beide Prozesse der Wahrnehmung entzogen werden. Ich erwähnte bereits die »zivilisatorische Mission«, die die herrschende Klasse in England benutzte, um ihre eigenen, höchst rassistischen Vorstellungen von »Kultur« dem heimischen Proletariat wie auch den kolonialen Untertanen aufzupfropfen. Insoweit diese Mission erfolgreich war, verdankte sich dies weniger der wahrnehmbaren Einimpfung von »Werten« oder »Maßstäben« als vielmehr einem heimlichen Lehrplan, mit dessen Hilfe den niederen Ständen beigebracht wurde, ihren Bestrebungen die Form einer exklusiven »Ethnizität« zu verleihen. Dadurch wurde ihre Marginalität verstärkt, um schließlich als »naturgegeben« zu erscheinen.

Solche Strategien einer ethnisch orientierten Hegemonie sind nicht das alleinige Vorrecht der herrschenden Klasse. Andere, lokal beschränktere Machteliten können sich ähnlicher Methoden bedienen. Eine Arbeiteraristokratie kann sich mittels einer Gewerkschaftsbewegung so organisieren, dass sie ihren Anspruch, für alle Arbeiter zu sprechen, in und durch Praktiken geltend macht, die ihrerseits dazu dienen, bestimmte Gruppen von Einwanderern zu diskriminieren. In diesem Fall wird der Rassismus eher ökonomisch als ideologisch fundiert; man ruft dazu auf, die Arbeitsplätze und den Lebensstandard vor den billigen Arbeitskräften zu schützen, statt dazu, britische Kultur und Moral gegen die »vor den Toren lauernden Barbaren« zu verteidigen. Die Art des jeweils

ursprünglichen Formulierungen finden sich in Gramsci (1971). (Eine deutsche Übersetzung einer entsprechenden Arbeit von Hall findet sich in Hall 1989a.) (Anm. d. Hg.)

eingesetzten rassistischen Diskurses hängt also von der jeweiligen Strategie ab, mit der die Hegemonie einer Klasse oder ethnischen Gruppe organisiert werden soll. Was man des Öfteren als institutionalisierten Rassismus bezeichnet, ist nichts weiter als der gesellschaftliche Prozess des Aushandelns, in dem eine hegemoniale Strategie einer Klasse und ethnischen Gruppe koordiniert und aufrechterhalten wird, so dass der Rassismus der herrschenden Klasse zur herrschenden oder alltäglichen Form des Rassismus der ganzen Gesellschaft wird. Dies ist der Schauplatz oftmals sehr intensiver politischer und ideologischer Kämpfe: im 19. Jahrhundert zwischen bürgerlichen und aristokratischen Kodes, in jüngerer Zeit zwischen staatlichem Rassismus und den alltäglichen Vorurteilen.

Vielleicht muss man immer noch betonen, dass der Klassenbezug der Problematik von »Rasse« und Ethnizität nicht an der sozialen Herkunft oder Position bestimmter Individuen oder Gruppen abzulesen ist, die mit dieser Problematik identifiziert werden. So hat es viele Personen der unteren Mittelschicht gegeben, die aristokratische Ansichten über Aufzucht und Abkunft übernommen haben, um ihrer Verachtung für all jene (Weißen und Schwarzen) Ausdruck zu verleihen, die sie als gesellschaftlich niedriger stehend ansahen. Sie mögen sich einbilden, auf diese Weise zu Aristokraten zu werden, doch ist das ebenso unzutreffend wie die Annahme, die aristokratischen Abstammungscodes verwandelten sich dadurch in eine kleinbürgerliche Ideologie. Die Spezifik des Codes findet man vielmehr in seinen Artikulationsprinzipien und in deren Funktion, eine bestimmte Version ethnischer und klassenspezifischer Hegemonie zu organisieren. Ebenso wenig gibt es eine notwendige oder einfache Übereinstimmung zwischen der *Verteilung* von Klassenpositionen, die durch rassistische Vorurteile und Diskriminierungen verzerrt werden können, und der *Reproduktion* dieser Positionen innerhalb der gesamtgesellschaftlichen Arbeitsteilung. Dass Juden oder Schwarze in bestimmten Berufen besonders häufig auftreten, dass sie als Bürger zweiter Klasse behandelt werden und besonderen Formen von Verfolgung und Schikane ausgesetzt sind, das alles wird durch eine Konstellation bestimmter Gewalt- und Kräfteverhältnisse bewirkt, macht sie aber nicht zu Angehörigen einer besonderen »Klasse von Menschen« oder einer Art »Unterschicht«. Solche Verdinglichungen müssen nicht nur deshalb vermieden werden, weil sie lediglich eine positive Lesart negativer Stereotypen darstellen, sondern auch, weil sie vielschichtige und widersprüchliche Realitäten vereinfachen und die sie hervorbringenden Geschichtsprozesse verfälschen.

Wenn wir solche faulen Sachen vermeiden wollen, müssen wir der analytisch-begrifflichen Unterscheidung von »Rasse«, Ethnizität und Klasse ebenso viel Aufmerksamkeit widmen wie den Verbindungen, die sie auf der Ebene gesellschaftlicher Wirklichkeit miteinander eingehen. Dieser Ausgangspunkt ermöglicht eine Reihe wichtiger Fragen. Welcher klassenbezogene Ursprungsmythos bringt welche Version von Ethnizität hervor? Welchen sozialen Klassen werden welche »rassischen« Charakterzüge zugeschrieben? Auf welche Weise gelangen bestimmte Arten von klassenbezogenem Rassismus in die Konstruktion spezifischer Vorstellungen von Ethnizität, und wie werden bestimmte Teile einer Klasse in diesem Prozess als »Rasse« konstruiert?

Solche Fragen sind zentrale Bestandteile gegenwärtiger

britischer Diskussionen über »Rasse« geworden (s. CCCS 1982 und Hall u. a. 1978, die die Konstruktion von »Rasse« als Ort politischer Intervention und Debatte in der Nachkriegsperiode diskutieren). Auf der einen Seite finden sich die zunehmend lautstark gewordenen Vorreiter einer »schweigenden« ethnischen Mehrheit, die – im Namen von Demokratie, Meinungsfreiheit und britischer Lebensweise – mit großem Eifer der kulturellen Hegemonie einer privilegierten Elite den Rücken stärken. Auf der anderen Seite sind jene, die die Ethnizität vom Stigma des Minderheitenstatus und der Marginalisierung befreien wollen, um sie in eine neue Quelle kulturellen Kapitals und politischer Macht zu verwandeln.
[…]

Das Terrain wird kartografiert – für ein mehrdimensionales Modell

Es ist immer noch das Problem der Ideologie, welches die gegenwärtigen Rassismustheorien in Verwirrung stürzt, und sehr viel hängt davon ab, wie diese Diskussion ausgeht (der beste Überblick über diese Debatte findet sich bei Solomos 1986). Wenn man meint, dass die Ideologie aus Vorstellungen besteht, die die gesellschaftliche Wirklichkeit lediglich widerspiegeln, rechtfertigen oder mystifizieren, dann wird man das rassistische Vorurteil als Sekundärerscheinung behandeln, dem gegenüber der institutionalisierte Rassismus der Hauptfeind ist. Wenn, im Gegensatz dazu, der Ideologie ein von Politik und Ökonomie unabhängiger Status zugewiesen wird, gewinnen erzieherische Initiativen gegen den Rassismus eine Vorrangstellung, mit dem Risiko der Ersetzung struktureller

Reformen durch die Veränderung persönlicher Einstellungen und gesellschaftlicher Werte. In gleicher Weise neigen Widerspiegelungs- oder Reflexionstheorien zur Annahme, dass zwischen »Rasse«, Klasse und Ethnizität Prinzipien der Entsprechung existieren, was zum Beispiel bedeutet, dass der Antisemitismus in der ethnischen oder klassenspezifischen Zusammensetzung der Juden eine reale Grundlage besitzt, die er zugleich politisch ausbeutet. Autonomiemodelle gehen dagegen von einem radikalen Bruch zwischen »Rasse«, Klasse und Ethnizität aus; sie argumentieren, dass ihre jeweilige Artikulationsweise zufallsbedingt ist und von Fall zu Fall konkret ausgearbeitet werden muss. Doch müsste diese Position, konsequent zu Ende gedacht, zu der Behauptung führen, dass zwischen den kaufmännischen Berufen, die zu ergreifen viele Juden gezwungen wurden, und ihrem im alltäglichen Antisemitismus existierenden Image als »Ausbeuter« absolut *keine* Verbindung besteht.

Bevor dieser Fragenkomplex angemessener ausgearbeitet werden kann, sind die Schwierigkeiten zu überwinden, die sich aus starken Gefühlen und politischem Eigeninteresse ergeben (und die selbst ein interessantes ideologisches Phänomen darstellen). Unglücklicherweise hat der Versuch, die Diskussion durch Beschränkung auf die eher abstrakten Bereiche der Erkenntnistheorie abzukühlen, sich auch nicht als allzu hilfreich erwiesen. Das Konzept, Ideologietheorie mit Hilfe axiomatischer oder apriorischer Prinzipien zu begründen, die für alle Gesellschaften zu allen Zeiten Gültigkeit besitzen sollen, ist kein sehr einleuchtendes Projekt. Stattdessen sollten wir ein Modell entwickeln, das den sich *verändernden* Beziehungen zwischen der Ideologie und den anderen Ebenen der

Gesellschaftsstruktur Rechnung trägt und die je besondere Ausarbeitung ihrer Formen und Funktionen hinsichtlich solcher Veränderungen zu erklären vermag.[9] Welche intellektuellen Ressourcen sind notwendig, um ein differenzierteres und mehrdimensionales Modell rassistischer Ideologie zu entwerfen?

Ein zentraler Grundsatz modernen Denkens leitet sich von der Erkenntnis her, dass die Landkarte nicht das Gelände ist, das Gelände aber zugleich mehr und weniger ist als die Landkarte. Alfred Korzybski, der dies Prinzip zuerst formulierte, war Logiker, und er ging davon aus, dass sprachliche Zeichen als Ausdrucksformen unserer geistigen Weltkarten einen anderen logischen Status besitzen als die durch sie repräsentierten Bereiche der materiellen Erfahrung, so wie etwa das Wort »Zucker« nicht süß ist. Zu dieser Auffassung gesellte sich später das strukturalistische Theorem, die Bedeutung von »süß« gründe in seinem Gegensatz zu »sauer« oder zu einem anderen »Wert«, der durch einen bestimmten Geschmacks-Code festgelegt ist. Die Beziehung der Zeichen zu ihren materiellen Signifikanten (oder Referenten) wurde daher als arbiträr (= nicht notwendig, d. Hg.) oder kulturell konstruiert aufgefasst und konnte verändert werden (vgl. zu

9 Dieses Modell hält am Begriff der relativen Autonomie der (rassistischen) Ideologie fest, weist aber die althusserianische Klausel der »Determinierung in letzter Instanz« durch die Ökonomie zurück. Es gibt keine apriorische Annahme über die Rolle, die politische und ökonomische Strukturen bei der Produktion, Unterminierung oder Ablösung ideologischer Formen spielen. Aber ebenso wenig kann die Bedeutung dieser Formen von ihrer unmittelbaren Funktion oder von ihren historischen Existenzbedingungen abgelesen werden. Das heißt, sowohl funktionalistische als auch historizistische Erklärungen werden zurückgewiesen.

Korzybskis ursprünglichen Formulierungen Bateson 1973 und Baudrillard 1981, zur strukturalistischen Analyse des Mythos Levi-Strauss 1968 und 1977 und zu den Methoden der sozialen Semiologie Barthes 1984).

Diese so unschuldig scheinende Ergänzung war in ihrer Anfangsphase sehr produktiv, um dann rasch in einen Idealismus abzugleiten, der die Landkarte vom Gelände abtrennte, die nun als frei flottierendes Element Sprache und Ideologie in gegenseitiger Umarmung umfasste. Dies wiederum gab Marxisten die erneute Gelegenheit, einem gleichermaßen einseitigen Materialismus zu huldigen, der das Gelände in die Basis und die Landkarte in den Überbau auflöste, wobei Letzterer zur Widerspiegelung der Ersteren geriet. Aus dieser Perspektive ist die Bedeutung des Zuckers alles andere als süß; sie ist vielmehr mit seiner materiellen Geschichte verknüpft, in der er zur Ware wurde: zuerst als bittere Frucht der Sklavenarbeit in den Zuckerplantagen der Karibik, später als Bestandteil der auf Ungleichheit gegründeten Tauschbeziehungen zwischen dem Kapitalismus der Metropolen und der Dritten Welt. (Ein Beispiel für die Abschottung von Sprache/Ideologie sind Coward & Ellis 1977, für die Wiederherstellung des traditionellen Basis/Überbau-Modells Sivanandan 1973 und 1976.)

Sicherlich hat jede Seite ein Stück der Wahrheit am Wickel – die Ansätze ergänzen und korrigieren sich gegenseitig, statt sich aufzuheben. So hing zum Beispiel die Rentabilität der mit Sklaven betriebenen Plantagen zum Teil von der europäischen Nachfrage nach bestimmten Waren ab, was es wiederum erforderlich machte, den braunen Zucker zu weißem zu »raffinieren«, um »den angelsächsischen Geschmack zu befriedigen«. Aber auch in diesem

Fall waren die das Konsumtionsschema durchziehenden Trennungslinien sehr materieller Natur: Die Reichen aßen den teureren weißen Zucker, die Armen den braunen. Erst seit kurzem hat der Klassen- und Farbencode die Skala seiner Geschmackswerte um 180° gedreht: Die gebildete Mittelschicht hat den (nicht raffinierten) braunen Rohrzucker als salonfähig eingebürgert, während der mittlerweile als gesundheitsgefährdend erkannte weiße Zucker zu einer weiteren Grundingredienz auf der Speisekarte der Arbeiterklasse wird (zur Geschichte des Zuckers s. Mintz 1985). So befinden sich Landkarte und Gelände ohne Zweifel in wechselseitiger Abhängigkeit voneinander, doch ihre Beziehung ist nicht ein für alle Mal festgelegt und ist nicht Teil eines apriorischen Entsprechungsprinzips. Das Gelände ist keine *tabula rasa* von Sinneseindrücken, die auf den Prägestempel des falschen Bewusstseins warten, und die Landkarte modelliert oder reflektiert nicht eine »äußere Wirklichkeit«. In der Tat gibt es viele ideologische Erscheinungsformen, die weder auf der einen noch auf der anderen Ebene lokalisiert werden können, sondern einzig und allein Produkte bestimmter Interaktionsformen zwischen beiden Ebenen sind. Ihr möglicherweise angemessenes Paradigma ist die Luftspiegelung, die Fata Morgana. Weder reine Halluzination noch rein von der Umgebung hervorgebrachter Effekt, resultiert die Fata Morgana aus der Überschneidung bestimmter klimatischer Bedingungen in der Wüste mit der bestimmten Entwicklung eines Verlangens seitens durstiger Reisender! Folglich wird weder ein auf dem Gebiet der Psychologie oder Geologie erworbener akademischer Grad noch eine intime Kenntnis der Region einen davor bewahren, dem »falschen« Augenschein zu trauen und sich auf die fruchtlose Suche nach einer inexistenten Oase zu machen. Nun mag dies eine nützliche Metapher für die Funktionsweise der Ideologie im Allgemeinen sein, doch was sagt sie uns über den Prozess der »doppelten Einschreibung« von Landkarte und Gelände in konkrete Praxen der Repräsentation?

Nehmen wir die Landkarte als ein Mittel, um das Unbekannte so festzulegen und zu benennen, dass es für die verschiedenen (gesellschaftlichen, physikalischen oder geistigen) Techniken der bewussten Kontrolle, die auf der Ebene des Geländes arbeiten, zugänglicher wird. Was die Landkarte *unbewusst* repräsentiert, ist der Drang nach Beherrschung, der sie hervorbrachte; das Verlangen, die Welt als wirklich und vernünftig darzustellen, indem die Existenz des Anderen als ein Ort des Unbekannten geleugnet wird. Von diesem allmächtigen oder archimedischen Bezugspunkt aus bildet die Landkarte ein Netz differenzieller Bedeutungen, die mit besonderen Regionen der Erfahrung verknüpft werden. Diese Regionen sind immer schon durch bestimmte Kontexte und Konstellationen gegeneinander abgegrenzt und von Machtverhältnissen umstellt, die selbst wiederum von menschlicher Intentionalität durchzogen werden. Wenn die »Landkarte« einen Raum des Begehrens entwirft, in dem Macht verleugnet wird, um (wie Freud sagt) auf einem »anderen Schauplatz« ausgeübt zu werden, dann verankert das »Gelände« diese Aufspaltung in bestimmten geschichtlichen Ausformungen des *common sense*. Zwischen den beiden herrscht immer ein Spannungsverhältnis. Die Bewegung der Geschichte entzieht sich fortwährend der Geografie des Unbewussten.[10]

10 Das ausgefeilteste Modell über die Art und Weise, wie Räume der Repräsentation (Darstellungsräume) im Übergang zum Kapitalis-

Wie kann nun dies Modell von Landkarte/Gelände auf das Feld der rassistischen Repräsentationen angewendet werden? Auf der Ebene der Landkarte wird ein bestimmtes Bild des politischen Gemeinwesens entworfen, und zwar unter Verwendung einer Reihe bestimmter topologischer Beziehungen (Einschließung, Trennung, Verbundenheit), die das Andere strukturell ausschließen und definieren. In dieser Hinsicht ist die rassistische Einbildungskraft höchst beweglich und bedient sich einer ganzen Palette von ideologischen Orten und Quellen, indem sie einzelne Bestandteile aussondert und kombiniert und diese zu bestimmten, festgelegten Assoziationsketten (Codes) verbindet. Auf diese Weise zeichnet jede Landkarte ein spezifisches Bild des Terrains, auf dem der Rassismus seine materiellen Wirkungen beschreibt. Auf dieser zweiten Ebene legt eine Reihe von Diskursen und Institutionen genau bezeichnete Subjekte (»Rassen«) auf bestimmte Positionen innerhalb einer Topografie der Macht fest, und genau hier werden die politischen Geografien von Klasse und Ethnizität geformt und transformiert. Indem wir vom Gelände zur Landkarte übergehen, bewegen wir uns von den Schemata des Vorurteils hin zu den Entwürfen des rassistischen Begehrens, von der Dialektik der Ausbeutung zur Dialektik des Neids.[11]

mus transformiert werden, hat Serres (1977) entwickelt. Insbesondere bezieht er die Landkarten des Mythos auf spezifische Topografien der Herrschaft. Eine psychoanalytische Lesweise der Beziehung von Landkarte und Gelände findet sich bei Rosolato 1978, eine literarische Verarbeitung bei Calvino 1974.

11 Das Prinzip der relativen Autonomie gründet sich in diesem Modell auf der doppelten Einschreibung ideologischer Praxen in das, was ich Landkarte und Gelände genannt habe. Die Unterscheidung

Um zu zeigen, wie so etwas in der Praxis funktioniert, sehen wir uns das System der Apartheid in Südafrika an. Auf der Ebene des »Geländes« bilden sich zwei getrennte Erfahrungsbereiche, der der Schwarzen und der der Weißen, heraus; die Topografie der Diskriminierung, die hier in jeder Hinsicht der Befehlsgewalt des Staates unterliegt, schränkt die schwarze Bevölkerung strukturell auf bestimmte Orte ein (wie etwa »homelands« oder Slumstädte, den untergeordneten Arbeitsmarkt, die Schattenwirtschaft, die Staatsbürgerschaft zweiter Klasse), wodurch die materielle Position, welche den Schwarzen durch die und in der rassistischen Ideologie zugewiesen wird, eine »unmittelbare« Bestätigung erfährt – »die Schwarzen taugen zu nichts anderem«. Zugleich bildet es aber das Terrain des schwarzen Widerstands und Kampfes, der die politische Geografie des Landes und damit auch das Bewusstsein eines Teiles der weißen Minderheit verändert. Doch sind Ausmaß und Richtung der Verschiebungen im Rassismus der Weißen nicht nur eine Reaktion auf den Druck der schwarzen Widerstandsbewegung oder der Wirtschaftssanktionen seitens des Auslands, denn diese Verschiebungen finden nicht nur auf der Ebene des Geländes, sondern auch auf dem der Landkarte statt.

zwischen Landkarte und Gelände, wie sie hier benutzt wird, entspricht nicht dem traditionellen Gegensatz zwischen Tiefen- und Oberflächenstruktur oder zwischen latenter und manifester Funktion. Landkarte und Gelände unterscheiden sich durch die jeweilige Art, in der sie durch Prozesse des Unbewussten und der Geschichte überdeterminiert sind. Diese theoretische Sichtweise hat einige Ähnlichkeiten mit den Arbeiten von Carter (1987). Aber sein Essay schuldet der Phänomenologie und dem Poststrukturalismus mehr als der Psychoanalyse und dem Kulturmaterialismus, und in diesem Sinne unterscheidet er sich vom hier entwickelten Ansatz.

Hier nun müssen wir einen Blick auf die von den Ideologen der Apartheid entwickelten Verschwörungstheorien werfen. Im Alltagsbewusstsein der Weißen wird die schwarze Widerstandsbewegung insgeheim von der »unsichtbaren Hand« des Weltkommunismus gelenkt und kontrolliert. In Wirklichkeit ist diese Hand natürlich ein Produkt der rassistischen Einbildung. Die von einem »Gesetz der getrennten Entwicklung« vorgenommene Aufspaltung der Schwarzen und Weißen erzeugt im Unbewussten wie auch in der Politik eine Wiederkehr des Verdrängten. Je brutaler der Angriff auf die schwarze Bevölkerung im verzweifelten Versuch, die »unsichtbare Hand« zu ergreifen und zu vernichten, desto größer ist die ihr zugeschriebene Macht. Doch wie durch ein Wunder überlebt sie, als eine Art Phantomglied des politischen Gemeinwesens, auch die »radikalste« Amputation, um die Apartheid mit der ihr unterstellten Allmacht heimzusuchen und das leider nur allzu materielle Gemetzel anzustacheln und weiter zu rechtfertigen. Gleichzeitig bleiben die schwarzen Hände, die das Wirtschaftsleben des weißen Südafrika in Gang halten, geradezu zwanghaft im Brennpunkt weißer Alltagsphantasien, das Objekt unbewusster und verleugneter Neidgefühle wie auch eine Quelle billiger Arbeitskraft. (Zur Geschichte und Struktur der Apartheid s. Woods & Bostock 1986. Man sollte vielleicht hervorheben, dass wir es im Falle von Südafrika nicht mit einer ethnischen oder Klassenhegemonie zu tun haben, sondern mit einem totalitären Regime. […] In diesem Fall gibt es kaum Versuche, die Zustimmung der schwarzen Bevölkerung zu ihrer Unterdrückung zu gewinnen. Der Kampf um die Herzen und Köpfe wird anderswo ausgetragen, im Ausland und im diplomatischen Bereich.)

Die Apartheid kann als Beispiel für eine starke Entsprechung zwischen Landkarte und Gelände dienen. Symbolische Topologie und politische Geografie spiegeln einander nur allzu genau wider, denn die Macht der rassistischen Einbildungskraft ist von der des Staates nicht getrennt. Viele Marxisten halten solche starken Formen des Rassismus für die maßgebenden – leider nicht nur, weil dort die intensivsten politischen Kämpfe ausgetragen werden, sondern auch, weil sie die Tendenz zu reduktionistischen Erklärungsmustern fördern.

Wenn wir uns Landkarte und Gelände als zwei Kreise vorstellen, so sehen wir, dass es verschiedene Möglichkeiten gibt: In einigen Fällen können sie deckungsgleich sein (wie im Fall der Apartheid), in anderen sich zum Teil überlappen oder gar ganz exzentrisch zueinander stehen und sich ohne direkte Verbindung gegenseitig aus der Distanz verstärken. Ein Beispiel für diese Möglichkeiten ist der unterschiedliche Gebrauch kolonialer Landkarten. Anfänglich waren sie direkte Hilfsmittel zur Ausbeutung und Eroberung; die »unbekannten« Kontinente von Indien und Afrika kartografisch zu erfassen war ein nur allzu materieller Schritt hin zu ihrer Unterwerfung. Doch das wiederum brachte eine neue politische Geografie der europäischen Besiedlung hervor, und genau diese Topografie der Macht musste, in einem zweiten Schritt, kartografiert werden. In diesem Prozess wurde die Geschichte der afrikanischen oder indischen Zivilisation ausgelöscht, und zwar auf der materiellen ebenso wie auf der symbolischen Ebene. Ein Beispiel für Letzteres ist die Rolle, welche diese Karten in den Klassenzimmern der staatlichen Schulen zur viktorianischen Zeit gespielt haben. Sie dienten, genau wie der an ihnen orientierte Geografieunterricht, dem Zweck, den Horizont der proletarischen Kinder über die Grenzen des Slumviertels hinaus zu erweitern und den Erdball mit einem angemessenen (oder besser: angemaßten) Gefühl imperialen Stolzes zu umfassen. Doch wenn diese Karten die rassistische Phantasie dieser Kinder auch entfachen mochten, so führte Letztere sie in eine ganz andere Richtung, zurück in ebenjene Viertel, aus denen man sie zu befreien gehofft hatte und wo, wie wir sahen, ihre eigenen territorialen Konstruktionen ihren lokalen Machtanspruch zugleich koordinierten und befestigten. Natürlich sind die imperialen (und imperialistischen) Karten längst aus den Klassenzimmern verbannt worden, doch war es, wie sich herausgestellt hat, nicht ganz einfach, sie dem Mülleimer der Geschichte zu überantworten. Denn kaum waren sie dort gelandet, wurden sie auch schon zu nostalgischen Symbolen, die das Ende des Empires repräsentierten, gerieten zu materiellen Zeichen einer »Welt, die wir verloren haben«, ja sogar zu touristischen Souvenirs eines »alten Landes«, und dementsprechend stieg (und steigt) ihr Marktwert. Auf diese Weise können sie in einem post-imperialistischen Zeitalter eine neue Rolle spielen (vgl. zu diesem Komplex Carter 1987 [die Kartografierung des Empire], Roberts 1971 und Mackenzie 1984 [Imperialismus als Erdkundestunde in der Grundschule], Gould & White 1986 [ethnozentrische Konstruktion geistiger Landkarten], Wright 1985 und Hewison 1987 [Geschichte als Warenform]).

Dergestalt verändern sich im Lauf der Zeit die Beziehungen zwischen Landkarte und Gelände fortwährend, und auf diese Weise können wir einige der subtileren Verschiebungen in der Geschichte der Ideologie aufspüren. Auch die Geschwindigkeit, mit der jede Ebene sich verändert, kann variieren. Bisweilen werden Landkarte und Gelände sich synchron zueinander verhalten, bisweilen können sie aus dem Gleichschritt geraten. Doch gibt es kein Gesetz der ungleichen und kombinierten Entwicklung, dessen Forderung lauten würde, ein Element müsse dem anderen immer und notwendigerweise hinterherhinken. Allerdings wird ein synchroner Zustand oftmals erst nach einer beträchtlichen Periode ungleichzeitiger Entwicklung erreicht. So machten etwa die angelsächsischen Rassendiskurse in der hochviktorianischen Epoche (zwischen der Sklavenbefreiung und der Blütezeit des Imperialismus) eine grundlegende Umgestaltung durch. Die traditionellen genealogischen Modelle wurden durch eine ganze Reihe neuer Theorien ersetzt. Doch der Übergang vom religiösen zum wissenschaftlichen Rassismus bedeutete zugleich eine Verschiebung der Codes, eine Neufassung der ideologischen Landkarte, welche auf dem politischen Terrain der »Rassenbeziehungen« keine unmittelbare Entsprechung fand. Das änderte sich erst mit der darauffolgenden Einführung neuer Kontroll- und Überwachungsmaßnahmen, wie etwa dem Gebrauch von Fingerabdrücken und anderer typologischer Mittel zur Absonderung gefährlicher Bevölkerungsgruppen (sowohl »zu Hause« als auch in den Kolonien). Nun wurden auch die kühneren Höhenflüge der rassistischen Einbildungskraft vom Radarsystem einer politischen *raison d'être* erfasst. Es war gerade die konjunkturell bedingte Autonomie der Rassediskurse, ihre lediglich lokal begrenzte Notwendigkeit, etwas »legitimieren« zu müssen, die ihre Blütezeit in der viktorianischen Epoche ermöglichte. Ebenso war es eine spezifische Verschiebung in den Machtstrukturen sowohl der Industrie als auch des Empire, welche die institutionellen Neuerungen der späteren Phase vorantrieb (vgl. Cairns 1965, Eldridge 1973; einen allgemeinen Überblick über diese Periode gibt es bei Hobsbawm 1986 und Lorimer 1978).

Rassistische Annahmen werden nur dann (und dort) zum Allgemeingut, wenn (und wo) Landkarte und Gelände direkt in eins fallen und die Bereiche der bewussten Erfahrung auf eine Weise organisiert sind, dass sie die unbewussten, tiefliegenden Strukturen von Mythos, Ritual und Phantasie immer schon bestätigen. Solange das Verhältnis von Gelände und Landkarte stabil ist, bleibt der selbstverständliche Charakter des Alltagsrassismus für gegenläufige Formen der Vernunft oder Erfahrung transparent und unzugänglich zugleich. Doch muss der Realismus der rassistischen Erzählweisen nicht davon abhängen, dass die alte Geschichte zum x-ten Mal wieder aufgewärmt wird; vielmehr wird er durch die Dynamik der von ihm selbst gesponnenen Handlungsfäden vorwärtsgetrieben. Wenn eine gipfelstürmerische »Herrenrasse« Positionen besetzen will, von denen aus sie auf alle anderen hinunterschauen und ihnen ihren Platz zuweisen kann, so muss sie fortwährend neue Berge aus alten Maulwurfshügeln machen. Die Beziehung zwischen Landkarte und Gelände ist selbst dann noch dynamisch, wenn sie einem umfassenden Stillstand zu unterliegen scheint. Die Frage, inwieweit rassistische Symbolisierungen einen wirksamen Zugriff auf die reale Welt ermöglichen, stellt sich erst dann, wenn ihre Legitimationsfunktion nebensächlich wird und/oder einer Rolle untergeordnet werden muss, die ein größeres Maß an Phantasie erfordert. Wie zaubert man einen Berg herbei, wenn keine Maulwurfshügel mehr in Sicht sind? Die rassistische Ideologie ist gerade hier am erfinderischsten.

Denn wenn die »Landkarte« dem »Gelände« nicht mehr entspricht, ist, was die Darstellung betrifft, nur noch der Himmel die Grenze. An diesem Punkt finden wir uns in ein ganz anderes diskursives Universum versetzt, das von jüdisch-freimaurerischen Verschwörungen und »rassistischen« Neutronenbomben beherrscht wird. Doch sollten wir, wie phantasmagorisch diese Bilder auch sein mögen, nicht vergessen, dass unter gewissen Umständen rassistische Träumereien das Leben anderer Menschen zum Albtraum machen können. Die ultimative rassistische Utopie, das Genozid, mag in der Hinsicht eine Fata Morgana sein, dass sie ein unerreichbares Ziel avisiert, denn es wird immer Überlebende geben. Doch die zwingende Macht der Fata Morgana begründet sich aus der Tatsache, dass sie ein existenzielles Verlangen befriedigt: Die rassistische Einbildungskraft kann genau dann ihre Wünsche für die Wirklichkeit halten, wenn ihre durch Trickeffekte hervorgebrachten Bedeutungen auf *keiner* real existierenden Landkarte mehr lokalisierbar sind und keinen Bestandteil irgendeines erkennbaren Geländes mehr bilden. Und der einfachste Weg, in einer ideologischen Landschaft ohne Maulwurfshügel aus einem Maulwurfshügel einen Berg zu machen, ist die Erfindung von Maulwürfen, die eifrig und unsichtbar das Gelände untergraben! Der Zweck von Verschwörungstheorien liegt gerade in der Konstruktion von solch abgründigen Begründungen. Wenn aber das so geschmiedete Komplott als allgemein einleuchtend erscheinen soll, mag es erforderlich sein, durch den Einsatz von *agents provocateurs* oder von Strategien der Desinformation die Grundlagen der materiellen Erfahrung selbst zu verändern. Solche Theorien sind niemals »nur« Erzeugnisse der Phantasie. Sie funktionieren oft als sich selbst erfüllende Prophezeiungen. Wenn ich sie als Fata Morgana bezeichne, so nicht, um mich ihrer zu entledigen, sondern weil ich Bezug nehme auf ihre besonderen Existenzbedingungen hinsichtlich a) einer tiefgreifenden Instabilität der Bedeutungen, die in bestimmten politischen Klimaverhältnissen anzutreffen ist, und b) der Rolle, die Verschwörungen spielen, indem sie diesen Bedeutungen eine gewisse Kohärenz und Tiefenwirkung verleihen (zur Logik rassistischer Verschwörungstheorien s. Poliakov 1980 und Sibony 1981). Doch gibt es neben den rassistischen Verschwörungstheorien noch andere Trickeffekte. Die Vorspiegelung falscher Identitäten seitens jener Weißen, die sich »schwarz anmalen«, haben wir bereits erwähnt. Doch erscheint derlei rituelles Transvestitentum als harmlos, wenn man es mit den Kunstgriffen vergleicht, die im Namen der Humanwissenschaften ersonnen wurden. So gingen zum Beispiel Anthropologen, die in den Kolonien ihre Studien trieben, äußerst kühn davon aus, dass ihre ethnografischen Methoden geeignet wären, die Wesenszüge der Stammesgesellschaften »einzufangen«und zu »durchdringen«. Doch machten die von ihnen angelegten Tabellen über Verwandtschaftsbeziehungen die Erfahrungen von Schwarzen unter und mit dem Kolonialismus keineswegs verständlich, sondern demonstrierten lediglich die Arbeitsweise einer bestimmten Art von Rationalität, die, vor allem in ihrer Tendenz zu Abstraktion und Universalisierung, dem Imperialismus europäischen Denkens verhaftet bleibt. Daraus können zwei verschiedene politische Lehren gezogen werden. Einerseits konstruiert das Terrain der Unterdrückung die Erfahrung dergestalt, dass sie der Perspektive des Unterdrückers verschlossen bleibt, obwohl ihre Auswirkungen nicht gänzlich aus seiner Landkarte getilgt werden können. Andererseits folgt daraus nicht, dass die von den rassistisch Unterdrückten spontan entworfenen Landkarten des Rassismus notwendigerweise »richtig« sind. Denn auch in diesem Falle ist das Gelände nicht die Landkarte. Der Versuch, diese beiden Ebenen zusammenfallen zu lassen, verweist nur auf ihre de facto unaufhebbare Differenz.

Aus diesem Modell ergeben sich bestimmte Schlussfolgerungen für antirassistische Strategien. So könnte zum Beispiel argumentiert werden, dass schwarze Kinder keine Landkarte brauchen, um sich im multirassistischen Großbritannien zurechtzufinden. Das Gelände, auf dem ihr Alltagsleben sich abspielt, wird durch den Rassismus der Straße und des Staates bestimmt, sie kennen es »wie ihre Westentasche«. Das mag wohl wahr sein. Doch was auf der einen Ebene eine Stärke darstellt, kann auf der anderen eine Schwäche sein. Die Rolle des offiziellen Dolmetschers und Fremdenführers soll anderen überlassen bleiben, und in diesem Zusammenhang gewinnt die Entstehung einer organischen schwarzen Intelligenzschicht ihre volle geschichtliche Bedeutung, auch dort, wo sie einen *roots*-Radikalismus erzeugt, der aus anderen Gründen problematisch ist. Noch drängender wird das Problem angesichts der Frage, wie (und ob) weißen Kindern der Erfahrungshorizont der Schwarzen zu vermitteln wäre. Oftmals sollen sie die Rolle von Touristen auf der Jagd nach »multikulturellen« Souvenirs spielen. Wenn sie dadurch direkten Zugang zu Formen der Gemeinschaft und Kultur der Schwarzen erhalten, neigen sie unvermeidlich dazu, sich das herauszusuchen, was in ihre bereits vorhandenen Landkarten »proletarischer Ethnizität« sich einfügen und im rassistischen Alltagsleben als Qualifikation verwenden lässt. Die Kritiker, die mit Recht darauf verweisen, dass dieser Ansatz die Wurzeln des alltäglichen Rassismus unberührt lässt, fallen prompt ins andere Extrem. Sie argumentieren – gewissermaßen spiegelverkehrt –, dass weiße und schwarze Jugendliche durch materielle Bedingungen zu gemeinsamen Erfahrungen gelangen, wodurch eine gemeinsame Widerstandskultur und sogar eine neue, revolutionäre Landkarte der Gesellschaft ermöglicht werde. Unglücklicherweise deutet alles darauf hin, dass sowohl weiße wie schwarze Jugendliche auf Arbeitslosigkeit in höchst verschiedener Weise reagieren, wobei die Reaktionsformen von einer ganzen Skala situativ bedingter Faktoren abhängen, und nicht einfach aus den materiellen Bedingungen »abgelesen« werden können (vgl. Cashmore 1986 und Hewitt 1986).

Das Problem besteht also darin, dass die meisten antirassistischen Interventionsversuche nur eine Dimension – entweder die Landkarte, oder das Gelände – berücksichtigen. Doch lässt sich mit dem institutionalisierten Rassismus nicht automatisch die Macht der rassistischen Einbildungskraft beseitigen; diese wird auch noch dann in den Medien der Massenkultur blühen und gedeihen, wenn ihre staatlicherseits verordneten Blüten verwelkt sind. Vielmehr kann es durchaus sein, dass sie in dem entstandenen Vakuum neue Territorien absteckt. Gleichermaßen kann es für die politische Geografie der »Rassenbeziehungen« von großem Nutzen sein, wenn man die *National Front* von den Straßen vertreibt, doch wirkt sich so etwas nicht auf das rassistische Bild des politischen Gemeinwesens aus, das Tag für Tag durch Gerüchte, Klatsch und Beleidigungen (von der Regenbogenpresse ganz zu schweigen) reproduziert wird. Und wenn im Klassenzimmer der Beweis für die Unsinnigkeit rassistischer Argumente angetreten wird, so verringert das nicht notwendigerweise die Anziehungskraft von Verschwörungstheorien als einer Quelle von Mythen und Phantasien, die dann auf dem Spielplatz körperlich und verbal ausagiert werden.

Eindimensionale Ansätze sind unfähig, jene Artikulationsprinzipien zu erfassen, durch die der Rassismus zum Bestandteil des Alltagsbewusstseins wird, und können so auch nicht die Haltungen verändern, mittels derer die Ideologie sich selbst reproduziert. Das *Racism Awareness Training* (RAT, dt. etwa: Training zur Bewusstmachung des Rassismus) hat sich vorgenommen, auf beiden Ebenen zu arbeiten, um Weißen ein Bewusstsein ihrer persönlichen Eingebundenheit in rassistische Politik- und Praxisformen zu vermitteln. Doch wird hier nur die Verbindung zwischen Herrschafts- und Verleugnungsstrategien gezogen, wobei es einzig um die oberflächliche Darstellung dieser Strategien in der Individualpsychologie oder der Gruppendynamik geht. Die materiellen ideologischen Kampffelder bleiben dabei ebenso ausgeklammert wie die tieferen, unbewussten kartografischen Entwürfe der rassistischen Einbildungskraft. Am Ende lässt *RAT* die Weißen mit einem Gefühl der Hilf- und Hoffnungslosigkeit angesichts ihrer kollektiven geschichtlichen Verantwortung für die Unterdrückung der Schwarzen zurück. Der einzig mögliche Schutz gegen dies überwältigende Gefühl »angeborener Schuld« besteht darin, die persönliche Erlösung durch die Erlösung der Welt zu suchen; das nur allzu vorhersehbare Ergebnis dieser Suche ist ein politischer Messianismus, der in all seinen charakteristischen Vorgehensweisen genau jene Vorurteilsformen spiegelverkehrt reproduziert, die er vermeintlich angreift. (Die Methode von *RAT* ist entwickelt bei Katz 1978 und kritisiert bei Sivanandan 1985. Zur Psychopathologie des politischen Messianismus s. Cohn 1957.)

Ein alternativer Ansatz antirassistischer Erziehung muss von einer theoretischen Position ausgehen, die den heimlichen Lehrplan der rassistischen Ideologie ans Tageslicht bringen kann. Doch wo mag dieser Lehrplan versteckt sein, wenn nicht in der Geschichte der Erziehung selbst? Von daher kann ein kurzer kartografischer Abriss jener Codes, die die »zivilisatorische Mission« der Erziehung beeinflusst haben, als nützlicher Führer dienen, bevor wir uns in das Minenfeld gegenwärtiger pädagogischer Diskussionen begeben.

Stammbäume des britischen Rassismus (The codes of breeding)

[...]

Die rassistische Abstammungsproblematik führt zu einer spezifischen *Perversion* von Vererbung. Im normalen Verlauf des Generationenwechsels wächst das Kind auf, um den Platz oder die Funktion der Eltern zu ererben, und diese Aufeinanderfolge von Positionen schließt einen Machttransfer mit ein. Doch dafür lassen die Entwicklungsgesetze des Rassismus keinen Raum mehr. Eine untergeordnete »Rasse« darf nur dann »erwachsen« und »zivilisiert« werden, wenn sie ihr Geburtsrecht (d.h. ihr eigenes kulturelles Erbe) von vornherein aufgibt, um an seiner Stelle ein auf keinerlei Objekte mehr bezogenes Patrimonium zu empfangen, das ihren Ursprung und ihr Schicksal regelt. Dieser Prozess des ungleichen Austauschs liegt dem ganzen zivilisatorischen Unternehmen zugrunde und birgt heute keine Geheimnisse mehr. Sein direkter Bezug auf die von der rassistischen Einbildungskraft entworfenen moralischen Anatomien ist jedoch eher verborgen geblieben.

Wenn im Signifikanten, der das Patrimonium bezeichnet, »Rasse« an die Stelle von Generation tritt, spalten sich die Bilder der geschlechtlichen Reproduktion auf besonders perverse Weise. An einem Pol befindet sich das Körper-Ideal einer Herrenrasse: ein jungfräulich empfangener Ahnenkörper, der genau deshalb begehrenswert ist, weil er nichts zu begehren übrig lässt. Bezogen auf Großbritannien ist es, wie wir gesehen haben, eher ein von Vernunft und Verfeinerung als von »blauem Blut« geprägter Körper, der sich – und das macht das »Ideale« an ihm aus – innerhalb dieser imaginären Vererbungsbeziehungen unaufhörlich *regeneriert*, indem er sowohl seine Sexualität als auch seine Geschichte unterdrückt. Doch kommen sie im Bild des für die unterdrückte Klasse entworfenen Körpers »zur Hintertür« wieder herein. Es ist dies ein Körper, dem alles Begehrenswerte entzogen wurde, ein aus verunstalteten Teilen zusammengesetzter Körper, der nur durch das Bild seiner Monstrosität eine Einheit erhält. In seiner polymorphen Perversität repräsentiert dies Monstrum eine ausschließlich *entartete* Macht der Reproduktion; seine Sexualität macht Geschichte »auf der dunklen Seite«, als unsichtbare Hand, als geheimes Prinzip der Katastrophe. Auf diese Weise tauchen Sexualität und Geschichte, die die in sich geschlossene Reproduktion der Herrenrasse bedrohen und von deren Körperideal ausgeschlossen wurden, unter einem negativen Zeichen in der Zirkulationssphäre wieder auf, um dort mit der anarchischen Anwesenheit der untergeordneten »Rasse« assoziiert zu werden. Diese Kartografie eröffnet ihrerseits einen Raum, der die Verortung eingewanderter Arbeitskräfte im Feld rassistischer Mythen und Phantasien ermöglicht. Doch wenn diese Arbeitskräfte zum speziellen Objekt einer solchen *»anti body politic«*[12] gemacht werden, ist das nicht nur auf die Anstrengungen der rassistischen Einbildungskraft zurückzuführen, sondern entspricht der materiellen Position der Einwanderer im kapitalistischen Ausbeutungssystem. Das Kapital braucht Reservearmeen, die gemäß den anarchischen Bedürfnissen des Marktes frei zirkulieren können und deren Arbeitskraft von Tag zu Tag reproduziert werden muss, *nicht aber* von Generation zu Generation, weil das beträchtliche Staatsausgaben nach sich ziehen würde. In dieser Hinsicht scheinen die Einwanderer genau das Richtige zu sein, doch nur unter der Bedingung, dass sie sich nicht häuslich niederlassen oder lauthals Ansprüche auf soziale Gerechtigkeit stellen. Denn an diesem Punkt spitzt sich der Widerspruch zwischen der Zirkulation und der Reproduktion ihrer Arbeitskraft zu. Unter den gegebenen Bedingungen macht gerade ihre Mobilität sie zu einer amorphen politischen

12 Dieser Terminus lässt sich im Deutschen nicht adäquat wiedergeben, weil er zwei metaphorische Konnotationen in eins fasst: zum einen den »body politic«, das politische Gemeinwesen, das durch den Präfix »anti« gewissermaßen zum Gemeinunwesen wird, zum anderen die »anti body«-Politik, d.h. eine Politik der Antikörper, die, ganz im medizinischen Sinn, darauf abzielt, gegen die Viren (Einwanderer, Schwarze, Flüchtlinge etc.) im politischen Gemeinwesen Gegenmittel (eben rassistische Antikörper) auszubilden. Gerade dadurch aber verleugnet sich das politische Gemeinwesen als Gemeinwesen, es grenzt »die Anderen« als Fremdkörper aus der (staatlichen oder nationalen) Gemeinschaft aus. (Anm. d. Ü.)

Bedrohung, wenn sie aber Wurzeln schlagen, erscheinen sie als eine untragbare ökonomische Belastung. Die ideologische Konstruktion des Abstammungs-Codes bringt diesen Widerspruch in verschobener und verdichteter Form zum Ausdruck. Dieser operationale Vorgang, den ich in der Folge seiner Formen zu beschreiben versucht habe, ist im Folgenden als Diagramm dargestellt.

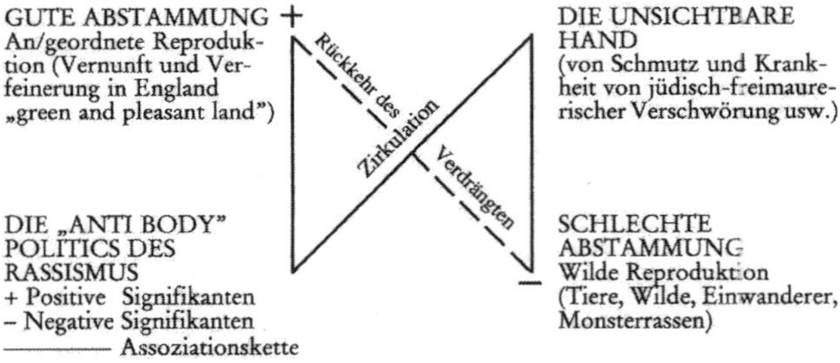

Der Code schmiedet auf diese Weise eine Kette von sowohl realen als auch imaginären Entsprechungen zwischen den Positionen der Herren-/Sklavenrasse (Landkarte) und den Eigenschaften von Kapital/Arbeit (Gelände); in dem Prozess wird ein struktureller Widerspruch (Reproduktion/Zirkulation) sowohl »falsch« erkannt als auch auf magische Weise gelöst – und zwar durch eine *doppelte* Reihe von Beziehungen zum politischen Gemeinwesen. (Den Körper als »natürliches Symbol« realer Herrschaftsbeziehungen hat Douglas [1970] untersucht, seine soziale Funktion als Träger imaginärer Herrschaftsbeziehungen Dolto [1984]. Der Begriff »body politic«, wie er hier benutzt wird, stützt sich auf die doppelte Funktion des Körpers auf der Ebene von Gelände und Landkarte. Zur Kulturgeschichte des Körpers s. Kern 1975.) Diese doppelte Einschreibung wird immer dann vorgenommen, wenn der Code auf wirksame Weise totalisiert wird und alle seine (theoretischen, moralischen, verhaltensbezogenen) Ebenen in eine einzige, umfassende Reihe von ideologischen Praxen integriert werden können. Der Code kann dann schweigend oder in verbal ausgearbeiteter Form wirken, kann als politisches Programm oder als moralische Norm verkündet oder einfach ausagiert werden, ohne seine hegemoniale Rolle zu verändern, die darin besteht, abzusichern, dass es *keinen* Kontext gibt, in dem Juden, Schwarze, Iren usw. nicht – ganz alltäglich-selbstverständlich – als Wesen zweiter Klasse behandelt werden.

Normalerweise erfordert dies die Institutionalisierung des Codes, entweder durch den Staatsapparat oder durch die Alltagsrituale der »legalen« Subjektproduktion, durch die die Zivilgesellschaft (*civil society*) sich konstituiert, oder durch beides. Doch aufgrund des Spannungsverhältnisses zwischen Zivilgesellschaft und Staat ist die Hegemonie niemals vollständig, und dies muss, damit die »doppelte Einschreibung« stattfinden kann, auch gar nicht der Fall sein. Betrachten wir etwa den Fall der schwarzen Minderheit im Großbritannien der Nachkriegszeit. Hier haben Strategien des staatlichen Rassismus ihre Kräfte mit den rassistischen Vorurteilen der Arbeiterklasse auf der Ebene des »Geländes« vereint, während beide unabhängig voneinander die Landkarte des »British way of life« gezeichnet haben. In anderen Fällen können ethnische Minderheiten sich in bestimmten Regionen der Diskriminierung gefangen finden, ohne die rassistische Einbildungskraft zu entfachen; ein Beispiel dafür wären die Gemeinschaften der griechischen oder türkischen

Zyprioten. Wiederum kann eine Gruppe volkstümliche Mythen und Phantasien auf sich konzentrieren, gerade weil sie erfolgreich aus jenen Positionen ausgebrochen ist, die man ihr in der Topografie der Macht zugewiesen hatte. Die zweite Generation der jüdischen Auswanderer ist dafür ein offenkundiges Beispiel. Auf diese Weise kann ein und dieselbe Gemeinschaft im Verlauf ihrer Geschichte die Position wechseln, so wie verschiedene Schichten innerhalb dieser Gemeinschaft mehr oder weniger totalisierten Formen des Rassismus unterworfen werden können. Mit Hilfe dieses Modells ist es vielleicht möglich, die Prinzipien der Kovarianz zwischen den Schnittlinien bestimmter ethnischer Gruppen und die Prinzipien der spezifischen Formen des Rassismus, denen sie unterworfen wurden, so zu bestimmen, dass nicht das eine auf das andere reduziert wird. Bevor man sich eine solche Analyse zutrauen könnte, bedürfte es jedoch umfänglicher und konkreter vergleichender Forschungen. Immerhin können auf der Grundlage der vorangegangenen Diskussion ein oder zwei vorsichtige Schlussfolgerungen gezogen werden, die sich auf die Besonderheiten des britischen Beispiels beziehen. Der Abstammungs-Code entwickelte sich in und durch aufeinanderfolgende historische Kompromisse zwischen verschiedenen Fraktionen der herrschenden Klasse; er spielte eine zentrale Rolle bei der Verschweißung der Verbindungen zwischen ethnischer und Klassenhegemonie und bei der Organisation der zivilisatorischen Mission; von Anbeginn an waren kulturelle und biologische Signifikanten integrale Bestandteile seiner Idiomatik. Diese Ausdrucksformen waren eher komplementär als gegensätzlich und dienten dazu, einen Ursprungsmythos der Klasse zu schaffen, der sich auf einer »rassisch« definierten Ethnizität gründete. Und schließlich war eine perverse (gespaltene) Symbolisierung von Erzeugung (*generation*) und Sexualität ein Wesenszug seiner Verfahrensweise; diese Symbolisierung diente dazu, Vernunft und Verfeinerung als Erbgüter in eine Sichtweise von Vererbung einzuschreiben, für die Herkunft und Aufzucht »im Blut lagen«.

Vielleicht sollte noch auf zwei allgemeinere Punkte hingewiesen werden. Erstens ist die rassistische Ideologie, auch wenn ihre Reichweite auf Totalität angelegt sein mag, nicht notwendigerweise totalitär. Sie wird es erst dann, wenn die Hegemonie zusammenbricht und rassistische Normen der Gesellschaft durch die Staatsgewalt direkt aufgezwungen werden. Die Entwicklung eines spezialisierten Apparats von »Rassenbeziehungen« hat die Entstehung einer solchen Situation im Großbritannien der Nachkriegszeit erfolgreich verhindert. Die Funktion eines solchen Managements besteht darin, den Abstammungs-Code zu enttotalisieren, ethnische Minderheiten als abgetrennte und untergeordnete Fraktionen der Arbeiterklasse oder der gehobenen Berufsstände zu absorbieren und zugleich den Rassismus der breiten Massen in Schach zu halten. Durch dieses Bündel von Eingriffen hat die zivilisatorische Mission schließlich mit Erfolg ein eigenes und besonderes politisches Gemeinwesen hervorgebracht (eine konkrete Analyse der Verknüpfung von rassistischen Codes und faschistischer Ideologie leistet die Pionierarbeit von Faye 1980, die »enttotalisierende« Funktion des Apparates der »Rassenbeziehungen« untersucht Sarup 1986). Zweitens: Je totalisierender der Code, umso fragmentarischer und kontextabhängiger werden andere, untergeordnete Formen des Rassismus. Je mehr der Rassismus der Arbeiterklasse im staatlichen Erziehungssystem zum »Geächteten« wurde, desto selektiver und intensiver operierte er in der Gemeinschaft. Doch wenn wir verstehen wollen, warum dies geschieht und warum es gerade dem Rassismus der herrschenden Klasse gelingt, zur herrschenden Ideologie des Rassismus in der Gesellschaft zu werden, dann sind wir gut beraten, unsere Aufmerksamkeit den »von unten« auftauchenden Quellen und Orten des alltäglichen rassistischen Vorurteils zu widmen. Ihnen werden wir uns nun zuwenden.

Tarzan – Rassismus in der Alltagskultur

[…] Warum sind die von mir beschriebenen kontextabhängigen Formen des rassistischen Vorurteils so schwer in den Griff zu bekommen? Ein Grund besteht darin, dass sie auf einer Reihe von nicht explizit artikulierten Positionen beruhen, die ihrerseits tief in der Massenkultur und ihren Helden verwurzelt sind. Ich fragte meine Gruppe von Dreizehnjährigen, mit wem sie sich am liebsten vergleichen würden. Viele Namen von Popmusik- und Sportstars wurden erwähnt, aber sie konnten sich nicht einig werden. Dann gestand ein Junge mit leicht verschämter Miene, dass Tarzan der Held seiner »Kindheit« gewesen sei, und sofort stimmte die ganze Gruppe zu: Wenn es nach ihnen ginge, wäre Tarzan als Vorbild immer noch schwer in Ordnung! Auf den ersten Blick hat die anhaltende Popularität des Tarzan-Mythos nichts besonders Geheimnisvolles. Er repräsentiert ein männliches Körperideal, in dem der ganze Abstammungs-Code enthalten ist. Er ist im wahrsten Sinne des Wortes ein edler Wilder, ein Sohn aristokratischer Eltern, der, alleingelassen, als

»Wolfskind« im afrikanischen Dschungel aufwuchs. Im Gegensatz zur tatsächlichen englischen Aristokratie wurde er nicht durch den diskreten Charme der Bourgeoisie verdorben und verfügte über einen Körper, der nichts zu wünschen (aber auch nichts zu begehren) übrig ließ. Dieser Körper wird *nicht* durch den Geschlechtsunterschied definiert – Jane dient eher zur Bestätigung seiner narzisstischen Eigenschaften –, aber er drückt die absolute Identität mit seiner Klassen- und »Rassen«herkunft aus. Denn »der Apfel fällt nicht weit vom Stamm«, und Tarzan ist sehr bald der Herr des Dschungels; er herrscht, so weit sein Auge reicht. Und wie alle klugen Zivilisatoren lernt er die Sprache der Eingeborenen (hier der Tiere), damit sie tun, was er ihnen gebietet. Noch wenn er der Wildnis am nächsten ist, Urlaute ausstößt und schreit, bleibt er ein geborener Aristokrat von »natürlichem« Adel (Street 1975 und Newsinger 1986 untersuchen Tarzan und den edlen Wilden als Themen der Massenkultur). Jedoch haben die Jungen die Geschichte auf andere Weise »gelesen«, als der Handlungsfaden es in der herrschenden Version des Codes nahelegt. Für sie war Tarzan vor allem ein *weißer Affe,* d. h. jemand, der all die physischen Qualitäten besaß, die sie sowohl an Affen wie auch an Schwarzen heimlich bewunderten. Indem sie sich mit Tarzan identifizierten, konnten sie seine Vorzüge übernehmen, ohne sich mit Affen und Schwarzen in Beziehung setzen zu müssen. Mehr noch, als ein »Wolfskind«, das groß herauskommt und den Sprung nach oben schafft, ohne sich den herrschenden Gepflogenheiten des Bildungsbürgertums anpassen zu müssen, symbolisiert Tarzan eine Haltung, mit der gerade Kinder der Arbeiterklasse sich zumindest teilweise identifizieren können. In ihren Stadtvierteln Tarzan zu spielen berechtigte sie dazu, sich »wie die Wilden zu benehmen« und zugleich ihre Überlegenheit als »Herren des urbanen Urwalds« gegenüber den Schwarzen *und* der zivilisatorischen Mission zu behaupten. Auf diese Weise vollbrachten sie die Quadratur des Kreises, den Code, der sie als minderwertig abstempelte, zum Zeichen ihrer Überlegenheit zu machen: zum Symbol ihres ererbten Vorzugs, nicht nur weiß und männlich, sondern auch »in der Wolle gefärbte« Kinder der Arbeiterklasse zu sein.

[...]

Feministinnen und Antirassisten haben viel Arbeit investiert, um Tarzan (und anderen populären Repräsentanten des Rassismus) das Geschäft zu verderben und sie durch positive Bilder und alternative Helden und Heldinnen zu ersetzen. Dem Unternehmen war nicht viel Erfolg beschieden; zum Teil wegen der autoritären und unsensiblen Art der Durchführung, zum Teil auch deswegen, weil die Dynamik des alltäglichen Rassismus unbegriffen blieb. Darüber hinaus steckte in vielen neueren Initiativen, die sich um größere Chancengleichheit im Erziehungssystem bemühten, eine undialektische Sichtweise von »Rasse«, Klasse und sozialem Geschlecht. Man ging einfach davon aus, dass es sich hierbei um gleichgeartete Strukturen handelt, so dass es genügt, die eine zu untergraben, um die anderen zu schwächen, woraus wiederum folgt, dass die auf einem Gebiet erfolgreiche Methode auch anderwärts Verwendung finden kann. (Ein Beispiel für das Zusammenfallen von »Rasse«, Geschlecht und Klasse ist die Arbeit von Brittan & Maynard 1984.) Ich habe versucht zu zeigen, warum diese Annahmen falsch sind. Es gibt kein festgelegtes oder unmittelbares Prinzip der Entsprechung. Sexistische Phantasien können in einer Situation der rassistischen Beschimpfung die Beleidigung hinzufügen und in der nächsten weiße und schwarze Jungen in männlich-chauvinistischem Imponiergehabe vereinen. Ebenso kann der gemeinsam erfahrene Sexismus in einem Kontext Mädchen vereinen, in einem anderen sie durch die Wirkungsweise rassistischer Doppelmoral in Gegensatz zueinander bringen.

Ebenso ist die Art und Weise, wie die antirassistische Botschaft innerhalb der schulischen Übermittlungswege bei den Empfängern ankommt, überdeterminiert. Wenn z.B. ein schwarzer Lehrer einen weißen Schüler wegen einer rassistischen Bemerkung bestraft, so überträgt diese Handlung implizit eine Botschaft, die von außerhalb des Klassenraums kommt und deren Inhalt besagt, dass die schwarze Gemeinschaft, welche der Lehrer hier repräsentiert, rassistischen Pöbeleien nicht tatenlos zusehen, sondern alle ihr zur Verfügung stehende Macht einsetzen wird, um sich zu verteidigen und weitere Angriffe zu verhindern. Doch wenn der Lehrer zufällig eine Frau und der Schüler männlich ist, gewinnt die Bestrafungsaktion einen ganz anderen Charakter – wie wenn eine Mutter ihr ungehorsames Kind zur Ordnung ruft –, und ihr wird sowohl (oder besser: eher noch) auf der sexistischen als auch auf der rassistischen Ebene Widerstand entgegengesetzt. Wenn aber der antirassistische Lehrer auch noch weiß ist, wird der Schüler dessen Eingreifen eher vor dem Hintergrund von Klassenbeziehungen decodieren und als Ausdruck einer willkürlichen staatlichen Autorität verstehen, die »mit den Schwarzen gegen uns gemeinsame Sache macht«.

Die Existenz solcher Variablen deutet auf die Notwendigkeit einer allumfassenden politischen Strategie. Die

Schwierigkeit liegt an dieser Stelle allerdings darin, dass das Aushandeln kultureller Bedeutungen zwischen jungen Menschen, das die Verbindung zwischen Rassismus und Sexismus reproduziert *und zugleich* infrage stellt, oftmals Bestandteil eines umfassenderen Prozesses ist, in dem sich ein klassenbezogener Widerstand gegen die zivilisatorische Mission der Schule manifestiert. Wenn nun (und insoweit) die Pädagogik auf diesen Kampfplätzen eingreift, kann sie durchaus eine Reaktion provozieren, die alle negativen Aspekte schulischer Gegenkultur verstärkt; so können die in der weißen Arbeiterklasse bereits umlaufenden rassistischen Idiome sich mit anderen Formen antischulischen Ressentiments zusammenschließen und diese legitimieren. Es ist einleuchtend, dass rassistische Jugendorganisationen eine solche Situation ausbeuten können (und dies auch tun). Wenn wir unsere Position verstärken wollen, um solchen Entwicklungen besser vorzubeugen, müssen wir jene Voraussetzungen näher ins Auge fassen, die unseren eigenen antirassistischen Praktiken und politischen Strategien zugrunde liegen.

Gründe, (nicht) rassistisch zu sein

Eine berühmte Radierung von Goya mit dem Titel »Der Schlaf der Vernunft erzeugt Ungeheuer«[13] zeigt den über seinen Arbeitstisch gesunkenen Künstler von einer Schar unheimlicher, fledermausähnlicher Geschöpfe umgeben – Phantome der Einbildungskraft, die sich aus dem Griff des wachen Verstandes befreit haben. Dies Bild ist zu einem Symbol des Projekts der Aufklärung geworden: Die

13 Bzw. »Der Traum der Vernunft erzeugt Ungeheuer«. Das spanische Wort »sueño« bedeutet beides. (Anm. d. Hg.)

aufrührerisch-verborgenen Aspekte der menschlichen Persönlichkeit werden zur Preisgabe ihrer Geheimnisse gebracht, damit man sie besser verstehen und kontrollieren und die Gesellschaft nach Maßgabe von Ordnung und Vernunft organisieren kann. Dies Projekt überlebt heutzutage nirgendwo stärker als in der Rolle, die den Sozialwissenschaften und der Pädagogik im Kampf gegen die Ungeheuer des Vorurteils der breiten Massen zugedacht wird. Würde Goyas Radierung heute neu zu Papier gebracht, so zeigte sie Vernunft und Rassismus im Kampf auf Leben und Tod um die Herzen und Köpfe der jungen Generation.

Mein Argument besagte, dass dies Bild falsch ist. Die Praxis der Vernunft ist tief in die Geschichte des angelsächsischen Rassendiskurses eingelassen. Wenn nämlich die Geschöpfe der rassistischen Einbildungskraft die Intelligenz aus ihrem Schlummer geweckt haben, so nur, damit diese sie als Grundlage neuer Techniken der Überwachung und Kontrolle operationalisieren und rational verfügbar machen oder als weiteren Beweis für den »primitiven Aberglauben«, der die Massen beherrscht, ins Feld führen konnte (vgl. Bauman 1984).

Vor allem Lehrer, von denen man immerhin annimmt, dass sie das vernünftige Verhalten der Jugendlichen prägen und hüten, neigen zu dieser letzteren Ansicht. Die am weitesten verbreitete Theorie über die Ursachen des alltäglichen Rassismus hält diesen immer noch für das Produkt von Unwissenheit und/oder irrationaler Angst – eine Sichtweise, die oft mit einem Modell defizitärer Arbeiterklassenkultur verknüpft ist. Im Lehrerzimmer ist man sich darüber einig, dass »die Kleinen« nun mal rassistisch sind, weil ihre Eltern oder ihr soziales Umfeld sie, was Intelligenz und Erfahrung betrifft, mit allzu knappen Ressourcen ausgestattet haben, so dass sie unfähig sind, differenziert an die Differenz heranzugehen. Dagegen wird die Kultur der Mittelschicht für gewöhnlich als Hort der Toleranz, des Verständnisses, der Anerkennung von Unterschieden und anderer liberaler Werte aufgefasst. Antirassistischer Unterricht wird so unversehens in den Traditionalismus einer zivilisatorischen Mission gegenüber der Arbeiterklasse eingebunden. Vernunft und Toleranz werden zum Vorrecht der »gebildeten Schichten«, während der Rest mit »Unvernunft« und Rassismus geschlagen ist.

Doch wird gerade mittels dieser Konstruktion ein spezifischer Rassismus der Mittelschicht mobilisiert, d. h. ein Rassismus, der von der Ideologie einer angeborenen Intelligenz und natürlichen Begabung ausgeht und das ebenso natürliche Nicht-Vorhandensein dieser Eigenschaften bei den weniger günstig Ausgestatteten konstatiert. Die Lehrer mögen eine solche Position für antirassistisch halten, in Wirklichkeit aber lenken sie lediglich ihr (mittel)schichtspezifisches Vorurteil von schwarzen auf weiße Schüler aus der Arbeiterklasse um. Dies wiederum erzeugt eine merkwürdige Doppelmoral in Hinsicht auf rassistische Äußerungen im Klassenzimmer. Die Lehrer sind äußerst hellhörig für mögliche rassistische Andeutungen im Verhalten jener Schüler (vor allem Jungen) aus der Arbeiterklasse, die sie bereits in anderen Zusammenhängen als »Sorgenkinder« betrachtet haben. Doch sind sie sehr viel nachsichtiger (oder gar blind) gegenüber den eher subtilen rassistischen Einstellungen von Schülern und Schülerinnen der Mittelschicht, die sie ohnehin für »sensibel« halten.

Betrachtet man also den Rassismus als ein unlogisches Konglomerat von Ideen und die Arbeiterkultur als von irrationalen Mächten durchherrscht, fällt es nicht weiter schwer, die beiden für wahlverwandt zu halten und daraus entsprechende Argumentationen abzuleiten. Dementsprechend wird argumentiert, dass schwarze Einwanderer als Sündenbock für die materiellen und sozialen Probleme unterprivilegierter weißer Bevölkerungsschichten herhalten müssen, weil diese die eigentlichen Problemursachen nicht verstehen. Folglich begegnet man dem am besten mit vernünftiger Argumentation, die erklärt, woher die Arbeitslosigkeit tatsächlich kommt. Unterrichtsmaterialien, die wahre geschichtliche Tatsachen über das Empire oder über Migrationsursachen vermitteln, können Arbeiterkindern zur Erkenntnis verhelfen, dass Schwarze und Weiße gemeinsame Probleme haben und dass Staat und Kapital ihre wahren Feinde sind. Diese Art von rationalistischer Pädagogik ist nicht nur deshalb problematisch, weil sie auf einer unangemessenen Theorie des Rassismus beruht; ihr entgeht vor allem die Tatsache, dass der populare Rassismus nicht auf »Theorien« im Sinne von ausgearbeiteten Gesellschaftslehren beruht. Wie wir gesehen haben, handelt es sich in erster Linie um eine verhaltensorientierte Ideologie, die sich kultureller Alltagspraxen bedient, um elementare Körperbilder des (eigenen) Selbst und des (fremden) Anderen zu formen. Die rassistische Einbildungskraft konstruiert ihre eigenen Wahrnehmungsobjekte und konsensorientierten Bewertungsverfahren auf eine Weise, die der Logik von Theorien nicht zugänglich ist. Nachhilfestunden in Sachen »Rassenbeziehungen« sind nur Wasser auf ihre Mühlen. Darüber hinaus erfordert ein solcher Ansatz eher akademische Unterrichtsmethoden, bei denen sich viele Schüler (und vor allem solche, die der Schule schon entfremdet sind) zu Tode langweilen. So verbinden sich der Widerstand gegen das pädagogische Medium *und* der gegen dessen antirassistische Botschaft und sorgen dafür, dass diese Schüler schließlich den Erwartungen der Lehrer entsprechen und sich als (angehende oder fertige) Rassisten entpuppen. (Eine rationalistische Pädagogik, die in einer traditionellen Lesweise des Marxismus gründet, ist vom Institute for Race Relations entwickelt worden, IRR 1982.)

Sicherlich haben viele Ideologen des Rassismus – wenn auch in äußerst berechnender Weise – sich der Sprache und Philosophie des Irrationalismus bedient, doch wäre es absurd, daraus zu schließen, dass alle Rassisten an einer bestimmten Form geistiger oder emotionaler Störung leiden! Der Versuch, eine Art Massenpsychologie des Rassismus zu entwickeln, ist immer an der Tatsache gescheitert, dass alle Formen von Psychopathologie, die mit extremen rassistischen Überzeugungen identifiziert wurden, in anderen Bevölkerungsgruppen genauso verbreitet waren. So gibt es in der antirassistischen Bewegung jede Menge »autoritärer Charaktere«, und es ist nicht auszuschließen, dass einige von ihnen die »dunklen«, mit exkrementalen Funktionen verbundenen Seiten ihres »Ichs« abspalten oder unterdrücken, um sie auf den »Anderen« zu projizieren, der dann als weißer Rassist gesehen wird. Wenn aber rassistische oder antirassistische Einstellungen lediglich als Rationalisierung von Konflikten gelten, die eher seelisch statt gesellschaftlich bedingt sind, dann handelt es sich dabei selbst um ein sehr interessantes Beispiel für eine Verschiebung. Auf derlei Ideen sich gründende therapeutische Modelle sind entweder undurchführbar – man kann nicht eine ganze Gesellschaft auf die Couch legen –, oder sie behandeln Rassismus als Problem einer abweichenden Minderheit und nicht als die gesellschaftliche Norm, die er de facto darstellt. (Als Beispiele für die Verknüpfung von rassistischen Auffassungen mit »latenter Psychopathologie« vgl. Adorno u.a. 1950, Reich 1975 und Loewenstein 1963. Ein therapeutisches Modell antirassistischer Arbeit, das sich auf einige dieser Gedanken stützt sowie auf neue feministische psychologische Unterdrückungstheorien, entwickelt Green 1977.)

Wenn weder pädagogische noch psychiatrische Vernunftsysteme dem popularen Rassismus mit Erfolg zu Leibe rücken konnten, wäre dann eine gute Dosis »Erfahrung« ein besseres Heilmittel? Erfahrungsorientiertes Lernen ist – gerade für nicht-akademische Schüler – in Mode gekommen, und wer würde nicht lieber nach Barbados (oder einem vor der Haustür liegenden Bombay) reisen, als im Klassenzimmer dem Herrn Lehrer zuzuhören? Doch die Erfahrung hat gezeigt, dass solche Reiseeindrücke, wie immer lohnend und erinnerungswürdig sie auch sein mögen, keineswegs ausreichen, um den Alltagsverstand in seinen Grundfesten zu erschüttern. Für all jene, die im Rassismus ontologisch verwurzelt sind (d.h. den Anblick, die Berührung, den Geruch oder das Geräusch von Schwarzen nicht ertragen können), erzeugt Vertrautheit nur noch mehr Verachtung. Und was die Mehrheit betrifft, so scheint die direkte Erfahrung anderer Kulturen, mag sie auch positiv verlaufen, zur Dekonstruktion negativer Stereotypen nichts beizutragen; beide operieren auf unterschiedlichen ideologischen Ebenen,

Karte und Gelände bleiben voneinander isoliert; was gelernt *wird*, ist der Umgang mit und die Reduktion von kognitiven Dissonanzen; der Satz »Einige meiner besten Freunde sind Schwarze« wird schließlich mit größerer Glaubwürdigkeit als vorher geäußert. Das von gespaltener Wahrnehmung und Doppelmoral geprägte System bleibt dabei funktionsfähig und kann sogar noch weiter ausgebaut werden. (Der Erfahrungsansatz, das multikulturelle Lernen, lässt sich gut an dem Lehrmaterial studieren, das vom Community Education Trust 1986 erstellt wurde. Eine Kritik dieser Herangehensweise findet sich bei Hall 1980b.)

Das von der Aufklärung inspirierte Modell antirassistischer Arbeit, sei seine Erkenntnistheorie nun rationalistisch oder empiristisch, vollzieht nicht den Bruch mit jener Sichtweise, die die Kultur der Arbeiterklasse für defizitär erklärt, und der Rassismus gilt ihm als eine Form falschen Bewusstseins, die dieser Kultur innewohnt. Unabhängig von der jeweils vorgeschlagenen Strategie der Entmystifizierung werden die Gründe, die junge Leute selbst für ihre rassistische Einstellung angeben, als Rationalisierungen und bloße »Epiphänomene« betrachtet und größtenteils mit Stillschweigen übergangen. Das bestärkt den Lehrer oder Sozialarbeiter nicht gerade darin, sich an den außerschulischen Diskussionen zu beteiligen, in denen solche Gesichtspunkte vielfach entschieden werden. Betrachten wir das folgende Stückchen Alltagsbewusstsein. Es stammt vom Sprecher einer beliebten *peer group*, der aktiv mit dem Rassismus sympathisiert.

> Jeder ist irgendwie rassistisch, ob ers nun zugibt oder nicht. Jedem stehn die eigenen Leute am nächsten. Ich bin in einer weißen Gesellschaft groß geworden; sie steckt in mir drin

> wie die Wurzel in der Erde. Könnt ihr euch Großbritannien mit 'ner schwarzen Königin vorstellen? In der ganzen Welt haben die Menschen das bewundert, so wie wir hier leben. Darum wollten sie auch alle rüberkommen, sogar die Schwarzen. Und da haben die Probleme angefangen. Schwarz und Weiß, das passt nicht zusammen. Man sollte Thatcher da keine Vorwürfe machen. Sie hält für die Rechte der Weißen die Fahne hoch, wie's sonst kein andrer macht. Wir leben doch nun mal in einer Demokratie – das heißt, die Mehrheit hat das Sagen – und die Mehrheit ist weiß.

Im Rahmen von ethnischer und Klassenhegemonie sind solche Argumente völlig logisch, und sie reproduzieren die Auswirkungen dieser Hegemonie durchaus bis aufs i-Tüpfelchen. Man muss sich mit ihnen befassen, statt sie zu ignorieren. Aber in welcher Hinsicht?

Es gibt eine theoretische Schule, die davon ausgeht, dass der Rassismus der Arbeiterklasse alles andere als ein Produkt der Unvernunft darstellt. Er ist im Gegenteil (so das Argument) eine völlig rationale und realistische Reaktion auf die durch Einwanderer verschärfte Konkurrenz um knappe Wohnungen und Arbeitsplätze. Von daher bietet sich eine einfache Lösung an: mehr Arbeitsplätze und Wohnungen ergeben weniger Rassismus. Die Gleichung ist attraktiv, auch und besonders deswegen, weil sie den ökonomi(sti)schen Forderungen der Arbeiterbewegung die Würde eines moralischen Kreuzzuges gegen den Rassismus verleiht, ohne dass vor der eigenen Tür gekehrt werden müsste; aber sie geht nicht auf. Es gibt keine einfache Korrelation zwischen Marktbedingungen und ideologischen Verhältnissen. Mehr noch: Rassistischen Positionen ein *rational choice*-Verhalten zugrunde zu legen, läuft darauf hinaus, ihren Argumenten den Status realistischer

Aussagen zuzubilligen, ohne deren Konstruktion überhaupt infrage zu stellen.[14]

Stattdessen sollte man zugestehen, dass rassistische Diskurse Rationalitätsformen hervorbringen, die in adäquater Weise auf ihren Zweck zugeschnitten sind und zugleich die Wirklichkeit auf völlig imaginäre und perverse Weise wiedergeben. Rassistische Argumente sind fadenscheinig, jedoch nicht aufgrund ihrer formalen Unlogik (obwohl auch das der Fall sein kann), sondern weil ihr rhetorischer Gegenstand – »Rasse« – ein Konstrukt ist, der in dem Subjekt, auf das er sich richtet, keine Entsprechung besitzt. Darüber hinaus versieht die Konstruktion dieses Gegenstandes die für sie verwendete Argumentation mit einem Trickeffekt (vgl. zum Folgenden Sibony 1976). So trägt zum Beispiel die in die rassistischen Verschwörungstheorien eingearbeitete eigentümliche Auffassung von geschichtlicher Kausalität die unauslöschliche Spur dessen, was ich die Perversion der Vererbung genannt habe. Diese Operation vollzieht sich in zwei Schritten. Zuerst wird die Bewegung der Geschichte auf ein Gesetz der Abfolge von Generationen reduziert – das heißt, auf eine Genealogie. So wie eine Generation die nächste hervorbringt oder verursacht, soll ein historisches Ereignis ein anderes verursachen oder erzeugen. Sodann wird diese Logik des *post*

14 Miles (1982) bietet eine »funktionalistische« Erklärung für den Rassismus in der Arbeiterklasse. Obwohl er Wert darauf legt, sich von solchen groben Extrapolationen zu distanzieren, unterstützt seine Erklärung letztendlich doch die Auffassung, Rassismus würde unter verbesserten ökonomischen Bedingungen zurückgehen. Weberianische Modelle der Status-Konkurrenz haben auch ihre Champions: z.B. Banton 1983. Sie sind sogar kürzlich durch die Einführung des *rational choice*-Modells in die Theorie der ethnischen Segregation gestärkt worden, beispielsweise durch Hechter 1986.

hoc propter hoc zur unsichtbaren Hand der »Rasse« in der Geschichte umfunktioniert: Erst kommen die Schwarzen in Großbritannien an, dann steigt die Arbeitslosigkeit, folglich nehmen uns die Schwarzen unsere Arbeitsplätze weg. Auf diese Weise knüpft die Argumentation ein Netz unsichtbarer genealogischer Verbindungen zwischen strukturell diskontinuierlichen Wirklichkeitsmomenten (die zeitlich oder räumlich durchaus zusammenhängen können), um – in diesem Fall – eine Katastrophentheorie der Einwanderung hervorzubringen.

Ein weiteres Beispiel ist der *sui generis*-Charakter rassistischer Zuschreibungen. Der Missbrauch von Generalisierungen, die Subjekte nur als gattungsmäßige Vertreter ihrer »Rasse« an/erkennen, basiert auf einer besonderen Form des Fehlschlusses, die die zwischen »alle« und »keiner« angesiedelte Kategorie »einige« aus den Prämissen eines logischen Schlusses entfernt. Das sieht dann folgendermaßen aus:

(Einige) schwarze Jugendliche sind Kriminelle. Errol ist ein schwarzer Jugendlicher. Folglich ist Errol ein Krimineller.

Auf ähnliche Weise funktioniert der Paralogismus, wenn unterschiedliche Subjekte mit der gleichen Prädikation versehen werden:

Kriminelle sind Leute, die sich der Gesellschaft nicht einfügen können. Rastas sind Leute, die sich der Gesellschaft nicht einfügen können. Folglich sind Rastas Kriminelle.

Nun ist zu Recht des Öfteren betont worden, dass solche Argumentationen nicht nur für den Rassismus, sondern für alle Arten unbewussten oder dem Primärprozess verhafteten Denkens typisch sind. Ich behaupte, dass die generative Grammatik rassistischer Diskurse nicht nur von solchen Prozessen abhängt, sondern diese auch auf bestimmte Weise organisiert und artikuliert (zu den paralogischen Strukturen rassistischen Denkens vgl. Gabel 1975 und Sibony 1976).

Natürlich wird kein Philosoph die Polizei davon überzeugen können, dass obige Aussagen entweder falsch oder rassistisch sind, denn aus ihnen rekrutiert sich die Verfahrenslogik der Alltagsroutine, mittels derer das Gesetz eine große Anzahl schwarzer Jugendlicher zu Kriminellen stempelt (vgl. z.B. Gilroy 1982). Landkarte und Gelände fallen hier in eins, um sich wechselseitig in ihrer »Rationalität« zu bestärken. Diese Situation macht verständlich, warum Teile der antirassistischen Bewegung ihre Bemühungen jetzt darauf richten, die Menschen nicht durch Vernunftappelle, sondern durch direktes Handeln von rassistischen Praktiken abzubringen. Hier gibt es in der Hauptsache zwei Ansätze: Der eine kann als Tendenz zum Einsatz physischer Mittel bezeichnet werden, dessen Ziel es ist, das physische Verhalten der ethnischen Mehrheit zu überwachen und mit »heilsamer Gewalt« gegen jeden vorzugehen, der die Minderheit körperlich angreift. Die Logik der Vergeltung wird als Abschreckungsmaßnahme verstanden, um angehenden Rassisten deutlich zu machen, was auf sie zukommt, wenn sie ihre Überzeugungen in die Praxis umsetzen. Diese Methode wird damit begründet, dass Gewalt die einzige Sprache sei, die diese Art von Rassisten versteht, und dass es besser sei, ihnen so früh wie möglich eine Lektion zu erteilen, die sie nicht vergessen. Die zweite Angriffslinie neigt eher zum Einsatz moralischer Mittel und ist von einigen Stadträten und örtlichen Erziehungsinstitutionen aufgegriffen worden. Ihr

Ziel ist die Kontrolle der Sprache und des sozialen Verhaltens; es geht ihr darum, negative Stereotype zu verbannen und von den ethnischen Minoritäten selbst entwickelte positive Bilder zur normsetzenden Praxis der Repräsentation zu machen. Obwohl all diejenigen bestraft werden, die für schuldig befunden wurden, öffentlich rassistische Vorurteile geäußert zu haben, liegt die Hauptstoßrichtung in der Androhung moralischer Denunziation, mit deren Hilfe eine Art von Selbstzensur erzwungen werden soll, die die Produktion rassistischer Äußerungen stören oder unterbinden kann.

Solche Taktiken verlangen eine starke Hand und wirken auf Liberale nicht eben anziehend. Doch sollte nicht vergessen werden, dass sie es mit einer unerfreulichen Wirklichkeit zu tun haben, nämlich mit der Eskalation körperlicher und verbaler Angriffe auf Schwarze, denen Einhalt zu gebieten liberalere Methoden sich als machtlos erwiesen haben. Es gibt einige Hinweise darauf, dass solche Sanktionen durchaus erfolgreich den Rassismus zum »Sperrgebiet« für weiße Jugendliche der Arbeiterklasse machen und auf diese oder jene Weise Rassisten zum Schweigen bringen. Doch bleibt die Frage, ob Methoden, die für den Umgang mit hartgesottenen Rassisten geeignet sein mögen, sich auch in der Arbeit mit der Mehrheit der schweigenden oder passiven Mitläufer ideologischer Moderichtungen als angemessen erweisen. Jüngste Erfahrungen an Schulen legen ein entschiedenes »Nein« als Antwort nahe.

Wenn eine Schule ein antirassistisches Programm verfolgt, so drückt sie damit ethnischen Minoritäten gegenüber ihre explizite Verpflichtung aus, den Rassismus in allen seinen Formen zu bekämpfen (vgl. Brandt 1987 zur

Logistik antirassistischer Erziehung). Das schließt natürlich den Grundsatz ein, jede Bekundung rassistischer Ressentiments seitens der Schüler oder des Lehrkörpers zu erkennen und zu bestrafen. So aber wird der Umgang mit dem alltäglichen Rassismus im Wesentlichen auf disziplinarische Maßnahmen im Klassenzimmer verlagert, die nun allerdings einen politischen Gütestempel erhalten. Solche Maßnahmen können, soweit sie durchgeführt werden, jene Widerstandsstrategien verstärken, die Schüler der Arbeiterklasse bereits gegen andere Formen schulischer Disziplin einsetzen. Die mildeste Form, der der Lehrer ausgesetzt sein kann, ist eine Art rassistischer »Überspanntheit«, in der die Schüler ihre Gefühle und Überzeugungen bewusst übertreiben, um eine Reaktion herauszufordern. Nimmt der Lehrer oder die Lehrerin das ernst und behandelt es als eine Disziplinarangelegenheit, so steht er oder sie als jemand da, der keinen Spaß vertragen kann; wird die Angelegenheit ignoriert, so ist der Schüler »ungeschoren davongekommen«. Für gewöhnlich aber werden die Schüler eher gelassen reagieren und sich nach außen den Anschein der Konformität geben, während sie im Übrigen ihre rassistische Einstellung beibehalten, die hinter dem Rücken des Lehrers umso heftiger ausagiert werden kann. Dieser Jekyll-und-Hyde-Rassismus – eine Funktion der Lehrer/Schüler-Interaktion – kann sich in der Folge mit umfassenderen Mustern gespaltener Wahrnehmung verbinden. Der Versuch, den alltäglichen Rassismus disziplinarisch zu unterbinden, trifft so auf eine ganze Reihe von Widerständen, die ungewollte Gegenwirkungen hervorrufen können. Im Klassenzimmer wird der Rassismus zum Schweigen gebracht, um sich auf dem Spielplatz desto stärker zu entfalten. Verschiedene Verleugnungsstrategien werden mobilisiert, und die Herrschaft des verschwiegenen Rassismus bleibt unangetastet. Wenn die Schule vor lauter Verzweiflung darauf verfällt, Schüler zu bitten, rassistische Belästigungen und ähnliche Vorfälle dem Lehrkörper zu melden, dann ist die Verbindungslinie zwischen dem »Antirassisten« und dem »Petzer« oder »Streber« endgültig gezogen, und selbst jene, die nicht zur schulischen Gegenkultur gehören, treten zum Schulterschluss an.

Derlei Versuche, den Arm des Gesetzes gegen die Ideologie einzusetzen, sind aus einer ganzen Reihe von Gründen zum Scheitern verurteilt. Zunächst einmal sind sie gezwungen, sich – bisweilen sogar in verschärfter Form – jener Überwachungs- und Kontrolltechniken zu bedienen, die mit den vom Staat eingesetzten identisch sind. Es ist interessant zu beobachten, wie die von Vertretern physischer und moralischer Gewalt veröffentlichte Propaganda explizit die diskursiven Strategien totalitärer Mächte nachahmt (zu den diskursiven Strategien totalitärer Ideologien vgl. Faye 1980). *»Racist Beware – ELWAR is Watching You«* (Rassisten, seht euch vor – ELWAR sieht alles) heißt es auf einem weit verbreiteten Flugblatt, das die *East London Workers Against Racism* (ELWAR) herausgegeben haben. Der Stadtrat von Haringey lädt zu einer Konferenz über Wohnungsprobleme und ethnische Minoritäten ein. Das Motto der Veranstaltung lautet *»Stamping Out Racism«* (Den Rassismus zertreten), was den Leserinnen und Lesern die Vorstellung vermittelt, ihre Gesichter würden entsprechend traktiert, wodurch George Orwells Prophezeiung für die Welt nach 1984 auf traurige Weise in Erfüllung ginge.

Der Kampf um die Herzen und Hirne der Jugend wird

mit solchen Mitteln ganz sicher nicht gewonnen werden. Wenn es nicht mehr möglich ist, »das Kind beim Namen zu nennen«, weil der für vielfältige (also auch rassistische) Assoziationen offene Bereich der Konnotationen »durch Anordnung von oben« eingeschränkt wird, dann gerät die Denotation selbst zur reinen Übung im Sprachspiel der Macht. Doch wenn um Bedeutungen nicht mehr gerungen werden kann, wird es unmöglich, ihre ideologische Konstruktion zu hinterfragen oder zu bekämpfen. Die chronische Wiederholung der Forderung nach »richtigem Denken« ist möglicherweise das beste Mittel, um die Entwicklung kritischer Aufmerksamkeit abzutöten; wenn die antirassistische Botschaft im gebetsmühlenhaften Hersagen des immergleichen Slogans besteht, können wir sicher sein, dass die jungen Leute die Ohren dicht machen!

Niemand, der sich ernsthaft mit antirassistischer Erziehung befasst, würde eine solche ausschließlich repressive Strategie anwenden. Unglücklicherweise gilt das nicht für jene politisch Aktiven, die eher autoritäre Überzeugungen vertreten. Doch sind sie selbst ihre schlimmsten Feinde, denn in dem Maße, in dem es ihnen nicht gelingt, die unbewussten Argumentationsweisen des Rassismus zu verstehen und aufzugreifen, laufen sie Gefahr, diese in ihren eigenen Symbolisierungsmechanismen zu reproduzieren. Das oben angeführte Beispiel veranschaulicht dies deutlich genug. Doch was auf lange Sicht noch mehr Sorgen bereitet, ist die in Teilen der antirassistischen Bewegung fortdauernde Vorherrschaft von Verschwörungstheorien. Hier finden wir die gleichen Fehlschlüsse wie im rassistischen Diskurs, nur ist die Referenz natürlich eine andere:

(Einige) Weiße sind Rassisten. John ist ein Weißer. Folglich ist John ein Rassist. Oder:

Der Rassismus spaltet und beherrscht die Massen. Der Kapitalismus spaltet und beherrscht die Massen. Folglich ist der Rassismus eine kapitalistische Verschwörung, um die Arbeiterbewegung zu untergraben. Die »unsichtbare Hand« gehört zu einem anderen Handlungssubjekt, doch das Prinzip, oder besser: die *petitio principii*, bleibt sich gleich. Darüber hinaus entspringen auch die strategischen Vorstellungen derselben Quelle: Der Rassismus wird von bestimmten gesellschaftlichen Umweltbedingungen »erzeugt« (wie etwa dem Verfall der Innenstädte oder Massenarbeitslosigkeit) und muss als äußerst ansteckende »ideologische Krankheit« behandelt werden, welche die Menschen sich durch direkten Kontakt miteinander zuziehen und die, wenn sie außer Kontrolle gerät, das ganze politische Gemeinwesen infizieren kann. Die »Antwort« besteht folglich darin, verschiedene »Abschirmmechanismen« zu installieren, um die »Überträger« zu isolieren, sie an der Verbreitung des Virus zu hindern und/oder seine »Brutstätte« zu vernichten. Hieran lässt sich vielleicht erkennen, wie hegemonial der Abstammungs-Code bereits geworden und in welchem Maße es ihm gelungen ist, alternative Denkweisen abzublocken, so dass selbst (und gerade) solche Bewegungen, die angetreten waren, um ihm Widerstand entgegenzusetzen, zu schlechter Letzt sich seiner Ausdrucksweisen bedienen. Das Resultat ist, dass die rassistischen und antirassistischen Bewegungen den Diskurs des jeweils anderen imitieren und, wie Groucho und Harpo in *Duck Soup*, ein mimetisches Schattenspiel von Bewegungen inszenieren.

Warum ist es in der Praxis so schwierig, über diese Spiegelphase hinauszugelangen? Ich denke, ein Grund liegt darin, dass die politische Polarisierung um »Rasse« und

Ethnizität sich besonders häufig in Gesellschaften wie der britischen finden lässt, wo die Klassenstruktur solche Spannungen auffangen konnte, ohne sich grundlegend zu verändern. Asymmetrische Machtverhältnisse werden routinemäßig durch symmetrische Ideologien des »Anderen« auf eine Weise repräsentiert, die die hegemoniale Basis unbeschädigt lässt. Daraus können sehr vertrackte Teufelskreise entstehen. So müssen zum Beispiel Mitglieder ethnischer Minderheiten aufgrund der Diskriminierung, der sie ausgesetzt sind, fortwährend auf ihren Rechten beharren; doch läuft in einer rassistischen Gesellschaft selbst die kleinste Durchsetzungsvermögen signalisierende Geste Gefahr, als Zeichen der »Uneinsichtigkeit« oder als Versuch, »die Macht zu übernehmen«, interpretiert zu werden. Diese Reaktion verleitet ihrerseits Schwarze/Iren/Juden dazu, alle Mitglieder der ethnischen Mehrheit ungeachtet ihrer tatsächlichen Klassenzugehörigkeit oder ihres sozialen Verhaltens als Bestandteil der gleichen unterschiedslos repressiven Machtstruktur zu betrachten. Unter diesen Umständen wird jede individuelle Stellungnahme, die keine totale Unterstützung jeder von schwarzen/irischen/jüdischen Organisationen (gleich welcher Art) unternommenen Aktion darstellt, leicht als volle rassistische Breitseite gegen die jeweilige Minderheit insgesamt interpretiert. Und dies wiederum bietet denjenigen willkommene Munition, welche die legitimen Forderungen dieser Minderheiten nach sozialer Gerechtigkeit nur allzu gern als Wüten von Fanatikern abbilden.

Vielleicht liegt die Hauptaufgabe der Pädagogen zurzeit darin, einen Ausweg aus solchen Teufelskreisen zu suchen. Eine Grundvoraussetzung dafür wäre es, pädagogische Programme und Praxen dagegen abzusichern, dass sie diese Teufelskreise noch weiter verstärken. In dieser Hinsicht ist die Geschichte der jüngsten Initiativen nicht gerade ermutigend. Trotz einiger bemerkenswerter Fortschritte in der Lehrplanreform, die die kulturelle und sprachliche Verschiedenheit der Schüler berücksichtigen, und ungeachtet der zunehmenden Professionalisierung jener Lehrer, die mit ethnischen Minderheiten befasst sind, ist wenig geschehen, um die in Lehrerzimmer und Schülerkultur beheimateten Alltagsformen des Rassismus in Angriff zu nehmen (vgl. Troyna & Williams 1986). Appelle an die Vernunft oder die Erfahrung haben diese Kuh ebenso wenig vom Eis gebracht wie die Anwendung moralischer oder physischer Gewalt. Ein Haupthindernis bildet hier das Problem der Überzeugung. Sobald die für selbstverständlich erachteten Unterstellungen des Alltagsrassismus angegriffen werden, hagelt es Beschwerden wegen »politischer Gehirnwäsche«, »Indoktrinierung« oder Schlimmerem (zur moralischen Entrüstung über die antirassistische Erziehung vgl. Murray 1986). Die liberale oder multikulturelle Position wendet sich mit Recht gegen die Zwangsmoralität »positiver Bilder«, erkennt aber nicht die Formen versteckter Überzeugungen, die im Erziehungssystem und der Gesellschaft allgemein existieren. Antirassisten können diese Dimensionen der Hegemonie sehr viel besser ausleuchten, doch wenn sie auch mit subtilster theoretischer Arbeit die verborgenen ideologischen Manöver des Rassismus entlarven, nehmen sie mit gleichem Eifer ihre eigenen Propagandapraktiken von einer ähnlich kritischen Untersuchung aus. Diese Doppelmoral untergräbt auf gefährliche Weise jeden heuristischen Anspruch auf den pädagogischen Wert, den die Einführung von antirassistischen Unterrichtsmaterialien besitzen kann.

Die Einsicht wächst, dass kein Ansatz für sich allein die Aufgabe, den Rassismus massenunwirksam zu machen, bewältigen kann. Sicher gibt es hier wie dort Elemente, die verteidigt und ausgeweitet werden müssen, unglücklicherweise jedoch ist keine einfache oder eingängige Synthese in Sicht. Das Problem liegt tatsächlich in der Methode, oder besser: im Fehlen derselben. Denn auf der pädagogischen Ebene haben Engagement und Phantasie am meisten versagt. In einer Hinsicht muss dies überraschen, denn es gibt eine ganze Reihe von Unterrichtsmethoden, welche die elitären Erziehungsnormen der zivilisatorischen Mission direkt infrage stellen und die Alltagskultur als alternative Quelle wirklich nützlicher Erkenntnis entdecken. Doch in anderer Hinsicht muss die Kulturforschung (*Cultural Studies*), wie sie sich an den Schulen entwickelt hat, die Verantwortung für den mangelnden Einfluss bei sich selber suchen. Ihre ethnozentrischen Ursprünge in der Tradition des englischen Literaturunterrichts haben die Anwendung anfänglich darauf beschränkt, einen Raum zu schaffen, in dem die rassistischen (und sexistischen) Elemente der Kultur der weißen Arbeiterjugend freies Spiel hatten. In jüngerer Zeit ist sie, unter dem Einfluss wachsender kulturell-politischer Bestrebungen der schwarzen Communitys, zum Vehikel für einen Radikalismus des »zurück zu den Ursprüngen« geworden, der stark ethnozentrische Züge aufweist. Dennoch handelt es sich bei den *Cultural Studies* um eine eingreifende Pädagogik, die die Schüler dazu ermuntert, zwischen den Zeilen zu lesen, und zwar nicht nur in den verschiedenen Massenmedien, sondern auch in ihrer eigenen kulturellen Alltagspraxis (vgl. Ferguson 1981). So können die Schüler zum Beispiel die Ideologie der Teenie-Romanze untersuchen, indem sie Fotogeschichten aus Jugendmagazinen auseinandernehmen und selbst alternative Versionen zusammenstellen, was wiederum eine Diskussion über tatsächliche – im Gegensatz zu idealisierten – Beziehungen zwischen Jungen und Mädchen auszulösen vermag. Solche Methoden vertrauen nicht auf die Logistik der »Erfahrung« oder die formale Logik der »Strukturanalyse«; sie sind speziell für »nicht-akademische« Schüler entwickelt worden, und sie können eingesetzt werden, um kulturelle Materialien ans Licht zu befördern, die von rassistischen Diskursen unterdrückt werden oder ihnen Widerstand entgegensetzen. Zugleich können rassistische Symbolisierungen einer kritischen Überprüfung ausgesetzt werden. Dieser Ansatz kann weißen Jugendlichen der Arbeiterklasse ein Gespür dafür vermitteln, was in ihrer eigenen Kultur durch rassistische Artikulationen unterdrückt wird, während schwarze Schüler darauf aufmerksam werden, an welchen Punkten es rassistischen Vorstellungen gelungen ist, ihr eigenes Bezugssystem zu durchdringen und zu verzerren (diese Methode wird in Cohen 1987 ausgearbeitet). […]

Durch diese und ähnliche Ansätze sollten die Kinder lernen, auf Slogans, Stereotype und eindimensionale Bildwelten aller Art sensibler – man könnte sogar sagen: allergisch – zu reagieren. Die Methode, für die ich eintrete, versucht also, die fortschrittlichsten Elemente sowohl des multikulturellen als auch des antirassistischen Unterrichts miteinander zu verbinden und ihnen zugleich eine eigene Dimension hinzuzufügen, die einige ihrer eher negativen Charakterzüge überwindet. Ich biete allerdings kein Allheilmittel an. Meine Intention liegt nur darin, eine mögliche Richtung für die Erneuerung pädagogischer Initiativen anzugeben, und zwar zu einem Zeitpunkt, da diese sich auf dünnem Eis bewegen und an allen Ecken und Enden in zunehmendem Maße Schwierigkeiten ausgesetzt sind. Viele dieser Schwierigkeiten haben ihre Ursache in dem strukturellen Widerstand, der Veränderungen im Erziehungssystem wie auch in der Gesellschaft insgesamt entgegengesetzt wird. Die Thatcher-Administration hat diesen Widerstand verstärkt, aber er wird nicht mit dem Thatcherismus verschwinden. Wenn ich mich hier auf die ideologischen Dimensionen des Rassismus beschränkt habe, so bin ich zugleich nicht der Ansicht, dass die Veränderung der Herzen und Hirne der einzige oder auch nur der wichtigste Weg zu einer weniger rassistischen Gesellschaft ist. Solange die politischen Bedingungen und die ökonomischen Grundlagen unberührt bleiben, werden solche Veränderungen oberflächlich und nur zu leicht rückgängig zu machen sein. Umgekehrt gilt aber auch, dass antirassistische oder multikulturelle Formen der Politik sich nicht in eine dauerhafte und wirksame Reform der Praxis umsetzen lassen, wenn die Bevölkerungsmehrheit ihnen weiterhin aktiven oder passiven Widerstand entgegensetzt. Unter solchen Bedingungen kann die ideologische Analyse nicht mehr tun, als auf einige Stolpersteine hinzuweisen, die in bestimmte gesellschaftliche Formationen eingebaut sind. Es mag unmöglich sein, sie mit Gewalt aus dem Weg zu räumen; tatsächlich hätte das eher nachteilige Wirkungen, aber vielleicht lassen sich Mittel und Wege finden, sie zu umgehen. Soll Erziehung ein authentischer Prozess der Zivilisierung sein, dann besteht eine ihrer wesentlichen Aufgaben darin, den jungen Menschen solche alternativen Wege aufzuzeigen – nicht als Streckenabschnitte eines langen Gewaltmarsches in Richtung WAHRHEIT, sondern damit sie für sich selbst die Diskrepanzen zwischen Landkarte und Gelände erkunden können, wo andere Bedeutungen darauf warten, das Licht des Tages zu erblicken.[15] Ich habe versucht, eine Analysemethode vorzuführen, die sich dieser Themenbereiche annimmt. Dabei habe ich mich auf ein Modell bezogen, das rassistischen Diskursen ermöglicht, auf einer Anzahl verschiedener Ebenen zu »sprechen«. Zugleich ermöglicht es, die wechselnden Artikulationsprinzipien dieser Diskurse in ihrer Abhängigkeit von bestimmten Kontexten und Zusammenhängen festzuhalten. Im Einzelnen ging es mir um die Unterschiede und Gemeinsamkeiten zwischen dem Antisemitismus und den Vorurteilen gegen Schwarze, um die widersprüchlichen Charakterzüge des Rassismus der Arbeiterklasse gegenüber dem »nationalen/popularen« Diskurs und um die zentrale Rolle des Abstammungs-Codes bei der Verbindung von ethnischer und Klassenhegemonie. Zu diesen Themen habe ich eine Reihe von substanziellen Thesen umrissen. Gleichzeitig habe ich versucht, die inneren Mechanismen der rassistischen Einbildungskraft nicht aus den Augen zu verlieren. Mein Unternehmen ging dahin, die für den Rassismus charakteristischen Praxisformen der Vernunft auf eine Tiefenstruktur von Mythos, Ritual und Phantasie zu beziehen, in der Bilder des Körpers so organisiert werden, dass sie mit einer gespaltenen Repräsentation von Sexualität und Erzeugung (*generation*) in Einklang stehen. Auf diese Weise habe ich versucht, einige neuere Forschungsergebnisse aus Psychoanalyse, Kulturwissenschaft und Sozialgeschichte miteinander zu verbinden. Vor allem ging es mir darum, die Besonderheiten des

15 Shor (1980) stellt die Methoden der kritischen Pädagogik dar und zeigt die Unterschiede zu den normativen/statischen Modellen, die mit politischer Propaganda/Rekrutierung verknüpft sind.

angelsächsischen Rassismus so in der Geschichte und den Widersprüchen der britischen Gesellschaft zu verorten, dass daraus ein Rahmen gebaut werden kann, innerhalb dessen die Erfahrungen der Juden, Iren und Schwarzen in diesem Land aufeinander bezogen werden können, ohne dass sie verdinglicht oder auf den kleinsten gemeinsamen Nenner reduziert werden müssten. Dies scheint mir eine Vorbedingung dafür zu sein, die Spiegelphase des ideologischen Kampfes zu überwinden und einen Radikalismus zu erreichen, der weniger in ethnozentrischen Orientierungen verwurzelt ist. Indem ich schließlich die Alltagskultur als vielschichtigen Raum betrachtet habe, in dem die Beziehungen von Klasse, Ethnizität und sozialem Geschlecht ausgehandelt werden, habe ich einen möglichen Bezugspunkt für die Arbeit mit jungen Menschen vorgeschlagen, der den Rassismus schwächt und die Pädagogik stärkt. In diesen langen Jahren des britischen Niedergangs, in denen der bösartige Zwist um angefochtene Testamente und Vermächtnisse die Perversionen der Erbschaft vervollständigt und vervielfacht, scheint eine großzügigere Vision menschlicher Möglichkeiten immer noch von Bedeutung zu sein, selbst wenn es wichtiger denn je ist, sie auf realistische Prinzipien der Hoffnung zu gründen.

Literatur

Adorno Theodor W. u. a. (1950). The Authoritarian Personality. New Haven.

Althusser Louis (1971). Lenin and Philosophy. London. Dt. 1974: Lenin und die Philosophie. Reinbek b. Hamburg: Rowohlt.

Arendt Hannah (1951). The Origins of Totalitarianism. New York. Dt. 1955: Elemente und Ursprünge totaler Herrschaft. Frankfurt/M.: Europäische Verlagsanstalt.

Banton Michael (1983). Race and Ethnic Competition. Cambridge.

Barthes Roland (1984). Writing Degree Zero. London. Dt. 1959: Am Nullpunkt der Literatur. Hamburg: Claassen.

Bateson Gregory (1973). Steps to an Ecology of Mind: Collected Essays in Anthropology, Psychiatry, Evolution, and Epistemology. London.

Baudrillard Jean (1981). Simulacres et simulation. Paris: Galilée.

Bauman Zygmunt (1984). Ideology and the World View of Intellectuals. Vorlage auf der Conference on Ideology, Polytechnic of Central London.

Bolt Christine (1971). Victorian Attitudes to Race. London.

Brandt Godfrey (1987). The Realisation of Anti-Racist Teaching. Brighton.

Bristow Edward (1983). British Jewry and the Fight Against the White Slave Trade. *Immigrants and Minorities*, 2/2, S. 152–170.

Brittan, Arthur und Mary Maynard (1984). Sexism, Racism and Oppression. Oxford.

Cairns Huntington (1965). Prelude to Imperialism 1840–1890. London.

Calvino Italo (1984). Invisible Cities. London. Dt. 1977: Die unsichtbaren Städte. München: Hanser.

Carter Paul (1987). The Road to Botany Bay. An Exploration of Landscape and History. London/Boston.

Cashmore Ernest (1986). The Logic of Racism. London.

Centre for Contemporary Cultural Studies (CCCS) (1982a). The Empire Strikes Back. London.

CCCS (1982b). Making Histories. London.

Cohen Philip (1979). Some Notes of Researching Territoriality, *Schooling and Culture*, 4.

ders. (1980). Subcultural Conflict and Working Class Community, in: S. Hall (Hg., 1980b).

ders. (1981). Policing the Working Class City. In: J. Young (Hg.), Capitalism and the Rule of Law. London.

Cohen, P. (1986). Rethinking the Youth Question. London.

ders. (1987). Racism and Popular Culture. Arbeitspapier 9, Centre for MultiCultural Education (London).

ders. (1988). On the other side of the tracks. *Contemporary Issues in Geography Education*, vol. 4, no. 1.

Cohn Norman (1957). The Pursuit of the Millenium. Revolutionary Millenarians and Mystical Anarchists of the Middle Ages. Oxford. Dt. 1961: Das Ringen um das tausendjährige Reich. Bern/München: Francke.

Community Education Trust (1986). Let's Grow Together. London.

Coward Rosalind & Ellis John (1977). Language and Materialism. Developments in Semiology and the Theory of the Subject. London.

Davidowicz Lucy S. (1979). The War Against the Jews. Harmondsworth.

Dolto Françoise. (1984). L'image inconsciente du corps. Paris: Seuil.

Douglas Mary (1970). Natural Symbols. Harmondsworth.

Dundes Alan & Hasan-Rokem Galit (Hg., 1986). The Wandering Jew. Toronto.

Eldridge C. C. (1973). England's Mission. The Imperial Idea in the Age of Gladstone and Disraeli 1868–1880. London.

Epstein A. L. (1978). Ethos and Identity. London.

Fanon Frantz (1970). Black Skins, White Masks. London. Dt. 1980: Schwarze Haut, weiße Masken. Frankfurt/M.: Syndikat.

Faye Jean-Pierre (1980). Langages totalitaires: Critique de la raison narrative, critique de l'économie narrative. Paris: Hermann. Dt. 1977: Totalitäre Sprachen. Kritik der narrativen Vernunft. Kritik der narrativen Ökonomie. 2 Bde. Frankfurt/M.-Berlin-Wien: Ullstein.

Ferguson Robert (1981). Race and the Media. *Multi-Racial Education*, vol. 9, no. 2.

Foucault Michel (1970). The Order of Things. London. Dt. 1971: Die Ordnung der Dinge. Frankfurt/M.: Suhrkamp.

Fox-Genovese Elizabeth & Genovese Eugene D. (1983). The Fruits of Merchant Capital. Oxford.

Freedman Maurice (Hg., 1978). A Minority in Britain. London.

Freud Sigmund (1930). Civilisation and its Discontents. London. Dt. 1953: Abriß der Psychoanalyse/Das Unbehagen in der Kultur. Frankfurt/M.: Fischer.

Gabel Joseph (1975). False Consciousness. An Essay on Reification. Oxford.

Genovese Eugene D. (1971). In Red and Black. Marxian Explorations in Southern and Afro-American History. New York.

Gilroy Paul (1982). Police and Thieves, in: CCCS (1982a).

Gould Peter & White Rodney (1986). Mental Maps. Boston, Mass.

Gramsci Antonio (1971). Prison Notebooks. London.

Green André (1977). Atome de parenté et relations œdipiennes, in: Claude Lévi-Strauss (Hg.), L'identité, Séminaire. Paris: Grasset, S. 81–107.

Griffin John Howard (1986). Black Like Me. London.

Hall Stuart u. a. (1978). Policing the Crisis. London.

Hall Stuart (1980a). Race, Articulation and Society, in: UNESCO, Sociological Theories of Race and Colonialism. Paris.

Hall Stuart (1980b). Teaching Race. *Multi Racial Education*, 9/9.

Hall Stuart (Hg., 1980c). Culture, Media, Language. London.

Hall Stuart & Jacques Martin (Hg., 1983). The Politics of Thatcherism. London.

Hechter Michael (1986). Rational Choice Theory. In: Rex & Mason (Hg., 1986).

Hewison Robert (1987). The Heritage Industry: Britain in a Climate of Decline. London.

Hewitt Roger (1988). White Talk, Black Talk: Inter-racial Friendship and Communication amongst Adolescents. Cambridge.

Hilberg Raoul (1973). The Destruction of the European Jews. London. Dt. 1982: Die Vernichtung der europäischen Juden. Berlin: Olle & Wolter.

Hobsbawm Eric (1968). Industry and Empire. From 1750 to the Present Day. Harmondsworth. Dt. 1969: Industrie und Empire. Frankfurt/M.: Suhrkamp.

Holmes Colin (Hg., 1979). Anti-semitism in British Society 1876–1939. London.

Husbands Charles (Hg.) (1982). Race in Britain – Continuity and Change. London.

Institute for Race Relations (IRR, 1982). Roots of Racism/Patterns of Racism. London.

Katz Judith (1978). White Awareness – A Handbook for Anti-Racism Training. Oakland, Cal.

Kahn Joel S. (1981). Explaining Ethnicity: A Review Article. *Critique of Anthropology*, vol. 4, issue 16, S. 43–52.

Lebow Richard Ned (1976). White Britain and Black Ireland – The Influence of Stereotypes on Colonial Policy. London.

Leach Edmund (1964). Animal Categories and Verbal Abuse. In: Lenneberg (Hg., 1964).

Lee A. (1980). Aspects of Working Class Responses to the Jews in Britain. In: K. Lunn (1980).
Lenneberg Eric H. (Hg., 1964). New Directions in the Study of Language. MIT.
Levi-Strauss Claude (1968). Structural Anthropology, vol. 1. London. Dt. 1967: Strukturale Anthropologie. Frankfurt/M.: Suhrkamp.
ders. (1977a). Structural Anthropology, vol. 2. London.
ders. (Hg., 1977b). L'identité, Séminaire. Paris: Grasset.
Lewontin Richard & Rose Steven (1982). Bourgeois Ideology and the Origins of Biological Determinism. *Race and Class*, 24/1, S. 1–16.
Loewenstein Rudolph Maurice (1963). Christians and Jews – A Psychoanalytic Study. London.
Lorimer Douglas A. (1978). Colour, Class and the Victorians: English Attitudes to the Negro in the Mid-Nineteenth Century. Leicester.
Lunn Kenneth (Hg., 1980). Hosts, Immigrants and Minorities. Folkestone.
Macciocchi Maria-Antoinetta (Hg., 1976). Éléments pour une analyse du fascisme. 2 Bände, Paris: 10/18.
Mackenzie John M. (1984). Propaganda and Empire: The Manipulation of British Public Opinion, 1880–1960. Manchester.
Miles Robert (1982). Racism and Migrant Labour. London.
Mintz Sidney, W. (1985). Sweetness and Power: The Place of Sugar in Modern History. London.
Moretti Franco (1983). Signs Taken For Wonders: Essays in the Sociology of Literary Forms. London.
Mosse George L. (1978). Toward the Final Solution: A History of European Racism. London.
Mullard Chris (1980). The Social Context and Meaning of Multi-Cultural Education. London.
Murray, Nancy (1986). Anti-Racists and Other Demons: The Press and Ideology in Tharcher's Britain. *Race and Class*, 27/3, S. 1–19.
Newsinger John (1986). Lord Greystoke and Darkest Africa. *Race and Class*, vol. 28, issue 1, S. 59–71.
Parsons Brian (1983). Mad Micks and Englishmen – An Historical Look at Anti-Irish Racism. *Irish Studies in Britain*, 5, S. 11–15.
Poliakov Léon (1974). The Aryan Myth. London.

ders. (Hg., 1975). Hommes et bêtes. Paris: Mouton.
ders. (Hg., 1980). Causalité diabolique. Paris: Calmann-Lévy.
Rex John (1986). The role of class analysis in race relations. In: Rex & Mason (1986).
Rex, John & Mason David (1986). Theories of Race and Ethnic Relations. Cambridge.
Rey Pierre-Philippe (1973). Les alliances de classes: Sur l'articulation des modes de production. Suivi de Matérialisme historique et luttes de classes. Paris: Maspero.
Rich Paul B. (1984). White Power and the Liberal Conscience. Manchester.
Robb J. H. (1954). Working Class Anti-Semite: A Psychological Study in a London Borough. London.
Roberts Robert (1971/1990). The Classic Slum: Salford Life in the First Quarter of the Century. Manchester.
Rodinson Maxime (1983). Cult, Ghetto, State – The Persistence of the Jewish Question. London.
Rose Steven (1976). Scientific Racism and Ideology. In: H. & S. Rose (1976).
Rose Steven & Rose Hilary (1976). Radicalisation of Science. London.
Rosolato Guy (1978). La relation d'inconnu. Paris: Gallimard.
Sartre Jean-Paul (1948). The Jew and die Anti-Semite. New York. Dt. 1972: Betrachtungen zur Judenfrage. In: Drei Essays. Frankfurt/M.-Berlin-Wien: Ullstein.
Sarup Madan (1986). The Politics of Multi-Racial Education. London.
Serres Michel (1977). Discours et parcours. In: C. Levi-Strauss (Hg., 1977b).
Shanin Teodor (1986). Soviet Theories of Ethnicity. *New Left Review*, 158, July/August, S. 113–122.
Shor Ira (1980). Critical Teaching and Everyday Life. Montreal.
Sibony Daniel (1976). Quelques remarques sur l'affect racial. In: Macciocchi (Hg., 1976).
Sibony Daniel (1983). La Juive – une transmission d'inconscient. Paris: Grasset.
Sivanandan A. (1973). Race, Class and Power: An Outline for Study. *Race and Class*, 14/4, S. 383–391.
ders. (1976). Race, Class and the State: The Black Experience in Britain. *Race and Class*, 17/4, S. 347–368.

ders. (1985). RAT and the Degradation of Black Struggles. *Race and Class*, 26/4, S. 1–33.
Smith M.G. (1986). Pluralism, Race and Ethnicity. In: Rex & Mason (1986).
Solomos John (1986). Varieties of Marxist Concepts of Race, Class and the State. In: Rex & Mason (1986).
Street Brian V. (1975/2016). The Savage in Literature: Representations of ›Primitive‹ Society in English Fiction 1858–1920. London.
Thomas Keith (1983). Man and the Natural World: Changing Attitudes in England 1500–1800. Cambridge.
Tort Patrick (1979/1997). L'ordre et les monstres. Le débat sur l'origine des déviations anatomiques au XVIIIème siècle. Paris: Syllepse.
Troyna Barry & Williams Jenny (1986). Racism, Education and the State. London.
Van den Berghe Pierre (1981). The Ethnic Phenomenon. New York.
Vilar Pierre (1973). Writing Marxist History, a History in the Making: Towards a Dialogue with Althusser. *New Left Review*, 80, S. 65–106.
Wolpe Harold (1986). Class Concepts, Class Struggle and Racism. In: Rex & Mason (1986).
Woods Donald & Bostock Mike (1986). Apartheid: A Graphic Guide. London.
Woodward J. & Richards D. (Hg., 1977). Health Care and Popular Medicine in 19th Century Britain. Brighton.
Wright Patrick (1985). On Living in an Old Country: The National Past in Contemporary Britain. London.
Yuval-Davis Nira & Anthias Floya (1989). Woman-Nation-State. London.

Übersetzung: Michael Haupt

Klaus Holzkamp

Antirassistische Erziehung als Änderung rassistischer »Einstellungen«?

Funktionskritik und subjektwissenschaftliche Alternative

I.

Es geht mir darum, Unklarheiten, auf die ich beim Versuch der Einarbeitung in das Problemfeld »antirassistische Erziehung« gestoßen bin, zu diskutieren und, wo möglich, auszuräumen. Dabei scheint es mir sinnvoll, als Einstieg in die Diskussion zunächst danach zu fragen, wie hier der Gegenstand der erzieherischen Aktivitäten, d. h. der pädagogisch vermittelte Lerngegenstand ausgegliedert bzw. konstruiert wird, in welchen Dimensionen man sich ihm also lernend annähern kann. Davon hängt es nämlich ab, ob es vom Standpunkt der SchülerInnen in ihrem Lebensinteresse liegt, die pädagogische Lernanforderung als ihre eigene Lernproblematik engagiert zu übernehmen, oder ob sie dieser Anforderung bestenfalls gezwungenermaßen nachkommen können, d. h. ihr – wo immer die Möglichkeit dazu besteht – ausweichen oder gar Widerstand entgegensetzen werden: eine »Lernstörung«, die, weil sie eben bereits im Lerngegenstand begründet ist, durch keinerlei Didaktik oder Unterrichtsmethodik mehr geheilt werden kann (vgl. dazu Holzkamp 1993, Kap. 3 und 4). Was wird im Problemfeld antirassistischer Erziehung unter »Rassismus« bzw.

»Antirassismus« als möglichem Gegenstand pädagogisch angeleiteten Lernens verstanden?

In diesem Bereich weit verbreitet ist die Vorstellung, »Rassismus« sei ein Sammelbegriff für persönliche »Einstellungen«, mit denen Minderheiten, »Fremde« oder auch nur »Andere« diffamiert und ausgegrenzt werden. Entsprechend verbreitet ist deswegen die Verwendung von Termini aus diesem Begriffsumfeld, wie »Vorurteil«, »Stereotyp«, »Haltung«, »Ethnozentrismus« etc., zur näheren Bestimmung von Rassismus. Mit solchen Begriffen bewegt man sich unversehens in das Weichbild der traditionellen Sozialpsychologie hinein: Um jedes dieser Konzepte sind riesige Mengen von sozialpsychologischen Untersuchungen und Theoremen angehäuft, mit den in diesem Fach üblichen widerstreitenden Befunden und unausgetragenen Kontroversen – und dem hier ebenfalls üblichen Mangel an grundsätzlichen Reflexionen und Klärungen. Ich will – zentriert auf meine Fragestellung – versuchen, die Konstruktion rassistischer »Einstellungen«, »Vorurteile«, »Überzeugungen« etc. als möglicher Thematik antirassistischer Erziehung funktionskritisch zu analysieren.

II.

Ein öfter von mehr gesellschaftstheoretisch oder soziologisch orientierten ForscherInnen erhobener Einwand gegen eine Reduzierung von »Rassismus« auf »Einstellungen«, »Vorurteile« o.Ä. ist die Feststellung, damit werde die gesellschaftliche Dimension des Rassismus psychologisiert und individualisiert. So bezeichnet Georg Auernheimer (1990, 146) als »Hauptmangel der psychologischen Vorurteilsforschung« die »Subjektivierung der Problematik« unter »Vernachlässigung der gesellschaftlichen Bedingungen«. Eine ähnliche Kritik ist von der Position der »anti-racist education« in England am Konzept der »multicultural education« geübt worden. Nach Gita Steiner-Khamsi (1992) versteht in der Sicht der »anti-racist education« der multikulturelle Ansatz den bestehenden Rassismus »nicht in erster Linie als institutionelles oder gesellschaftliches Problem, sondern als eine Angelegenheit von Vorurteilen und Intoleranz. Dadurch, dass in einem solchen Ansatz die Betrachtungsebene auf die Individuen und ihre Kulturen beschränkt« werde, blieben »Ungleichheiten und Ungerechtigkeiten zwischen den Weißen und Schwarzen bestehen« (98). – Wie ist dabei aber das Verhältnis zwischen rassistischen »Einstellungen« etc. und gesellschaftlichen Lebensbedingungen genauer zu bestimmen? Oder, radikaler gefragt: Ist die Vorstellung von Rassismus als Inbegriff von individuellen Vorurteilen, Einstellungen etc. überhaupt mit einer adäquaten Einbeziehung der gesellschaftlichen Dimension in das Projekt antirassistischer Erziehung vereinbar?

Um dieser Frage nachgehen zu können, müssen wir – dies ist eine zentrale Operation innerhalb funktionskritischer Denkbewegungen – an kritischen Stellen den *Standpunkt*, von dem aus man jeweils redet, thematisieren. Im gegenwärtigen Diskussionskontext wird dabei sogleich deutlich, dass die mit dem Einstellungs-Konzept einhergehende »Individualisierung«, »Subjektivierung« des Rassismus-Problems keineswegs bedeutet, dass der *Subjektstandpunkt der Betroffenen* berücksichtigt wird. Hier kommen nämlich weder die, denen die Vorurteile gelten (also etwa Minderheiten), noch die, welche die Vorurteile haben, zu Worte, sondern es wird von Dritten über die Beziehung der beiden anderen Instanzen zueinander geredet. Dieser Drittstandpunkt kann sich verschieden konkretisieren. In der erwähnten psychologischen Einstellungs- bzw. Vorurteilsforschung sind es die WissenschaftlerInnen, die hier die »Vorurteile« anderer zum Objekt ihrer Forschung machen, also deren Subjektivität quasi »objektifizieren«. Dieser Drittstandpunkt wird überall da eingenommen, wo von rassistischen Einstellungen o. Ä. gesprochen wird: Niemand redet von sich selbst als »Rassisten«, sondern es werden immer bestimmte »andere« konstruiert, denen rassistische Vorurteilshaftigkeit zugeschrieben wird, die aber selbst als Subjekte im wissenschaftlichen Diskurs nicht vorkommen.

Aus der im Konzept rassistischer Vorurteile, Einstellungen etc. implizierten *Doppelbewegung der Individualisierung* und *Objektifikation* ergibt sich nun relativ zwingend die Vorstellung darüber, wie ein so verstandener Rassismus mit gesellschaftlichen Verhältnissen vermittelt sei: durch Lernprozesse, mit denen Einflüsse aus der Familie, den Medien, der Politik etc. von den Individuen übernommen werden. Als konzeptioneller Rahmen zur Elaboration einer solchen Vorstellung bietet sich dabei der in der Soziologie tradierte Begriff der »*Sozialisation*« an, der entsprechend in kaum einer der einschlägigen Erörterungen fehlt. Rassistische Einstellungen wären demnach – selbstverständlich – durch »Sozialisationsprozesse« erworben. Dabei übernimmt man meist ebenso selbstverständlich psychoanalytische Auffassungen über Mängel frühkindlicher Konfliktverarbeitung in der Familie als Entstehungsbedingungen »rassistischer« Einstellungen von Erwachsenen, womit »Rassismus« als eine sozialisationsbedingte Persönlichkeitsstörung verstanden wird. [...]

Zur Funktionskritik des Konzeptes der »Sozialisation« als Ursache rassistischer Einstellungen hinterfragen wir auf einer ersten Ebene die *Selbstverständlichkeit*, mit der hier die gesellschaftliche Vermitteltheit des Rassismus als »sozialisationsbedingt« gedeutet wird. Es ist zwar oberflächlich plausibel, dass rassistische Vorurteile im Laufe der eigenen Lebensgeschichte entstanden sein müssen. Die Annahme eindeutiger kausalgenetischer Verknüpfungen etwa zwischen Vorurteilen Erwachsener und frühkindlichen Erfahrungen ist aber nicht etwa eine Beschreibung empirischer Sachverhalte, sondern die theoretische, um nicht zu sagen ideologische Konstruktion eines Determinationszusammenhangs, der keineswegs aus der biografischen Erfahrung »herausgeholt«, sondern in diese hineinkonstruiert wird. So kann mit Julia Kristeva (1981) vom Standpunkt postmodernen Denkens die in der psychoanalytischen Theorie postulierte, frühkindliche »Primärszene« um den Ödipus-Komplex als universalistische »Urknall-Theorie« betrachtet werden, deren Auflösung im Zusammenhang der Auflösungen anderer »Großerzählungen« der Moderne ansteht.

Wenn man nun auf einer nächsten Analyseebene *den Standpunkt* thematisiert, von dem aus rassistische Einstellungen auf ihre Entstehung durch Sozialisationsprozesse hin expliziert werden, so wird klar, dass hier der *Drittstandpunkt*, von dem aus die rassistischen Einstellungen konstruiert sind, damit die Objektifikation der Einstellungs-Subjekte, sich in bestimmter Hinsicht noch verdeutlicht: »Sozialisation« ist nicht etwa ein Begriff, den ich – um meine Erfahrung auf ihre biografische Dimension hin durchschaubar zu machen – jeweils auf mich selbst anwende, sondern der über meinen Kopf hinweg von Dritten, etwa WissenschaftlerInnen oder ExpertInnen, auf meinen Lebenslauf angewendet wird. Hier werden Bedingungen, insbesondere in meiner frühen Kindheit, konstruiert, durch welche ich nach Meinung der ExpertInnen das werden musste, was ich bin – eine Person mit rassistischen Einstellungen. Ich selbst habe zu dieser Deutung meines eigenen Lebens nichts beizusteuern. Wenn ich hier befragt werde, dann wird mir dadurch keineswegs die subjekthaft-aktive Möglichkeit eingeräumt, die Experten-Deutungen zu problematisieren oder zurückzuweisen: Meine Äußerungen dienen lediglich zur »Bestätigung« oder Ausschmückung der von dritter Seite über mich verhängten »Sozialisations«-Erklärungen meiner rassistischen Vorurteilshaftigkeit und werden – falls sie nicht mit den theoretischen Erwartungen übereinstimmen – als unbewusste »Abwehr« oder »Verdrängung« interpretiert. [...] Auf der Seite der Experten/Therapeuten liegt also die Rationalität, auf meiner Seite liegt dagegen die Irrationalität des Ausagierens verdrängter Triebwünsche.

Betrachtet man schließlich, auf einer dritten Analyse-Ebene, die *Funktionalität* der unterstellten Sozialisations-Genese rassistischer Einstellungen innerhalb des wissenschaftlichen Diskurses, so tritt hier eine Argumentationsfigur hervor, die dem Vernehmen nach für psychologisches Herangehen generell typisch sein soll: Während man sich – im »vorwissenschaftlichen« Raum – eben noch mit konkreten Individuen über deren Umgang mit Menschen anderer Nationalität auseinandergesetzt hat, redet man – nachdem das Geschäft wissenschaftlich-psychologischer Erklärungen eingesetzt hat – plötzlich gar nicht mehr mit ihnen, nicht einmal über sie: Stattdessen redet man über das »kleine Kind«, dessen Probleme mit seinen Eltern, den dabei erlittenen unbewältigbaren Triebversagungen oder Ähnlichem. Darin liegt eine *doppelte Ausweichbewegung*: Einmal erscheint der Rassismus, der doch ein Problem je gegenwärtiger Beziehungen zwischen Menschen ist, in seinem Entstehungszusammenhang verjährt; die jetzt bestehenden gesellschaftlichen Verhältnisse geraten aus dem Blick, stattdessen richtet sich die Aufmerksamkeit bestenfalls auf frühere gesellschaftliche Bedingungen kindlicher Sozialisationsprozesse – Bedingungen, die nun nicht mehr zu ändern sind; damit ist die Theorie a priori von Handlungsnotwendigkeiten zur Kritik und Veränderung gegenwärtiger gesellschaftlicher Verhältnisse entlastet, kann politischen Stellungnahmen aus dem Wege gehen und Konflikte mit den Herrschenden wissenschaftlich begründet vermeiden (vgl. Osterkamp 1986, 74f.). Zum anderen bricht man durch die Sozialisations-Erklärungen prinzipiell die intersubjektiven Beziehungen zu anderen ab: Es ist quasi niemand mehr da, mit dem man sich über Rassismus auseinandersetzen kann; indem der Diskurs sich auf Probleme der früheren Kindheit der anderen verschiebt, zwinge ich ihnen meinen Deutungsrahmen auf und verleugne sie damit als Subjekte mit jeweils ihrem Standpunkt und ihrer Perspektive auf ihr eigenes Leben, entfremde sie also in gewissem Sinne sich selbst. Damit ist aber auch unsere mögliche *Mitverantwortung* für den herrschenden Rassismus und die Bedingungen, die ihn fördern, mangels intersubjektiver Qualität unserer Beziehungen von mir nicht mehr thematisierbar (vgl. Osterkamp 1989, 56f.).

III.

Ich hatte eingangs dargelegt, dass es von der Art der pädagogischen Ausgliederung des jeweiligen Lerngegenstands in seinen relevanten Dimensionen abhängig ist, wieweit SchülerInnen diesen als eigenes Lernanliegen übernehmen können oder sich der schulischen Lernanforderung entziehen müssen. Wenn man sich nun fragt, welche Art von Lerngegenstand gemäß dem Einstellungs-/Sozialisations-Modell auszugliedern ist, so zeigt sich, dass diese Frage hier ins Leere geht: Rassistische »Vorurteile«, »Einstellungen« etc. sind ja nicht etwas, das in diesem Kontext irgendeinem Lerngegenstand zukommen kann, sondern das den SchülerInnen selbst als Personen attribuiert wird: Ihnen wird hier also von vornherein kein eigentlicher Lerngegenstand angeboten, bezüglich dessen sie darüber entscheiden können, ob seine Aneignung in ihrem Interesse ist oder nicht, sondern sie werden selbst zum Gegenstand gemacht: Ihre Vorurteile, ihre Einstellungen, also *sie selbst* sollen geändert werden.

Dies bedeutet aber, dass in pädagogischen Konzeptionen, die dem Einstellungs-/Sozialisations-Modell folgen – unabhängig von allen progressiven Intentionen antirassistischer Erziehung –, notwendigerweise das traditionelle konservative Postulat der Asymmetrie zwischen der Position der allwissenden Lehrenden als Subjekte pädagogischer Einwirkung und der Position der unmündigen, kognitiv und moralisch verbesserungsbedürftigen SchülerInnen als Objekt dieser Einwirkung befestigt wird: Dies ist eine schlichte Konsequenz der dargestellten Objektifikation von Subjektivität im Einstellungs-/Sozialisations-Modell selber. »Erziehung« gehorcht damit zwangsläufig dem altehrwürdigen Prinzip von »Lohn« und »Strafe«. »Rassistische« Vorurteile samt den daraus etwa entspringenden Taten werden »bestraft« und »antirassistische« o.ä. Einstellungen und Handlungen werden belohnt – wobei die LehrerInnen als Funktionäre der Schuladministration von vornherein und unanzweifelbar »wissen«, was das eine und was das andere ist (und damit selbst notwendigerweise über jeden Rassismus erhaben zu sein haben).

Dieser pädagogische Ansatz repräsentiert in extremer Form das, was ich in meinem Lernbuch (1993) als »Entöffentlichung« der SchülerInnen als »Lernsubjekte« diskutiert habe: Die Schule verzichtet hier von vornherein und programmatisch darauf, sich der Unterstützung und Mitwirkung der SchülerInnen im pädagogischen Prozess versichern zu wollen, sondern konstruiert sie als potenzielle Schädlinge, deren eigene Lebensbedürfnisse und Lerninteressen nichts gelten – ja, nicht einmal zur Kenntnis genommen werden –, sondern die gemäß vorausgesetzten Erziehungszielen zu trimmen und zu disziplinieren sind. Auf der Seite der SchülerInnen führt dies zu einer Haltung, die ich als »Normalisierung auf defensives Lernen hin« gekennzeichnet habe. [...] So kommt es in dieser Konstellation zu einem permanenten, mehr oder weniger verdeckten Kampf zwischen den Lehrenden, die den Zu-Erziehenden ihre rassistischen Vorurteile austreiben wollen, und den SchülerInnen, die die Lehrenden durch Zum-Munde-Reden »einzuwickeln« versuchen: Sie werden ihnen das erzählen, was sie »hören« wollen, aber, wo immer es geht, sich der Zumutung, sich als Personen umtrimmen lassen zu sollen, entziehen und das, was sie »wirklich« denken, gegenüber den Lehrenden schön für sich behalten.

Die zentrale Stoßrichtung meiner Kritik an Konzepten antirassistischer Erziehung unter den Vorzeichen des Einstellungs-/Sozialisations-Modells bezieht sich also nicht primär auf deren notwendig autoritären, disziplinierenden Charakter, sondern darauf, dass sie *genuin wirkungslos*, ja *kontraproduktiv* sein muss: Wenn man die SchülerInnen unter Ausklammerung ihrer eigenen Subjektivität ihre rassistischen Einstellungen aberziehen will, sie also in ihrer Weltsicht und personalen Integrität von vornherein negiert, muss man sich eigentlich nicht wundern, wenn sie da nicht mitspielen, sondern durch die Demonstration von gewünschten Erziehungsresultaten sich gegenüber jeder Einmischung in ihre inneren Angelegenheiten abschirmen.

Das damit erzieherisch hergestellte Resultat ist eine Trennung zwischen »Schule« und »Lebenspraxis«, die generell für Schule als Disziplinareinrichtung charakteristisch ist: Durch diese Art von »antirassistischer Erziehung« sind zwar möglicherweise schulische Anpassungsbewegungen zu erreichen, die Ablehnung oder Aggression gegenüber Menschen, die als »Ausländer« gelten, in der Alltagspraxis der SchülerInnen bleiben aber davon unberührt, ja mögen sich aufgrund des Widerstandes gegen einschlägige schulische Gesinnungsforschung und -manipulation eher noch verstärken. […]

Aus alledem sollte hervorgehen, dass zu einer sinnvollen theoretischen Grundlegung antirassistischer Erziehung vor allem anderen eine Konzeptualisierung von »Rassismus« nötig ist, die – indem die aufgewiesenen Widersprüche und Schwächen des Einstellungs-/Sozialisations-Modells überwunden sind – eine Ausgliederung von Lerngegenständen ermöglicht, durch welche die

SchülerInnen zu Subjekten ihres eigenen Lernprozesses und zu Bündnispartnern der Erziehungspersonen werden können. Wie aber kann man zu einer derartigen Konzeptbildung gelangen?

IV.

Es liegt nahe, zur Vermeidung der bisher diskutierten argumentativen Schwächen und Widersprüche sozusagen die Front zu wechseln und statt auf »rassistische Einstellungen« von Individuen auf jene gesellschaftlich-institutionellen Bedingungen zurückzugreifen, deren Vernachlässigung der »Vorurteils«- bzw. »Einstellungs«-Version von Rassismus gelegentlich vorgeworfen wurde. Als Kennwort für diese Umorientierung bietet sich dabei der seit den 1960er Jahren in einschlägigen Diskussionen immer wieder herangezogene Begriff des »institutionellen« oder »strukturellen Rassismus« an: eines »Rassismus«, der sich nicht (mehr) explizit und offen äußert, sondern in politischen, sozialen, juristischen, medialen Diskursen sowohl wirksam wie verborgen ist (vgl. Miles 1991, 69ff., 113ff.).

Mit dem Konzept des »strukturellen Rassismus« ist allerdings unser Problem keineswegs schon gelöst: Ob wir von da aus weiterkommen können, hängt davon ab, wie das Verhältnis von strukturellem Rassismus und individuellen Lebensäußerungen genauer bestimmt ist – und in dieser Hinsicht scheinen noch große Unklarheiten zu bestehen. So werden offensichtlich häufig struktureller Rassismus und individuelle Lebenstätigkeit weitgehend unvermittelt gegenübergestellt. Osterkamp schreibt dazu:

> Das Konzept des institutionellen oder strukturellen Rassismus enthält zwar zumindest theoretisch die Möglichkeit, [die] Einbezogenheit des eigenen Handelns in rassistische Strukturen zu reflektieren. In den konkreten Ausführungen wird dieser Begriff jedoch meist wiederum in höchst abstrakter, von den konkreten Bedingungen und Menschen abgehobener Weise verhandelt, so dass der Bezug zum individuellen Handeln, zumindest aber zur individuellen Verantwortlichkeit, weitgehend verloren geht (1996, 141).

Wo hingegen genauere Angaben über die Vermittlung der strukturellen und der individuellen Ebene des Rassismus gemacht werden, mag man wiederum auf Vorstellungen um das schon diskutierte traditionelle »Sozialisations«-Konzept zurückgreifen – so, wenn Siegfried Jäger (1992) [...] darlegt, die Individuen würden »gelernte feste Schemata und Modelle oder auch Prototypen (›Frames‹ und ›Scripts‹) verwenden, die nicht individuell sind, sondern sozial und ›vorgegeben‹; sie werden von den Menschen im Verlauf ihrer Sozialisation angeeignet, gelernt« (8). Mit derartigen Auffassungen ist man unversehens in ebenjene früher aufgewiesenen Schwierigkeiten und Widersprüche des Einstellungs-/Sozialisations-Modells verwickelt, die wir ja gerade überwinden wollen. Wir müssen also versuchen, um das Konzept des »strukturellen Rassismus« für uns fruchtbar zu machen, einige weitere Klärungen über die Vermittlungen zwischen diesem und individuellem Handeln zu erreichen. Dazu will ich zunächst das Konzept des »Diskurses«, wie es in einschlägigen Diskussionen gebräuchlich geworden ist, in einigen Punkten näher betrachten.

Wenn in derartigen Problemzusammenhängen von »Diskursen« die Rede ist, meint man damit nicht beliebige Redeweisen von Gruppen oder Individuen, sondern »herrschende«, offiziell anerkannte und durchgesetzte Sprachformen und Lesarten, wobei herrschende Diskurse stets auch bestimmte Praktiken ausdrücken und nach sich ziehen: Dies ist die Verwobenheit von Diskurs und Macht, wie sie von Foucault an verschiedenen institutionellen Anordnungen (Psychiatrie, Gefängnis, Schule etc.) herausanalysiert worden ist. Diese Machtbestimmtheit der Diskurse schließt [...] eine Definitionsmacht darüber ein, welche Redeweisen über einen bestimmten Gegenstand als gehörig und wahr zugelassen sind: Indem mit den Diskursen gewisse positive Sprachmöglichkeiten mit Bezug auf Bereiche, die vielleicht bisher nicht versprachlicht werden konnten, geschaffen werden, sind damit gleichzeitig andere Sprachmöglichkeiten darüber als ungehörig und unwahr ausgeschlossen. So sind auch in den Diskursen über Minderheiten, Flüchtlinge, Fremde o. Ä. (deren »Natur«, soziale Position, Rechtstellung etc.) Selbstverständlichkeiten enthalten, mit welchen Worten und Gedankenverbindungen darüber zu reden ist – d. h. auch, welche diesbezüglichen Auffassungen, Fragen und Problematisierungen dem herrschenden Konsens über gehöriges und wahres Sprechen darüber zuwidergehen, also im Diskurs unversprachlicht bleiben müssen.

In einem Aufsatz mit dem sprechenden Titel »Das Boot ist voll« haben neuerdings Ute Osterkamp und das Projekt Rassismus/Diskriminierung die Stiftung derartiger selbstverständlicher Lesarten an charakteristischen Sprachformeln von Politikern und Journalisten innerhalb der laufenden Asyldebatte herausgehoben: »Der Anspruch auf Asyl bedeutet eine unzumutbare Überforderung der Einheimischen«; der »Missbrauch des Asylrechts durch die Asyl-

> suchenden« ist ein Grund für den berechtigten Unmut der Einheimischen; »Wer genug zu essen und ein Dach über dem Kopf hat, hat keinen Grund zu klagen«; »Die Rücksichtnahme auf die Fremdenfeindlichkeit der Bevölkerung ist ein Erfordernis der Demokratie« etc. (1993). Die in solchen diskursiven Versprachlichungen mitgesetzte Ausschließung abweichender Rede- und Denkweisen äußert sich dabei gelegentlich in unverhohlenen Beschimpfungen, so, wenn Hinweise auf die politische Verantwortung für rassistische Erscheinungen als »unsinnig« abgetan, das Eintreten für die Beibehaltung des individuellen Rechts auf Asyl als »gesinnungsethisches Delirium« und die Auffassung, »Fremdenfeindlichkeit« sei nicht natürlich, sondern politisch erzeugt, als Ausdruck von »Wahn« diffamiert werden (Osterkamp 1996, 99).

Um die Vermittlungen der so akzentuierten herrschenden Diskurse als Ausprägungsformen strukturellen Rassismus zur individuellen Lebenstätigkeit genauer konzeptualisieren zu können, führe ich an dieser Stelle versuchsweise die kritisch-psychologische Vermittlungskategorie der »*subjektiven Handlungsgründe*« (vgl. Holzkamp 1983, Kap. 7) in unsere Diskussion ein. Unter diesen Vorzeichen wären zunächst – wie alle gesellschaftlichen Konstellationen – auch die gerade erörterten institutionell-rassistischen Diskursformen in ihrer den Individuen zugekehrten Seite als »gesellschaftliche Bedeutungsstrukturen« aufzufassen – d. h. als bestimmte verallgemeinerte Handlungsmöglichkeiten und Handlungsbeschränkungen, die von den Individuen übernommen, aber auch in bewusstem »Verhalten« dazu reflektiert und verändert werden können. Von da aus kann man nun die darauf bezogenen Lebensäußerungen der Individuen als in den benannten Bedeutungsstrukturen *begründetes Handeln* auffassen: Die gesellschaftlich verallgemeinerten Handlungsmöglichkeiten/-beschränkungen gehen so gesehen als »Prämissen« in die subjektiven Handlungsgründe der Individuen ein. Diese handeln also von ihrem Standpunkt aus stets in Ansehung ihrer eigenen Lebensinteressen »begründet«, d.h. »vernünftig«. Wieweit sie dabei tatsächlich in ihrem Lebensinteresse handeln können oder dieses ungewollt verletzen, hängt von der jeweiligen – mit den Bedeutungsstrukturen gegebenen – Prämissenlage ab: Es ist für das Individuum in kritischen Situationen stets zunächst »offen«, ob es unter den bestehenden Verhältnissen/Prämissen in seinem Interesse vernünftig handeln kann oder ob dazu die bestehenden Verhältnisse problematisiert und geändert werden müssen – was stets Konflikte mit herrschenden Instanzen, die an der Erhaltung des Status quo interessiert sind, einschließt. Demnach kommt es in derartigen kritischen Situationen für mich stets darauf an, die gegebene Prämissenlage und die darin eingeschlossenen Kräfteverhältnisse mir so weit anzueignen und zu reflektieren, dass ich zu *der* Alternative finden kann, die meinen Lebensinteressen am ehesten entspricht, also meine Handlungsfähigkeit nicht gefährdet, sondern neue Lebensmöglichkeiten für mich eröffnet.

Auf welche Weise wäre nun diese Vermittlungsebene subjektiver Handlungsgründe in die Konzeptualisierung des institutionellen bzw. individuellen Rassismus einzubeziehen, und wie wären dadurch die dargestellten Schwierigkeiten und Widersprüche der anderen Ansätze zu vermeiden? – Im Kontext unseres begründungstheoretischen Ansatzes fasse ich individuellen Rassismus als Charakteristikum solcher systematisch verkürzten, eindimensionalen Handlungsbegründungen auf, in welchen die im strukturell-rassistischen Diskurs enthaltenen Prämissen nicht problematisiert, sondern als selbstverständliche Handlungsvoraussetzungen akzeptiert werden: Hier bleiben in den positiven Bestimmungen der offiziellen Lesarten auch all jene impliziten Denk- und Frageverbote für das eigene Handeln bestimmend, die den institutionell-rassistischen Charakter solcher Diskursformen ausmachen. Die Alternative, dass im eigenen Lebensinteresse die in den rassistischen Strukturen liegenden Handlungsprämissen selbst problematisiert und verändert werden müssen, bleibt auf diese Weise unsichtbar. So ist hier für das individuelle Handeln jene zentrale Widerspruchskonstellation charakteristisch, in welcher (der Möglichkeit nach) mit oberflächlich im eigenen Lebensinteresse begründeten Handlungen gegen ebendieses eigene Interesse selbstschädigend verstoßen wird. – In dieser begründungstheoretischen Argumentationsfigur werden die Individuen nicht, wie im Umkreis des Einstellungs-/Sozialisations-Modells, als Resultat von über Sozialisationsprozesse vermittelten Fremdeinflüssen, sondern als begründet Handelnde aufgefasst. Man muss hier also mit der Diagnose individuellen Rassismus nicht einen mehr oder weniger großen Teil der Bevölkerung als »irrational« ausgrenzen und damit aus dem intersubjektiven Beziehungsmodus, d. h. als potenzielle Gesprächspartner, ausschließen. Vielmehr bleiben auch *bei der Kritik rassistischer Lebensäußerungen die dabei angesprochenen Individuen konzeptionell als Mitsubjekte, die für ihr eigenes Handeln voll verantwortlich sind, erhalten*. Die institutionell-rassistischen Diskurse, die unserem Ansatz nach zu Prämissen individuell-rassistischer Begründungsmuster werden können, durchziehen zwar aufgrund ihrer Funktionalität für die Erhaltung der bestehenden Herrschaftsverhältnisse stets in irgendeiner Weise das Gesamt gesellschaftlicher Bedeutungsstrukturen. Sie treten aber in Abhängigkeit von den je besonderen lebensweltlichen Anordnungen, deren Aspekt sie darstellen und die sie rassistisch formieren, auf unterschiedliche Weise in Erscheinung. Phil Cohen hat derartige Differenzierungen mit Blick auf bestimmte Strukturen der proletarischen Öffentlichkeit in England auf den Begriff gebracht (siehe Cohen in diesem Band). [...]

Je nach der Eigenart des institutionell-rassistisch akzentuierten lebensweltlichen Bedeutungskontextes und der mir darin »angebotenen« Prämissenlage wird es – sofern ich mich dazu nicht bewusst »verhalte« – bei mir zu unterschiedlichen Begründungsmustern und darin begründeten individuell-rassistischen Handlungen kommen: als Phantasien, gezieltes Schweigen und »Wegsehen«, verbales »Necken« (»name calling«), Räsonieren und Schimpfen – oder auch als verschieden ausgeprägte Gewalttätigkeit. Gerade auch mit Bezug auf rassistische Gewalttaten muss man von unserem begründungstheoretischen Ansatz aus nicht (wie im Banne des Einstellungs-/Sozialisations-Modells) zur Hilfsannahme eines – unter bestimmten Bedingungen auftretenden – »Umschlagens« von rassistischen »Einstellungen« in rassistische Gewalt greifen (womit unklar bleiben muss, wie ein solches Umschlagen vonstattengehen und wie die Bedingungen, die dazu führen, genauer beschaffen sein sollen, so dass man hier mit all den in der sozialpsychologischen Forschung nicht bewältigten Schwierigkeiten bei der Erklärung des Übergangs von »Einstellungen« zum »Verhalten« konfrontiert ist). Man kann hier vielmehr die konkreten lebensweltlichen Kontextbedingungen herausanalysieren, aus denen heraus es zu rassistischer Gewalt kommt – insbesondere Gruppenbildungen in Treffpunkten wie Kneipen, Jugendtreffs, Parteiveranstaltungen, aber auch (quasi konspirativen) Privatwohnungen, in denen ein Konsens über die Gewaltintention und deren Opfer entsteht, der dann – wiederum in Gruppen oder auch allein – in Gewalttaten realisiert wird. Dabei wären die hier einbezogenen Dimensionen institutionell-rassistischer Diskurse, durch welche die jeweiligen Bedeutungsanordnungen rassistisch thematisiert und formiert werden, herauszuarbeiten, um so vom Standpunkt der Gewalttäter die typischen Begründungsmuster zu erfassen, durch welche die Gewalttaten unter den Vorzeichen des offiziellen Rassismus als im eigenen und allgemeinen Interesse subjektiv begründet erscheinen:

> Indem »rechte« Jugendgruppen einschlägige rassistische Dimensionen des herrschenden Diskurses als eigene Handlungsprämissen übernehmen, mag sich etwa für diese ein grundsätzliches Dilemma rassistischer Positionen innerhalb eines (dem Anspruch nach) demokratischen Gemeinwesens verdeutlichen: Indem hier die Gleichheit aller BürgerInnen vor dem Gesetz und darüber hinaus Gleichheit der Lebenschancen postuliert wird, ist die Entrechtung und Verfolgung von »Ausländern« mit demokratischen Prinzipien grundsätzlich unvereinbar. So kann also innerhalb der Demokratie »Rassismus« nicht umstandslos als offizielle Politik deklariert, sondern muss mit allerlei – »realpolitischen«, ökonomischen oder auch pseudoanthropologischen – Schein- und Deckargumenten verblümt werden, womit auch der offen deklarierten Entrechtung und Verfolgung der »Ausländer« gewisse Grenzen gesetzt sind. Die »rechten« Jugendlichen mögen nun

dieses Dilemma im (vermeintlichen oder tatsächlichen) Sinne des institutionell-rassistischen Diskurses zu lösen versuchen, indem sie die politischen Hemmnisse bei dessen Realisierung in Rechnung stellen und von da aus eine Art »Arbeitsteilung« praktizieren: Sie führen jene Verfolgung und Vertreibung der »Ausländer« in die letzte Konsequenz, die aus ihrer Sicht offiziell zwar gemeint, aber nicht voll realisierbar ist. Auch Gewalt und Mordbrennerei sind so gesehen keineswegs lediglich Ausfluss persönlicher Aggressivität oder anthropologisch fundierten »Fremdenhasses«, sondern ergeben sich konsequent aus der – von Rücksichten befreiten – Umsetzung der offiziellen Entrechtung und Entmenschlichung der »Ausländer« – sind also in diesem Kontext subjektiv begründet. Der besondere Impetus und quasi das Pathos der Gewalttaten bestimmter »rechter« Jugendlicher gegen »Ausländer« mag sich so gesehen daraus ergeben, dass man sich hier grundsätzlich im Einklang mit allen national gesinnten politischen Kräften innerhalb unserer Gesellschaft wähnt, deren wahre Intentionen man stellvertretend in die Tat umzusetzen meint. Die dadurch provozierten Gegenmaßnahmen mögen entweder den »Roten« zugeschrieben oder – quasi augenzwinkernd – als demokratische Mimikry der politischen Freunde hingenommen werden. Dabei mag man ein besonderes Avantgarde-Bewusstsein noch daraus beziehen, dass man sich gegenüber allen kleinlichen Bedenken und Kompromissen rücksichtslos für die nationale Sache einsetzt: Man sieht sich ausgezeichnet als Menschen, die aus der Masse dadurch herausgehoben sind, dass sie bis zum Äußersten gehen, die »unerhörte Tat« wagen, durch die sie nicht nur die Angst und Bewunderung der Lauen auf sich ziehen, sondern – gerade, indem sie die eigene Freiheit und das eigene Leben aufs Spiel setzen – in die Geschichte der nationalvölkischen Bewegung eingehen werden.

Zu den – in Abhängigkeit von unterschiedlichen lebensweltlichen Bedeutungsanordnungen – speziellen Erscheinungsformen individuell-rassistischen Handelns kann man nun auch das rechnen, was normalerweise als rassistische »*Einstellungen*« bezeichnet wird: Aufgrund der in solchen Anordnungen gegebenen Prämissenlage mag es in manchen Konstellationen für je mich subjektiv begründet sein, mich etwa auf Minderheiten nicht in Phantasien, Verschweigen, manifesten Aggressionen, Gewalttaten, sondern eben durch »einstellungsförmige« verbale Äußerungen über deren Eigenschaften, Charakterzüge etc. zu beziehen. Dies wird mir noch in besonderer Weise nahegelegt, wenn die lebensweltliche Anordnung in einer wissenschaftlichen Erhebungssituation besteht, innerhalb derer mir etwa ein Fragebogen mit der Instruktion vorgelegt wird, ich solle darauf ankreuzen, welche der dort genannten Eigenschaften in welchem Ausprägungsgrad auf die Angehörigen bestimmter Ethnien, Minderheiten o.Ä. zutreffen. Im Einklang mit unserer Konzeption ist hier davon auszugehen, dass die Vorstellung, Minderheiten wie Juden und Schwarze besäßen bestimmte verallgemeinerbare Eigenschaften oder Charaktermerkmale, durch die man sie gegenüber der Mehrheit qualifizieren und abqualifizieren könne, als ein Aspekt des institutionell-rassistischen Diskurses in derartige Fragebogen gelangt ist. Wenn ich als Proband die mir angebotenen Checklisten oder Skalen instruktionsgemäß ausfülle, also die gewünschten »Einstellungen« produziere, so hätte damit dieser institutionell-rassistische Aspekt der Befragungsanordnung in die Prämissen meiner Handlungsbegründungen Eingang gefunden. Den hier für mich gelegten Fußangeln könnte ich nur durch eine bewusste –

aus deren rassistischen Implikationen begründete – Verweigerung der Teilnahme an solchen Befragungen oder Erhebungen entgehen. Zum einen wird mir dies jedoch vom Wissenschaftler – durch die mit dessen Experten-Status gesetzte Drucksituation oder auch durch entsprechende Instruktionen (etwa den beliebten Hinweis, ich solle nicht lange nachdenken, man sei nur an meinen spontanen Äußerungen interessiert o. Ä.) – sehr schwer gemacht. Zum anderen aber pflegen die ForscherInnen solche Verweigerungen und ihre Begründungen keineswegs zu den Resultaten ihrer Untersuchung zu zählen, sondern – wegen »instruktionswidrigen Verhaltens« der ProbandInnen – einfach beiseite zu lassen. Die in den Erhebungsresultaten kumulierten Daten o. Ä. wären in dieser Sicht eher als Artefakte der Versuchsanordnung zu betrachten, durch welche die dargestellte Problematik der Gleichsetzung von Rassismus mit rassistischen »Einstellungen« von vornherein unerkannt bleiben muss. – Man sollte also – dies die generelle Quintessenz der vorstehenden Überlegungen – auch die jeweils eigenen methodischen Zurüstungen der Rassismusforschung als eine von vielen unterschiedlichen (historisch gewordenen) Bedeutungsanordnungen reflektieren, durch welche es (wenn man sich nicht bewusst dazu »verhält«) zu verschiedenen subjektiv begründeten Erscheinungsformen individuell-rassistischer Lebensäußerungen kommt: Damit würde man weniger leicht der Täuschung unterliegen, mit den im lebensweltlichen Kontext der eigenen Versuchs- oder Befragungsbedingungen gewonnenen Resultaten etwas über »den« Rassismus der Bevölkerung ausgesagt zu haben.

V.

Aus der damit skizzierten begründungstheoretischen Fassung des Rassismus-Konzeptes müssten sich nun auch Konsequenzen für eine tragfähigere theoretische Fundierung des Projektes antirassistischer *Erziehung* ableiten lassen. Wie aber hat man sich dies genauer vorzustellen? – Eine erste und wesentliche Konsequenz liegt, wie mir scheint, in einem aus dem begründungstheoretischen Kontext sich ergebenden anderen Verständnis des *pädagogischen Prozesses*: Dessen intendierter Verlauf wird nun nicht mehr als Änderung von rassistischen Einstellungen auf der Seite der SchülerInnen, die damit als bloße Erziehungsobjekte gefasst sind, verstanden. Vielmehr geht es hier darum, aus den subjektiven Befindlichkeiten, in die sie zunächst involviert sind, im pädagogischen Prozess einen von ihrem Standpunkt aus bedeutsamen *Lerngegenstand* auszugliedern: die geschilderten *institutionell-rassistischen Diskurse*, wie sie gegebenenfalls als Prämissen in die Begründungen ihrer individuell-rassistischen Handlungen eingehen. Dabei ist die relevante Dimension der Annäherung an den Lerngegenstand hier keineswegs, wie im traditionellen Schulunterricht, der bloße Erwerb von (womöglich abfragbarem) Wissen über institutionellen Rassismus samt seinen politischen und historischen Entstehungsbedingungen. Vielmehr muss die *spezifische Beziehung* des Lernsubjekts zu den institutionell-rassistischen Diskursen in jedem Stadium des pädagogischen Prozesses erhalten bleiben: Es muss immer wieder deutlich werden, dass diese Diskurse nicht in sich selbstgenügsame politisch-gesellschaftliche Erscheinungen, sondern quasi den Individuen zugekehrt sind: Ihnen kommt aufgrund ihrer Machtbestimmtheit die *Funktion* zu, durch Fixierung und Einschränkung der Prämissenlage die Begründungsmuster individueller Handlungen im herrschenden Interesse zu beeinflussen und gleichzuschalten; d.h. es muss klar werden, dass mit dem institutionellen Rassismus, im politischen Raum, im juristischen Bereich, in den Medien, auch im pädagogischen Feld selbst, stets (auch) je ich selbst gemeint bin. Damit steht für mich permanent zur Debatte, wieweit die herrschenden Interessen, die über die rassistischen Diskurse in meine Handlungen durchschlagen (sollen), mit meinen Lebensinteressen übereinstimmen oder diesen widerstreiten. Mit diesen Überlegungen haben wir uns auf eine weitere, besonders virulente Ebene möglicher Konsequenzen unseres Ansatzes für die Konzeptualisierung antirassistischer Erziehung zubewegt: Wenn schulische Lernanforderungen nicht lediglich zu defensivem Lernen mit den geschilderten Ausweichbewegungen führen sollen, dann müssen pädagogische Verhältnisse hergestellt werden, in welchen die SchülerInnen nicht durch Druck, Sanktionen, Zensuren, also fremde Kontrolle zum Lernen gebracht werden: Sie müssen vielmehr die Lernanforderungen von ihrem Interessenstandpunkt aus als ihre eigene Lernproblematik übernehmen können. Welches Interesse sollten sie aber daran haben, über das Eindringen in die institutionell-rassistischen Diskurse als Lerngegenstand ihre potenzielle eigene Verflochtenheit in diese Diskurse zu durchschauen? Ein solches Interesse wird mit Sicherheit niemals aufkommen, solange die SchülerInnen der Meinung sind, man sei mit der Diffamierung und Verfolgung von ethnischen Minderheiten etc. widerspruchsfrei auf der Seite der Sieger, man selbst erweise sich damit als stark, die anderen erwiesen sich dagegen als die Schwachen, auf deren Kosten man sich selbst aufbauen und Vorteile verschaffen könne.

Im Banne eines solchen Begründungsmusters wird man die Ausübung von Macht gegen die ethnischen Minderheiten nur so weit einschränken, wie eine stärkere Macht einen dazu zwingt – womit die geschilderte Vorstellung von antirassistischer Erziehung als fremdbestimmter Unterdrückung rassistischer Lebensäußerungen der SchülerInnen abermals als einziges wirksames Mittel ausgegeben werden könnte.

Um unsere Argumentationslinie demgegenüber wiederum zur Geltung bringen zu können, wären nun allerdings mit Bezug auf die institutionell-rassistischen Diskurse theoretische Vorklärungen nötig, die weit über das hinausgehen, was ich hier bisher dargestellt habe. An dieser Stelle wäre nämlich herauszuarbeiten, dass die rassistischen Diskurse nur *eine* Dimension herrschender Diskursformen darstellen, mit welchen – soweit sie handlungsbestimmend werden – durch die Konstruktion von Minderheiten verschiedener Art die Bevölkerung so auseinanderdividiert ist, dass sich damit die verschiedenen Gruppen quasi gegenseitig in Schach halten, die Macht der Herrschenden durch vielfältige Kanäle von den Beherrschten gegen sich selbst gewendet und so die bestehende Herrschaftsstruktur »freiwillig« reproduziert wird. Welche Minderheiten dabei konstruiert werden und wie diese mit den jeweiligen Mehrheiten gekreuzt sind, ist mehr oder weniger historischem Wandel unterworfen: nicht nur »rassische« bzw. »ethnische« Minderheiten, sondern auch »Frauen« als historisch stabilste Minderheit, »Irre«, »Homosexuelle«, »Behinderte«, »Alte«,

»Jugendliche«, »Arme«, »Arbeitslose«, »Verwahrloste«, »Straffällige« etc. Unter diesen Vorzeichen können etwa einheimische »Frauen«, die im Rahmen der patriarchalen Gesamtstruktur als »Minderheit« ausgegrenzt sind, mit Bezug auf ethnische Minderheiten u. U. zur aktiv ausgrenzenden Mehrheit gehören; ebenso sind im Banne solcher Herrschaftsmechanismen weiße männliche Behinderte mit Bezug auf Nichtbehinderte eine »Minderheit«, gegenüber »Frauen« und »Schwarzen« aber Angehörige der »Mehrheit« usw. – Auf der Grundlage solch theoretischer Konzeptionen müssten dann die institutionell-rassistischen Diskurse als Lerngegenstand in Richtung auf Mehrheits-Minderheits-Diskurse in der gegenwärtigen gesellschaftlich-historischen Situation hin kontextualisiert und konkretisiert werden. Dabei darf man einerseits die jeweils unterschiedliche historische Größenordnung und Relevanz verschiedener Mehrheits-Minderheits-Diskurse nicht aus dem Auge verlieren, aber andererseits auch nicht übersehen, dass *vom Standort der jeweiligen Minderheiten* das Leiden an der Ausgrenzung samt der damit verbundenen Entwürdigung und Beeinträchtigung von Lebensmöglichkeiten stets »einmalig« und total ist – so dass Vergleiche darüber, welche Minderheit am meisten leidet, Aufsummierungen des Leidens von Individuen, die verschiedenen Minderheiten angehören o. Ä. (vgl. Osterkamp 1989, 35–39), hier am Phänomen vorbeigehen.

Beim Eindringen in den so gefassten Lerngegenstand müsste (der Intention nach) den SchülerInnen klar werden können, dass sie nicht nur potenzielles *Subjekt von* rassistischen Ausgrenzungs- und Diffamierungsbewegungen gegenüber ethnischen Minderheiten sind, sondern als Jugendliche, Mädchen, Behinderte etc. selbst auch potenzielle *Opfer* der Ausgrenzung und Diffamierung durch andere – dazu stets in der Gefahr, falls sie später keinen Arbeitsplatz bekommen, beim Klauen erwischt werden, an AIDS erkranken, weitere mehr oder weniger einschneidende Ausgrenzungen und Diffamierungen auf sich zu ziehen. Von da aus müsste im Fortgang der Lernaktivitäten für mich (als Schülerin/Schüler) begreifbar werden, dass ich nur, wenn ich die Gesamtheit der Mehrheits-Minderheits-Diskurse, in die ich real einbezogen bin, ausblende, mich etwa als »Einheimischer« gegenüber »Ausländern« auf der Siegerseite wähnen kann, aber allgemeiner gesehen – eben als Mädchen, Jugendliche(r), Behinderte(r) etc. – selbst auch ausgegrenzt und diffamiert werde. So gesehen stricke ich also mit meinen rassistischen Aktivitäten an ebenjenem Netz von Wechselausgrenzungen und -diffamierungen mit, in dem auch ich gefangen bin und durch das wir uns im herrschenden Interesse selbst gegenseitig kleinhalten und entmächtigen. Dies müsste (wenigstens im Prinzip) die Einsicht einschließen, dass das Lernen solcher Zusammenhänge in meinem eigenen Interesse ist, so dass ich die hier gestellten Lernanforderungen als meine subjektive Lernproblematik übernehmen kann.

VI.

Aus alledem sollte deutlich geworden sein, wie die »antirassistische« Zielsetzung einer so konzipierten Erziehung zu verstehen ist: nicht als Aufspüren, Dingfestmachen und Ändern von »Rassisten«, damit Vollzug einer Ausgrenzungsbewegung im Namen der Überwindung von Ausgrenzungen, sondern als die gemeinsame – kognitive und (wo möglich) praktische – Destruktion der institutionell-rassistischen Diskurse, also Überwindung selbstschädigender Verhaftetheiten des eigenen Denkens und Handelns in solchen Diskursen.

Dies bedeutet auch die Aufdeckung der historischen Wandlungen des institutionellen Rassismus, mit denen sich dieser einerseits bestimmten Gegenbewegungen scheinbar anpasst – wobei aber in der neuen Verkleidung die alten »Selbstverständlichkeiten« ausgrenzender und entmächtigender »Wahrheits«-Stiftungen erhalten bleiben. [...]

Aufschlussreich in diesem Zusammenhang sind die historischen Wandlungen des Begriffs »Rasse« im rassistischen Diskurs unter dem Druck der Bürgerrechtsbewegungen in den USA, wie sie Gita Steiner-Khamsi (1992) herausgearbeitet hat: Während man bis Mitte der 1920er Jahre in der amerikanischen Sozialforschung noch eine genetisch-biologische Unterlegenheit etwa von Schwarzen und Frauen unterstellte, wurden besonders unter dem Einfluss der Chicago-Schule um Robert Park später »Rassenunterschiede« nur noch auf kulturelle, d.h. ethnische Unterschiede zurückgeführt: dies das *»Ethnizitätsparadigma«*, das, so Steiner-Khamsi, noch heute vielerorts, auch in Europa, vorherrscht. Dabei scheint einerseits bestimmten grobrassistischen Vorstellungen der Boden entzogen, andererseits aber bleibt der rassistische Diskurs in neuer Form erhalten: Hier wird unter der Hand mit den ethnischen Unterschieden mehr oder weniger eindeutig ein Modernitätsgefälle zwischen fremden Kulturen und der westlichen »Hochkultur«, der die ForscherInnen selbst angehören, mitgesetzt, so dass – in einem Schritt zur Seite und einem Sprung noch oben –

mit den ethnischen Differenzen die eigene Überlegenheit festgeschrieben ist (ebd., 52ff.).

Von da aus verdeutlicht sich die Problematik der naheliegenden pädagogischen Versuche, dem »Rassismus« der SchülerInnen durch Weckung von »Verständnis« für andere Kulturen im Rahmen »multikultureller« bzw. »interkultureller« Ansätze (vgl. Auernheimer 1990) entgegenzuwirken. Hier wird nicht nur – wie verschiedentlich von radikaleren Positionen aus eingewendet – durch Akzentuierung kultureller Unterschiede, also »Ethnisierung« des Problems, die im rassistischen Diskurs postulierte Andersartigkeit der »Ausländer« implizit als Grundlage der pädagogischen Aktivitäten vorausgesetzt, damit die Ausgrenzung durch die Art, in der man sie überwinden will, gerade festgeschrieben: Darüber hinaus gehören solche »interkulturellen« Ansätze, da hier über die Vertrautheit mit den anderen Kulturen rassistische *Einstellungen* geändert, Vorurteile abgebaut werden sollen, ganz und gar in das Umfeld eben jenes »Einstellungs-/Sozialisations-Modells«, das wir früher kritisch analysiert haben. Die Kenntnis der fremden Kulturen wird hier nur scheinbar als mögliche Dimension selbständigen Lerninteresses eingeführt: Tatsächlich soll diese Kenntnis lediglich als *Mittel* zum Abbau rassistischer Vorurteile über die Köpfe der SchülerInnen hinweg dienen. Da sie somit keinen Grund haben, die mangelnde Vertrautheit mit der Kultur der »Ausländer« als subjektive Lernproblematik zu übernehmen, ist hier die geschilderte typische Konstellation defensiver Ausweichbewegungen im Lernprozess gegeben. Demgemäß ist damit zu rechnen, dass die SchülerInnen auf das Ansinnen, etwa über die Normen und Lebensgewohnheiten in der Türkei abfragbares Wissen zu erwerben, normalerweise kaum mit eigenem Lernengagement antworten, sondern eher genervt und widerständig reagieren – womit auch ihre Ablehnung z. B. von türkischen MitschülerInnen sich keineswegs verringern, sondern eher noch verstärken dürfte.

Aus diesen Überlegungen ergibt sich, dass man hier bei der Entwicklung konkreter methodisch-didaktischer Konzeptionen die verschiedenen Rechtfertigungs- bzw. Verteidigungslinien des institutionell-rassistischen Diskurses berücksichtigen müsste – so die Biologisierung von »Rassen«, aber auch die Rückzugsposition ihrer Ethnisierung. In diesem Zusammenhang wäre zu erwägen, wieweit nicht bestimmte Ausprägungsformen des radikal gemeinten »Antirassismus« als Kritik am Multikulturalismus, nämlich das Konzept einer Sanktionierung bzw. Bestrafung rassistischer Äußerungen von SchülerInnen (vgl. Steiner-Khamsi 1992, 118ff.) – da hier deren Subjektivität negiert ist und subjektiv begründete Lerninteressen als Lernvoraussetzung ignoriert werden – nicht selbst noch als weitere Form der verschleierten Restauration institutionell-rassistischer Diskurse in Rechnung zu stellen sind. Dabei kann man natürlich das Ergebnis der reflexiven Identifizierung rassistischer Diskurse nicht einfach vorwegnehmen, sondern muss die SchülerInnen »da abholen, wo sie stehen«. Je nach Diskussionsstand müssten dabei also etwa die herrschaftssichernde Funktionalität der Biologisierung von Mehrheits-Minderheits-Diskursen, die Zwiespältigkeit des »Verständnis-wecken-Wollens« für die Minderheiten vom Standpunkt des Mehrheits-Diskurses und die Widersprüchlichkeit bloßer »Anti«-Positionen der Minderheiten gegen die Mehrheiten, also etwa der personalisierende »Antirassismus« zum Lerngegenstand gemacht werden können. Auf diesem Wege müsste dann schrittweise der verallgemeinerbare Kern des institutionell-rassistischen Diskurses, der von diesem durch keinerlei Restaurations-Strategien mehr eingeholt werden kann, sich verdeutlichen: die – wie immer eingebettete – Stigmatisierung der Angehörigen von Minderheiten als *Menschen minderen Wertes und Rechtes*, die nicht als Mitsubjekte ins Gewicht fallen, sondern über die man als Mehrheit oder im Namen der Mehrheit verfügen kann: Dies ist – indem sich hier jeder irgendwie einer »Mehrheit« zurechnen kann, die gegenüber den von da aus konstruierten Minderheiten bevorzugt und privilegiert ist – das stärkste Mittel der Vereinnahmung und Bestechung der Bevölkerung zur Sicherung bestehender Machtverhältnisse. Speziell darauf wäre dann die früher dargelegte allgemeinste Zielsetzung antirassistischer Pädagogik zu beziehen: die Vermittlung der Einsicht, dass wer sich dergestalt bestechen lässt und dadurch von den jeweils Herrschenden Vorteile oder auch nur Schonung erkaufen will, selbstschädigend an der Reproduktion eines Netzes verinnerlichter Fremdkontrolle und -disziplinierung mitwirkt, durch die auch man selbst kleingehalten und entmächtigt wird.

In dem Maße, wie im pädagogischen Prozess dieses Stadium der reflexiven Identifizierung von institutionell-rassistischen Diskursen bzw. Mehrheits-Minderheits-Diskursen erreicht ist, ließen sich dann auch die geschilderten Ambivalenzen des Verständnis-wecken-Wollens für »Ausländer«, aber auch des Postulats, nichts Schlechtes über diese sagen zu dürfen, überwinden. Es würde dann deutlich werden, dass die Sympathie und Freundlichkeit etwa gegenüber »Ausländern« oder auch das Unterlassen diffamierender Äußerungen gegenüber diesen zwar auf humaner Ebene wünschenswert sind, dass aber damit der Kern des Problems nicht getroffen ist. Man kann schließlich niemanden dazu zwingen, einen anderen zu mögen; außerdem wird es im Alltag immer auch Situationen geben, in denen mir andere auf die Nerven gehen und meine Aggression herausfordern. Dementsprechend ist die pädagogische Forderung, ausgerechnet die »Ausländer«, »Schwarzen« etc. immer sympathisch finden und keine Aggressionen ihnen gegenüber haben und äußern zu sollen, nicht nur unrealistisch, sondern vielleicht selbst schon wieder implizit rassistisch. Entscheidend ist vielmehr die Einsicht, dass – wenn ich mir nicht selbst schaden will – ich nicht daran mitwirken und nicht zulassen darf, dass irgendwelche Menschen, also auch »Ausländer« oder »Schwarze«, im herrschenden Diskurs als Menschen minderen Wertes und Rechtes ausgegrenzt werden. Ute Osterkamp hat dies mehrfach so akzentuiert: *Es kommt nicht darauf an, alle Ausländer sympathisch zu finden, sondern darauf, um gesellschaftlich-politische Verhältnisse zu kämpfen, unter denen sie auf unser Wohlwollen und unsere Sympathie nicht mehr angewiesen sind* (vgl. etwa 1991, 1469; 1996, 153). Antirassistischer Kampf – einschließlich antirassistischer Pädagogik – erwiese sich so in seiner letzten Essenz als eine Form des Kampfes um wirklich demokratische Verhältnisse.

Literatur

Auernheimer Georg (1990). Einführung in die interkulturelle Erziehung. Darmstadt: Primus.

Holzkamp Klaus (1983). Grundlegung der Psychologie. Frankfurt/M.: Campus.

Holzkamp Klaus (1993). Lernen. Subjektwissenschaftliche Grundlegung. Frankfurt/M.: Campus.

Jäger Siegfried (1992) Brandsätze. Rassismus im Alltag. Duisburg: DISS.

Kristeva Julia (1981). Women's Time. *Signs. Journal of Women in Culture and Society* 7, S. 13–35.

Miles Robert (1991). Rassismus. Einführung in die Geschichte und Theorie eines Begriffs. Hamburg: Argument.

Osterkamp Ute, 1989: Frauenunterdrückung – Betroffenheit, Parteilichkeit. In: IMSF (Hg.), Klasse und Geschlecht. Frankfurt/M.: IMSF. S. 35–57.

Osterkamp Ute (1991). Alternativen zum hilflosen Antirassismus. *Blätter für Deutsche und Internationale Politik* 12, S. 1459–1469.

Osterkamp Ute & Projekt Rassismus und Diskriminierung (1993). Das Boot ist voll. Typische Selbstrechtfertigungs- und Abwehrfiguren in der Asyldebatte. *Forum Kritische Psychologie* 32. S. 36–66.

Osterkamp Ute (1996). Rassismus als Selbstentmächtigung. Hamburg: Argument.

Steiner-Khamsi Gita (1992). Multikulturelle Bildungspolitik in der Postmoderne. Opladen: Leske & Budrich.

Ute Osterkamp

Institutioneller Rassismus – Problematik und Perspektiven

Der Begriff *institutioneller Rassismus* soll deutlich machen, dass rassistische Denk- und Handlungsweisen nicht Sache der persönlichen Einstellung einzelner Individuen, sondern in der Organisation des gesellschaftlichen Miteinanders verortet sind, welche die Angehörigen der eigenen Gruppe systematisch gegenüber den Nicht-Dazugehörigen privilegieren. Indem man sich solchen Bedingungen anpasst, die einen gegenüber anderen bevorzugen, beteiligt man sich an deren Diskriminierung, ohne dass persönliche Vorurteile im Spiel sein müssen. Ausdruck des institutionellen Rassismus ist z.B. eine Ausländergesetzgebung, die bestimmten Gruppen von Nichtdeutschen wesentliche Rechte vorenthält und diese damit im Vergleich zu den Einheimischen zu Menschen zweiter Klasse macht. Mit dem Begriff des institutionellen Rassismus verschiebt sich die Suche nach rassistischen Dispositionen der Individuen auf die Frage nach gesellschaftlich organisierten bzw. institutionalisierten Diskriminierungen bestimmter Menschengruppen, so dass sich die Einzelnen in Anpassung an die bestehenden Normen oder Anforderungen an diesen Diskriminierungen beteiligen, ohne sich unbedingt dessen bewusst zu sein oder dies zu beabsichtigen.

Dabei darf jedoch der Begriff des *institutionellen Rassismus*, wenn er nicht verfälscht werden soll, nicht dem persönlichen Rassismus, wie dies allgemein geschieht, als unabhängige Größe gegenüberstellt werden, wobei sich die beiden Rassismen in ihrer Wirkkraft summieren sollen. Diese Sichtweise verfestigt zum einen die Vorstellung, dass die Institutionen dem Einfluss der Individuen entzogen und diese damit nicht für sie verantwortlich sind; zum anderen fördert sie die Haltung, sich weniger mit den Ursachen rassistischer Erscheinungen als vielmehr mit der Frage zu beschäftigen, welche Gruppen in der Bevölkerung ihre wesentlichen Träger sind.

Rassismus wird demzufolge vorwiegend unter dem Aspekt der Schuld verhandelt, die jede/r möglichst von sich auf andere zu schieben sucht, und weniger als ein Problem gesehen, für dessen Überwindung man selbst mitverantwortlich ist (vgl. Bauman 1992, 11). Die Gegenüberstellung von Individuum und Gesellschaft bzw. die verbreitete Praxis, das Verhalten der Individuen unabhängig von ihrer gesellschaftlichen Position zu fassen, ist in der Trennung von Soziologie und Psychologie institutionalisiert, von der sich die eine vermeintlich nur mit »Individuen«, die andere nur mit »Gesellschaft« zu beschäftigen hat. Elias & Scotson nennen eine solche Trennung eine »Denkverirrung«, die sich auch nicht durch die Versicherung beheben lasse, dass man um ihre Fiktivität wisse (1993, 72, 262f.). Sie beziehen sich dabei auf Untersuchungen, die sie um das Jahr 1960 in einer kleinen englischen Vorortgemeinde, Winston Parva, durchgeführt haben und die die Inadäquatheit der Vorstellung eines *persönlichen Rassismus* unmittelbar sichtbar werden lassen. Ich werde im Folgenden auf diese Untersuchung ausführlich Bezug nehmen, weil sie eine der wenigen ist, die das Problem der Stigmatisierung anderer nicht – in letztlich rassistischer Manier – durch persönliche Charakterfehler oder kognitive Inkompetenz erklären, sondern im Sinne eines institutionellen Rassismus, als gesellschaftlich nahegelegte Form der Herrschaftssicherung, zu verstehen suchen.

In der von Elias & Scotson untersuchten Gemeinde bestand eine scharfe Trennung zwischen einer alteingesessenen Gruppe und Zugewanderten, die sich von den Etablierten nur dadurch unterschieden, dass sie »neu« und, da sie aus verschiedenen Gegenden kamen, auch untereinander isoliert waren. Die ZuwanderInnen wurden von den Etablierten – obwohl es sich dabei um eigene Landsleute handelte – als Bedrohung ihres über mehrere Generationen hinweg eingespielten Machtgefüges bzw. der jeweils eigenen Position innerhalb dieses Gefüges wahrgenommen, die nachdrücklich in ihre Schranken zu verweisen bzw. zur Anerkennung ihrer untergeordneten Position ihnen gegenüber zu bringen waren. Dies schien umso berechtigter, als die »Außenseiter« in ihrem Bemühen, Fuß zu fassen, offensichtlich nur ihren individuellen bzw. »egoistischen« Interessen folgten, die Etablierten sich jedoch mit der Verteidigung ihrer Machtpositionen auch als Verteidiger der herrschenden Ordnung fühlen konnten, innerhalb derer sie diese Position innehatten. Alle, die sich jenseits dieser Ordnung bewegten oder »von außen« Anspruch auf den Status der Etablierten erheben, erscheinen in deren Wahrnehmung als Eindringlinge und als »anomisch«, d. h. gesetzlos, durch bloße »Machtgelüste« bzw. irrationale Aggression gegen die bestehende Ordnung motiviert, zu deren Verteidigung man sich selbst aufgerufen fühlt (ebd., 20f., 49).

Der Begriff »Rassismus« als Symptom einer ideologischen Abwehr?

Aufgrund ihrer Untersuchungen in Winston Parva formulieren Elias & Scotson auch Vorbehalte gegen den Begriff Rassismus bzw. gegen die »rassische« oder »ethnische« Begründung von Ausgrenzungen. Die Begriffe »rassisch« und »ethnisch« seien eher Symptome einer ideologischen Abwehr, welche die Aufmerksamkeit auf Nebeneffekte (wie z. B. Unterschiede der Hautfarbe) lenken und von dem zentralen Aspekt, nämlich dem der Machtunterschiede, wegführen. Was als Rassebeziehungen verhandelt wird, seien in Wirklichkeit Etablierte-Außenseiter-Beziehungen: Die Gruppe mit den größten Machtmöglichkeiten versucht ihren monopolistischen Zugriff auf die Macht dadurch zu wahren, dass sie die Mitglieder anderer Gruppen von den Bastionen ihrer Macht auszuschließen und damit in die Außenseiterposition zu drängen trachtet (ebd., 26f., 249).

Eine wesentliche Waffe der Etablierten, ihre Machtüberlegenheit zu behaupten, besteht darin, die persönliche Integrität derer, die an ihren Lebens- und Einflussmöglichkeiten teilzuhaben verlangen, anzuzweifeln und diese damit zu stigmatisieren. Mit dem Begriff der Stigmatisierung heben sich Elias & Scotson bewusst von der traditionellen Vorurteilsforschung ab, welche die Voreingenommenheiten gegenüber anderen als bloß kognitive Fehleinstellung einzelner Individuen fasst und die ihnen zugrundeliegenden Machtverhältnisse außer Acht lässt. Stigmatisierungen kommen, wie Elias & Scotson betonen, ins Spiel, wenn die von der Macht Ausgeschlossenen Ansprüche formulieren, die über das Maß der ihnen zugestandenen Rechte hinausgehen; sie sind Rechtfertigungen der Beeinträchtigungen der Lebensmöglichkeiten anderer. Sie wirken, so Elias & Scotson, immer nur von »oben« nach »unten«; in umgekehrter Richtung fehle ihnen der Stachel bzw. die Macht, die anderen merklich in ihren Lebensmöglichkeiten einschränken zu können (ebd., 20, 253ff.; vgl. auch Neckel 1991, 220f.; Goffman 1970, 13f.).

Voraussetzung für die Wirksamkeit von Stigmatisierungen ist nach Elias & Scotson die Gleichsetzung von Macht und Verdienst im moralischen Sinne, der zufolge allen das beschieden ist, was ihnen gebührt. Der Prozess der Stigmatisierung sei abgeschlossen, wenn es der herrschenden Klasse oder etablierten Gruppe gelungen ist, auch große Teile der von der Macht Ausgeschlossenen von ihrer menschlichen, moralischen und politischen Minderwertigkeit zu überzeugen, d.h. dazu zu bringen, »freiwillig« ihre Lebensansprüche zurückzunehmen und sich mit dem ihnen beschiedenen Platz abzufinden (ebd., 8, 19) bzw. ihre Situation, um ihr den beschämenden Charakter zu nehmen, als selbstgewählt zu beschönigen (Neckel 1991, 165ff.). Stigmatisierungen dienen somit dazu, so auch Neckel, soziale Empörung über die eigene Diskriminierung in Scham ob der eigenen Minderwertigkeit umzuwandeln, d.h. die gesellschaftlichen Einschränkungen nicht als Ursache, sondern als Folge subjektiver Beschränktheit erscheinen zu lassen (ebd., 223). Diese Wendung der Aggressionen gegen die Individuen selbst, die in Reaktion auf die gesellschaftlichen Repressionen entstehen, ist nach Freud der zentrale Zivilisationsmechanismus, der mit der Teilhabe an den Machtmöglichkeiten der Etablierten belohnt wird. Zwischen der Ausgrenzung und der Unterwerfung unter die herrschende Ordnung gibt es in dieser Vorstellung keine Alternative. Die These von der Notwendigkeit der Verinnerlichung äußerer Gewalt als Prototyp menschlicher Sozialisation ist von vielen Autoren, unter anderem auch von Elias, übernommen worden, der damit letztlich seinen eigenen emanzipatorischen Anspruch zunichte macht: Wie auf der Basis der Verinnerlichung der Normen auf der Grundlage der Angst, anderenfalls ausgegrenzt zu werden, sich die von ihm geforderte kritische Distanz zu diesen Normen entwickeln lassen soll, bleibt im Dunkeln.

Biologisierung der Verhaltensweisen der Ausgegrenzten als Entlastung von Schuldgefühlen

Das soziale Stigma, das die Etablierten den Außenseitern anheften, verwandelt sich in ihrer Vorstellung in der Regel alsbald in ein materielles Stigma, das den Ausgegrenzten von der Natur oder den Göttern eingepflanzt sein soll. Elias & Scotson veranschaulichen dies am Beispiel der Burakumin, einer Minderheitengruppe in Japan, die nach der Klatschtradition der Mehrheitsjapaner ein bläuliches Muttermal unter beiden Armen haben sollen. Eine solche Biologisierung des sozialen Stigmas festigt zum einen die Illusion der Unveränderbarkeit der bestehenden Machtverhältnisse, zum anderen dient sie dazu, die stigmatisierende Gruppe von jeder Schuld zu entlasten: »Nicht *wir* drücken diesen Menschen ein Brandmal auf, sondern höhere Mächte«. Das physische Kennzeichen dient als greifbares Symbol für die unterstellte Anomie der anderen Gruppe, für ihre menschliche Minderwertigkeit (ebd., 32f.).

Ein weiterer Mechanismus, um die Distanz zu den »Außenseitern« möglichst groß und damit scheinbar unüberbrückbar zu halten, ist, wie Elias & Scotson feststellen, die Pars-pro-toto-Verzerrung. Diese besagt, dass die »schlechtesten« Eigenschaften der »schlechtesten« ihrer Mitglieder oder Teilgruppen, ihrer anomischen Minorität, insgesamt der Außenseitergruppe zugeschrieben werden, während die Etablierten sich selbst eher nach dem Bilde ihrer nomischsten Teilgruppe definieren (ebd., 13, 33).

In der Rechtfertigung der Ausgrenzung anderer drückt sich in gewisser Weise die Pervertierung der sozialen Natur der Menschen aus: Weil ich es mit dem Bild von mir nicht vereinen kann, dass ich anderen zur Absicherung meiner Privilegien Unrecht tue, muss ich das ihnen von mir Angetane oder Geduldete durch ihre »Eigenschaften« rechtfertigen: Die Unterdrückung begründet sich durch sich selbst, und das umso eher, je länger, wie etwa bei den Juden oder den Sinti und Roma, die Tradition ist, auf die sie sich berufen kann. Je sensibler das Gewissen bzw. die Sorge um das eigene Ansehen ist, umso mehr muss man – sofern man nicht die entsprechenden Konsequenzen aus dem praktizierten Unrecht zu ziehen bereit ist – die anderen entwerten, um das, was man ihnen antut, als rechtens erscheinen zu lassen. Die Entmenschlichung der Subjekte und die positive moralische Selbsteinschätzung verstärken sich, so Bauman, gegenseitig (1992, 118). Die Bilder der gefolterten und ermordeten jüdischen Zivilbevölkerung im Zweiten Weltkrieg dienten, so Bartov, ihren Mördern als Beweis für die Unmenschlichkeit ihrer Opfer und weckten ein heftiges Verlangen nach Vergeltung, das sich durch einen Umkehrungsprozess gegen jene und nicht gegen sich selbst richtete: »Denn es war ihre Existenz, die solche Gräueltaten notwendig gemacht, ihre offenkundige Unmenschlichkeit, die die eigene Barbarei zum Vorschein gebracht hatte. Nur durch die physische Vernichtung der Opfer und die Auslöschung der Erinnerung an sie konnte also die eigene Menschlichkeit gerettet werden« (1995, 165).

Ausgrenzung als Preis für Dazugehörigkeit

Stigmatisierungen sind, wie Elias & Scotson immer wieder betonen, keine individuelle, sondern eine kollektive Haltung, auf welche die Mitglieder der dominanten Gruppe mit einer äußerst wirksamen Zuckerbrot-und-Peitsche-Strategie verpflichtet werden: Dem Versprechen, bei Wahrung des Gruppenkonsenses an den ökonomischen, sozialen und politischen Möglichkeiten einschließlich des damit verbundenen Prestiges der Gruppe zu partizipieren, steht die mehr oder minder latente Drohung gegenüber, bei Ausscheren aus der gemeinsamen Front gegen diejenigen, welche das eigene Machtmonopol bedrohen, »sämtlichen Druckmitteln und Sanktionen ausgeliefert zu werden, über die ein derart geschlossener Sozialverband gegenüber nichtkonformen Mitgliedern verfügt«. Sich diesem Gruppendruck zu entziehen oder gar zu widersetzen würde ein ungewöhnliches Maß an Kraft und persönlichem Mut erfordern (ebd., 39, 42, 177f.). So hätten auch die Angehörigen der Etablierten-Gruppe in Winston Parva es eher vorgezogen, »das kollektive An-die-Brust-Klopfen und Naserümpfen mitzumachen, mit dem der höhere Status der eigenen Gruppe (oder manchmal auch der eigenen Elitegruppe innerhalb ihrer) behauptet wurde, als ihm entgegenzutreten« (ebd., 108). Bemerkenswert sei allerdings die »gnadenlose Härte« und Gehässigkeit gewesen, mit der selbst Menschen, die »für sich genommen« gutherzig, vernünftig und fair erschienen, sich an den Stigmatisierungen beteiligten (ebd., 172), insbesondere dann, wenn sie nicht als Individuen, sondern als Vertreter ihrer Gruppe sprachen und handelten (ebd., 178).

Ähnliche Schlussfolgerungen wie Elias & Scotson, nämlich dass die Beteiligung an den Stigmatisierungen von »Außenseitern« nicht individuellen Vorurteilen entspringt, sondern der Preis für die Zugehörigkeit zur »etablierten« Gruppe ist, zieht auch Browning (1993, 241f.) in seinen Untersuchungen über die Männer des *Reserve-Polizeibataillons 101*: Nicht persönlicher Antisemitismus, sondern die Angst, als »Judenfreund« und damit auf der anderen Seite stehend zu erscheinen oder als Feigling dazustehen, der sich vor der »Drecksarbeit« drückt und damit die »Kameraden« im Stich lässt, brachte diese in ihrer überwältigenden Mehrheit dazu, sich an den Erschießungen der jüdischen Zivilbevölkerung in Polen zu beteiligen.

Die Aussichtslosigkeit der individuellen Abwehr rassistischer Unterstellungen

Die überindividuelle Qualität jeder Stigmatisierung zeigt sich nicht nur auf Seiten der aktiv an ihr Beteiligten, sondern auch auf die »Opfer« bezogen: Nicht das reale Verhalten der Einzelnen, sondern ihre Zugehörigkeit zur Gruppe der »Außenseiter« bestimmt das Werturteil über sie. Damit ist der Möglichkeit, dem Vorurteil durch persönliches Wohlverhalten entgegenzuwirken, von vornherein der Boden entzogen. Diese Problematik ist im Zusammenhang mit dem Antisemitismus und dem »jüdischen Selbsthass« als seine vermeintliche Folge vielfach untersucht worden. Die widersprüchliche Botschaft der »Etablierten« an die »Außenseiter« lautet, wie Gilman (1993) am Beispiel der Juden aufzeigt: »Werde wie wir, höre auf, dich von uns zu unterscheiden, und du wirst zu uns gehören«. Und: »Je mehr du versuchst, zu sein wie ich, umso klarer wird mir der wahre Wert der Macht, die du mit mir teilen willst, und umso deutlicher wird mir bewusst, dass du nichts bist als ein Emporkömmling, ein Abklatsch, ein Außenseiter« (ebd., 12f.). Gerade die Angleichung an das Vorbild jener, von denen man als anders klassifiziert wird, würden einen in deren Augen umso weniger akzeptabel erscheinen lassen und sie dazu bringen, die in Aussicht gestellte Billigung zurückzuziehen. Eigentlich hätte man, so Gilman, um akzeptiert zu werden, niemals ein anderer sein dürfen (ebd., 13). Die konvertierten Juden sind dieser Auffassung nach »die schlimmsten«, wurzellose Gestalten, die sich von der eigenen Gruppe losgesagt haben und von denen erst recht keine Loyalität gegenüber der Gruppe zu erwarten ist, der sie sich um billiger Vorteile willen bzw. in dem naiven Glauben anzuschließen suchen, durch äußeres Wohlverhalten ihrer prinzipiellen Missachtung zu entgehen. Zu ähnlichen Erkenntnissen gelangen auch Wetherell & Potter, obwohl in ihrem Sample – Maori als Ureinwohner Neuseelands und Pakehas kolonialistischer Herkunft – die Diskriminierung nicht von »Alteingesessenen« gegen die »Eindringlinge«, sondern in umgekehrter Richtung verläuft: Einerseits wird den Maori ihre mangelnde Anpassung an die Moderne vorgeworfen, andererseits werden die Individuen, die sich über ihre Tradition hinaus entwickeln und den herrschenden Verhältnissen anpassen, nicht als »zivilisiert« oder »normal«, sondern als »entwurzelt« und therapiebedürftig bewertet (1992, 136).

Aus solchen Erfahrungen hat schon Lewin den Schluss gezogen, dass das Problem der Stigmatisierung bzw. die »jüdische Frage« kein individuelles Problem des guten Benehmens, sondern ein soziales Problem sei und erst überwunden sein wird, »wenn eine wirkliche Gleichrangigkeit mit den Nicht-Juden erreicht ist« (1953, 274). Statt den hoffnungslosen Versuch zu unternehmen, individuell der Stigmatisierung begegnen zu wollen, sei »eine klare und ohne Vorbehalte anerkannte Zugehörigkeit« zur eigenen Gruppe erforderlich sowie »ein Weitblick, der die Vergangenheit und die Zukunft des jüdischen Lebens umfasst und die Lösung des Minderheitenproblems mit dem Problem des Wohlergehens aller menschlichen Wesen verknüpft« (ebd., 275). Ähnlich stellt Primo Levi fest, dass der einzige Weg für Juden, ihrer staatlich verfügten Entwürdigung zu entgehen, darin bestand, das ihnen aufgezwungene Judentum hinzunehmen und gleichzeitig gegen die aufgezwungene Wahl anzukämpfen (1993, 133).

Die nichtnationale Existenz der Juden gab, so Bauman, wiederum die Möglichkeit, sie nicht nur als Feinde der jeweiligen Nation, sondern der auf Nationen aufbauenden Weltordnung schlechthin darzustellen. Sie hätten in den Augen der Antisemiten keine »Rasse« im normalen Sinne, sondern einen Antitypus gebildet, der sich infolge seiner übernationalen Existenz der nationalen Zurichtung weitgehend entzog und mit seiner »Ungezügeltheit« alle anderen »Rassen« zu unterwandern und zu vergiften drohte. Juden seien stets Fremde im Simmel'schen Sinne gewesen: »Außenstehende, selbst im Innern, die das Vertraute betrachten wie ein fremdartiges Studienobjekt; die nie zuvor geäußerte Fragen stellen, die das Selbstverständliche hinterfragen und das Unangreifbare bezweifeln« und sich über die Borniertheit partikularen Denkens erhaben dünkten (1992, 68, 83). Dieses Misstrauen gilt auch den Sinti und Roma, denen man unter anderem immer wieder ihr »kriecherisches Wesen« vorwirft, an dem offensichtlich vor allem stört, dass es eine Reaktion auf das gegebene Machtgefälle ist und sich in ihm keine zuverlässige Anerkennung der scheinbaren moralischen Überlegenheit der Mächtigeren äußert (vgl. Hohmann 1988, 64ff.).

Nicht der Charakter des Juden ruft den Antisemitismus hervor, sondern im Gegenteil, der Antisemit schafft den Juden, fasst Sartre diese Erkenntnis zusammen: »Wenn es die Existenz des Juden nicht gäbe, der Antisemit würde ihn erfinden« (Sartre 1994, 12). Die Ausgrenzung der Juden unterscheidet sich von der Ausgrenzung anderer Gruppen nach Gilman nur dadurch, dass die Unmenschlichkeit, die jeder Ausgrenzung zugrunde liegt, an ihnen ihre tödliche Zuspitzung gefunden hat bzw. in die Tat umgesetzt wurde (1993, 29) – und zwar, wie Bauman immer wieder hervorhebt, nicht im Gegensatz zur »Normalität« des Lebens in der »Moderne«, sondern durch diese erst ermöglicht.

Kritische Analyse des »Normalen« statt Ausgrenzung der Abweichenden

Die Betonung, dass Rassismus nichts mit der »Rasse« bzw. der »Andersartigkeit« der »Außenseiter« zu tun hat, sondern diese zur Rechtfertigung ihrer Ausgrenzung konstruiert, lenkt die Aufmerksamkeit auf die Situation derer, die andere als »abweichend« definieren; sie bettet Rassismus in die alltägliche Form der Daseinsbewältigung ein, die von Ausgrenzungen »Nicht-Dazugehöriger« durchzogen und der Angst vor eigener Ausgrenzung bestimmt ist. Wenn man die Möglichkeit zulässt, dass das, was normal ist, sich nicht prinzipiell von dem unterscheidet, was als rassistisch gilt, genügt es nicht, »Rassisten« dingfest zu machen, sondern wäre vielmehr die Normalität der herrschenden Verhältnisse und das eigene Arrangement mit ihnen kritisch zu reflektieren. Statt dem vielfältigen Druck nachzugeben und die eigene Wohlanständigkeit und Kompetenz, den herrschenden Anforderungen zu genügen, zu demonstrieren, wäre vielmehr die Berechtigung von Verhältnissen zu hinterfragen, unter denen man es sich nicht leisten kann, die Problematik des eigenen Verhaltens offen zuzugeben, bzw. unter denen man, um der eigenen Ausgrenzung zu entgehen, sich genötigt sieht, sich von denen zu distanzieren, die bereits ausgegrenzt sind – womit die Angst, die man auf diese Weise überwinden zu können meint, immer wieder neue Nahrung erhält. Oder positiv formuliert: Es wären die Voraussetzungen zu diskutieren, unter denen die Menschen die eigenen Fehler wie auch die der anderen nicht als Beweis ihrer Minderwertigkeit, sondern als Ansporn zu ihrer Überwindung sehen und es sich leisten können, dem »animalischen« Mitleid nachzugeben, statt dieses unter dem Druck der Situation immer wieder verdrängen zu müssen (vgl. Bauman 1992, 34).

Die Reflexion der Konsequenzen des eigenen Verhaltens – darauf bezieht sich der hier gebrauchte Verantwortungsbegriff – bedeutet, sich bzw. das, was man tut, ernst zu nehmen, nicht nur zu funktionieren, sondern das eigene Funktionieren in seiner gesellschaftlichen Einbettung zu reflektieren. Dies schließt die Durchbrechung der allgemeinen Tendenz ein, sich selbst als Verkörperung der »Norm« zu sehen und damit alle, die von ihr abweichen und sie damit infrage stellen, als inkompetent oder irrational, durch schiere Dummheit oder Aggression bestimmt abzuqualifizieren. Die Verantwortung für das eigene Verhalten ist nur auf dem Umweg über die Verantwortung für die Verhältnisse möglich, die dieses Verhalten bestimmen; es setzt demzufolge das Bemühen bzw. den Kampf um entsprechende Einflussmöglichkeiten voraus. Die gängige Reduzierung individueller Verantwortung auf das persönliche Handeln und Fortkommen bedeutet nichts anderes als das – irreführende – Versprechen, durch Wohlverhalten gegenüber den jeweils Mächtigen, das immer die Ausgrenzung der Außenseiter aus dem eigenen Verantwortungsbereich impliziert, die persönlichen Lebensmöglichkeiten zu erhöhen.

»Fremdheit« nicht als Voraussetzung, sondern als Folge von Ausgrenzung

Die Erkenntnis, dass die Angst nicht den »Außenseitern« gilt, sondern dem, was diesen – unter eigener aktiver oder passiver Beihilfe – geschieht, fällt aus verschiedenen Gründen schwer. Sie ist zum einen dadurch beeinträchtigt, dass die Besorgtheit um das eigene Schicksal die Empfindsamkeit dafür, was man aus dieser Angst heraus anderen antut, im Allgemeinen verstellt. Sie ist zum anderen durch die Tatsache behindert, dass die Ausgegrenzten infolge ihrer Diskriminierung – unter anderem auch als Protest gegen ihre Missachtung und Kränkung (vgl. Elias & Scotson 1993, 21, 24f., 254) – nicht selten ein Verhalten entwickeln, das den »Etablierten« wiederum zur Rechtfertigung ihrer Ausgrenzung dient. Darüber hinaus lässt das eigene unsoziale Verhalten diejenigen, denen es gilt, tatsächlich gefährlich erscheinen: Da sie bereits ausgegrenzt sind und also nichts mehr zu verlieren haben, sind sie durch Androhung ihrer Ausgrenzung auch nicht mehr einzuschüchtern und damit dem eigenen Einfluss weitgehend entzogen (Gilman 1993, 105).

Aber selbst jene, die Partei für die Stigmatisierten zu ergreifen suchen, sind angesichts der allgemeinen Front gegen diese schnell überfordert. Ihre Toleranz Außenseitern gegenüber verflüchtigt sich oder droht ins Gegenteil umzuschlagen, sobald diese Ansprüche zu stellen beginnen, welche die aktuellen Möglichkeiten der »Helfer« überschreiten. In der Zwangslage, entweder die Beschränktheit der eigenen Hilfestellung auf den Begriff zu bringen und die damit verbundenen Konflikte auf sich zu nehmen oder die Ansprüche jener, die diese Beschränktheit deutlich werden lassen, abzuqualifizieren, fällt die Wahl in der Regel spontan auf die letztgenannte Möglichkeit. Die Duldung der Stigmatisierten ist, so Goffman, immer nur eine bedingte und davon abhängig, dass diese so agieren, als ob ihre Situation »normal« und ihre bedingte Anerkennung volle Akzeptanz sei, während sie zur gleichen Zeit alle Situationen vermeiden, welche die »Normalen« zwingen würden, sich die Begrenztheit ihres Takts und ihrer Toleranz einzugestehen (1970, 150ff.). Überschreiten sie diese Toleranzgrenzen, wird dies von der anderen Seite alsbald als Aggression bzw. Undankbarkeit erlebt, die sie berechtigt, sich in die allgemeine Abwehrfront gegen sie einzureihen. Die Toleranzschranke bleibt aber, wie Neckel (1991, 165) hervorhebt, in der Regel durch die Ausgegrenzten ohnehin gewahrt, um sich die Kränkung einer weiteren Zurückweisung zu ersparen.

Stigmatisierungen beruhen, so Goffman, auf Kategorisierungen, und diese haben die Funktion, die Routine des sozialen Verkehrs in bestehenden Einrichtungen zu erhalten, indem sie uns erlauben, mit den jeweils anderen »ohne besondere Aufmerksamkeit und Gedanken umzugehen«, weil man schon im Vorab über sie bzw. darüber, wie sie zu behandeln sind, Bescheid zu wissen meint. Solche Erwartungen hätten immer normativen Charakter, der oft erst bewusst würde, wenn ihnen nicht entsprochen wird (1970, 10) – was nicht zur Revision der Erwartungen, sondern zur Entwertung der »Abweichler« als »nicht ganz menschlich« und somit dazu führt, deren Lebenschancen »wirksam, wenn oft auch gedankenlos« zu beschränken (ebd., 13f.).

Die Ideologie individueller Autonomie als Rechtfertigung von Ausgrenzung

Der ausgrenzende Charakter jeder Kategorisierung zeigt sich nicht zuletzt darin, dass die Vernachlässigung der konkreten Bedingungen individuellen Verhaltens durchaus selektiv ist: Während man das Verhalten anderer durch ihre »Eigenschaften« zu erklären pflegt, ist man beim eigenen Verhalten – zumindest dann, wenn es unterhalb der Norm bleibt – eher geneigt, die »Umstände« dafür verantwortlich zu machen (vgl. Wicklund & Eckert, 1992, 135ff.). Der Hinweis auf die behindernden Bedingungen ist jedoch, zumindest solange er nicht zum Anlass für ihre Überwindung genommen wird, durchaus zweischneidig, da, so Neckel (1992, 52, 155, 162), angesichts der in unserem Kulturbereich herrschenden Ideologie von der individuellen Autonomie die Ausgeliefertheit an die Verhältnisse wiederum als Zeichen persönlicher Minderwertigkeit gilt.

Die Ideologie von der »Autonomie« der Individuen, der zufolge diese unabhängig von ihrem konkreten Status sagen und machen können, was sie wollen, hat die Funktion, die eigenen Privilegien gegenüber weniger Bevorzugten zu verteidigen und diese möglichst auf Distanz zu halten; sie ist keineswegs nur »ideologisch« vermittelt, sondern unter den gegebenen Bedingungen durch die Notwendigkeiten individueller Lebenssicherung aufgezwungen. PsychotherapeutInnen würden sich z. B. um ihre eigene Existenzgrundlage bringen, wenn sie versuchten, ihre Therapie den Lebensbedingungen und den durch diese vermittelten unterschiedlichen Handlungsmöglichkeiten ihrer KlientInnen anzumessen statt diese entsprechend der Anwendbarkeit ihres Instrumentariums in Behandelbare und Nichtbehandelbare einzuteilen (vgl. Wicklund & Eckert 1992, 74f.).

Die Tendenz, das Verhalten der anderen auf deren persönliche oder kulturelle Eigenschaften zurückzuführen, ist offensichtlich sowohl entwicklungs- wie auch kulturbedingt. Sie steigt in westlichen Kulturen mit dem Alter signifikant an und ist bei nicht-westlichen Erwachsenen weit weniger häufig anzutreffen (Hewstone & Augoustinos 1995, 84ff.). Aber auch Angehörige der »unteren Schichten« und diskriminierten Gruppen, die die beschränkenden Bedingungen unmittelbar erfahren, neigen dazu, sich bei der Einschätzung des Verhaltens anderer eher auf die konkreten Lebensumstände als auf deren vermeintliche Persönlichkeitseigenschaften zu beziehen. Der Jude ist, so Sartre, Gesellschaftsmensch par excellence, weil es die Gesellschaft ist, an der er leidet. Diese Sichtweise Sartres, die vom Leiden der Menschen an den Verhältnissen statt von ihrem Ungenügen, diesen zu entsprechen, ausgeht, ist jedoch der etablierten Psychologie weitgehend fremd. Zugleich ist es für sie klar, dass die eigene Sichtweise die entwickeltere sein muss und es denen, die auf die konkreten Umstände individuellen Verhaltens verweisen, an den kognitiven Voraussetzungen mangelt, um hinter unterschiedlichen Verhaltensweisen konstante Persönlichkeitsstrukturen zu erkennen.

Die Illusion des »reinen Rassismus«

Wie Elias & Scotson (1989), wenn auch mit etwas anderem Akzent, stellt Scheuerer (1989) den Rassismus-Begriff infrage: Indem man diesen übernehme, kultiviere man – allen kritischen Intentionen zum Trotz – den Rassegedanken und lenke von den Machtverhältnissen bzw. den sozialen und ökonomischen Gründen der gegenwärtig weit relevanteren nationalstaatlich motivierten Ausgrenzungspraxis ab. Während es heutzutage relativ wenige »klassische« Rassisten gebe, würde die nationalstaatliche Absicherung der Privilegien – über alle politischen Differenzen hinweg – von einer großen Mehrheit der Bevölkerung akzeptiert.

Dieser Einwand gegen die Verwendung des Rassismus-Begriffs geht insofern an der Realität vorbei, als Rassismus ohnehin nichts mit »Rasse« zu tun hat, sondern zur Rechtfertigung des eigenen asozialen Verhaltens gegenüber anderen dient, die zu diesem Zweck als »anders-« oder »abartig«, d. h. »nicht ganz so entwickelt« und »nicht ganz menschlich« eingeordnet werden (vgl. Goffman 1970, 13). Die Bindung des Begriffs »Rassismus« an »Rasse« birgt die Illusion eines »reinen« Rassismus, der sich in der nicht weiter begründbaren persönlichen Abneigung gegen die »Art« der anderen äußert. Wenn man diesen Begriff so eng fasst, kann man in der Tat zu der Feststellung kommen, dass es Rassismus »bei uns« nicht gibt. Die Aussage »Ich habe nichts gegen Ausländer, aber ...« ist geradezu zu einem geflügelten Wort geworden. Mit der Verkürzung des Rassismus-Begriffs auf die nicht weiter begründbare und somit irrationale Ablehnung »Fremder«, die sich auch dann äußert, wenn diese angeblich eine »Bereicherung« darstellen, ist automatisch die Ausgrenzung anderer gerechtfertigt, sofern sie »vernünftig«, d. h. im eigenen Interesse bzw. unter dem Druck der Situation geschieht (vgl. auch Wetherell & Potter 1992, 195). Dieses Denken bestimmt nicht nur Stammtischparolen, sondern das politische Denken und Handeln insbesondere auch in der Ausländerpolitik, die unverblümt nach der Maxime funktioniert, dass die Interessen der ZuwanderInnen und Flüchtlinge denen der Einheimischen unterzuordnen sind.

Statt den »Rassismus« vom »Nationalismus« zu trennen, wie dies Scheuerer (1989) vorschlägt, wäre er vielmehr als dessen implizite Konsequenz zu verdeutlichen: Die Überzeugung von der Vorrangigkeit der »deutschen« bzw. eigenen Belange gegenüber denen der Nicht-Dazugehörenden ist zwar unter den gegebenen Bedingungen »normal« und »rechtens«, aber dennoch unmenschlich und spätestens dann »rassistisch«, wenn man die Ausgrenzung anderer durch deren »Eigenart« zu rechtfertigen sucht, indem man etwa – nach dem von Elias & Scotson dargestellten Pars-pro-toto-Modell – unter Verweis auf einzelne Übeltäter die Gruppe insgesamt kriminalisiert und damit öffentlich Stimmung gegen sie macht.

Einen ähnlich weiten Begriff von Rassismus stellen auch Wetherell & Potter (1992) zur Diskussion. Anhand ihrer in Neuseeland durchgeführten Untersuchungen wenden sie sich explizit gegen das Bemühen, Rassismus a priori durch seine Erscheinungsformen zu definieren, da sich diese je nach gesellschaftlichen Umständen und ideologischen Angeboten ständig ändern würden und man Gefahr laufe, mit der Definition bestimmter Formen rassistischer Gewalt von weniger offenkundigen abzulenken. Gerade die Elastizität des rassistischen Diskurses sei aber eine wesentliche Voraussetzung seiner Überlebensfähigkeit und als solche zum Gegenstand kritischer Analysen zu machen. Die einzig zuverlässige Definition von Rassismus sei die Etablierung und Absicherung von Unterdrückungsverhältnissen, die durch höchst widersprüchliche und gegensätzliche Diskurse legitimiert werden könnten. So hätten die von ihnen untersuchten Mitglieder der dominanten Pakeha-Neuseeländer in der Regel ihre Machtpositionen gegenüber den eingeborenen Maori in höchst illiberaler Weise mit liberalen und sozialreformerischen Argumenten verteidigt. Ebenso lasse der benutzerfreundliche Kulturdiskurs mit seinem harmonistischen Geschwätz von der gegenseitige Bereicherung unterschiedlicher Kulturen die Maori als eine Kultur unter anderen erscheinen und reduziere damit das ihnen von den Pakeha zugefügte Unrecht auf deren mangelnde Toleranz ihrer Andersartigkeit bzw. Rückständigkeit gegenüber.

Statt die Äußerungsformen der Menschen als Indiz ihres individuellen Rassismus zu werten und zu kategorisieren, komme es vielmehr darauf an, die Konsequenzen ihres Denkens und Handelns zu analysieren – eine Aufgabe, die mit dem traditionellem Instrumentarium der Einstellungsforschung kaum zu bewältigen ist und ein gründliches Umdenken wissenschaftlicher Methodik und Zielstellung erfordern würde.

Rassismus eine Gesamteinstellung anderen Menschen gegenüber?

Der Antisemitismus ist, so Sartre, eine Gesamteinstellung nicht nur den Juden, sondern den Menschen im Allgemeinen gegenüber. Diese Aussage lässt sich durchaus auch für die anderen Formen der Diskriminierung verallgemeinern: Unter der Voraussetzung, dass die Verhältnisse unveränderbar und das Arrangement mit ihnen als einzige Möglichkeit erscheinen, verkürzt sich die Sicht auf die Mitmenschen entsprechend den von ihnen zu erwartenden Vor- und Nachteilen: Wer mir nutzt, ist gut, wer mir schadet oder zur Last fällt, muss weg.

Die Verwendung des Rassismus-Begriffs für alle Formen von Ausgrenzung birgt jedoch die Gefahr, ihn um seine kritische Potenz zu bringen. »Wenn alles, was wir kennen, Auschwitz ist, ließe sich«, so Bauman, »dann nicht mit Auschwitz leben, und sogar leidlich?« (1992, 101). Der Holocaust war, so Bauman, ein singuläres und zugleich ein alltägliches Geschehen, die extreme Konsequenz gesellschaftlicher Normalität. Aber nicht jeder Fall von Unterdrückung und Unrecht ist bereits ein Holocaust. Wenn man von der Kontinuität der Normalität ausgeht, die zum Faschismus geführt hat, bedeutet die Betonung der möglichen Vorstufen nicht die Verharmlosung von Auschwitz, sondern bringt die Verhinderung seiner potenziellen Wiederholung in den Bereich eigener Verantwortung. Dies ist abzuheben von der herrschenden Praxis, angesichts der Verbreitetheit rassistischer Verhältnisse den Rassismus selbst zu »normalisieren« und damit zu leugnen.

Die Konzentration auf die Extreme lenkt von ihren vielfältigen Vorstufen und damit von der Mitwirkung »normaler« Individuen an ihrer Realisierung und zugleich von der existenziellen Bedeutung der unterschiedlichen Formen der Diskriminierung für die davon Betroffenen ab. So sind z.B. die Stigmatisierungen von Frauen, Alten oder anderen Gruppen von Menschen innerhalb einer »Volksgemeinschaft« oder Nation nicht mit der Haltung gegenüber jenen zu vergleichen, die offiziell als »nichtdazugehörig« deklariert sind. Die Überzeugung, vor dem Schicksal der »Außenseiter« sicher zu sein (sofern man genügend Distanz zu ihnen wahrt und somit nicht von außen mit ihnen in einen Topf geworfen bzw. zu einer Kategorie zusammengefasst werden kann), lässt die Verantwortung, die für die »eigenen« Leute in wie gebrochener Form auch immer trotz aller Ausgrenzungen noch besteht, für alle jenseits dieser Grenze gar nicht erst aufkommen. »Der Abgrund zwischen Betrachter und Betrachtetem ist«, so Gilman, »in der Rassetheorie absolut, es handelt sich um eine Form der vollständigen Distanzierung. Der Andere wird weit jenseits des eigenen Raumes angesiedelt, indem man die Unveränderbarkeit seines Selbstverständnisses betont. Das Bild des Anderen, das auf diese Weise entsteht, ist die Antithese zum Selbstbild des jeweiligen Betrachters« (1993, 114).

Die existenzielle Bedeutung der Tiefe des Abgrunds lässt sich an der unterschiedlichen Haltung der »Reichsdeutschen« gegenüber der Ermordung von »eigenen« Behinderten einerseits und »fremden« Gruppen andererseits zeigen. Während z. B. die Mehrheit der Vernichtung der Juden tatenlos zusah, gab es gegen die »Euthanasie«-Aktion, die systematische Ermordung Behinderter als »unwertes Leben« bzw. »Ballastexistenzen«, erfolgreichen Widerstand. Die »Dazugehörigkeit« definiert sich offensichtlich durch eine potenziell gleiche Betreffbarkeit, die staatlicherseits bzw. »institutionell« verfügt ist: Geistig und körperlich gebrechlich kann schließlich jeder werden, während »anständige« BürgerInnen gegen das Schicksal der Juden, Sinti und Roma, aber auch der Kommunisten oder Homosexuellen weitgehend gefeit waren – so wie man heute als Deutsche/r davor sicher sein kann, aus der Bundesrepublik ausgewiesen oder abgeschoben zu werden. In der antisemitischen Propaganda wurde demgemäß, so Bauman, großer Wert daraufgelegt, den »Abgrund« – auch in räumlicher Hinsicht – zwischen den Juden und dem Rest der Bevölkerung möglichst tief erscheinen zu lassen. Die Botschaft lautete: »Wie hart mit den Juden auch umgegangen wird, es trifft nur diese, niemand sonst hat etwas zu befürchten« (1992, 139, 171). Die mangelnde Unterstützung durch die »arische« Bevölkerung erstickte für die Juden weitgehend die Möglichkeiten zum Widerstand und ließ somit die auf ihre Entwürdigung zielenden Maßnahmen erst wirksam werden – wobei die Erfahrung der eigenen Machtlosigkeit und Ausgeliefertheit immer die denkbar größte Entwürdigung darstellt.

[…]

Die Verbesserung der Verhältnisse durch die »Verbesserung« der einzelnen Menschen?

Wenn man von den gesellschaftlichen Voraussetzungen absieht, die Auschwitz ermöglicht haben, erscheint der Faschismus als unbegreiflicher Einbruch des Bösen, der alle zu schuldig/schuldlosen Opfern vereint; oder aber als Ausbruch menschlicher Asozialität – über die sich allerdings eine Elite hinausentwickeln konnte, die damit die Berechtigung erworben hat, die nicht in gleicher Weise Auserwählten in ihrer dispositionell amoralischen Lebensentfaltung zu beschränken. Typisch hierfür ist etwa, so Bauman, die Adorno'sche These vom autoritären Charakter, der gemäß der Faschismus unmenschlich war, weil die Nazis unmenschlich waren, und die Nazis waren unmenschlich, weil Unmenschen eine Disposition zum Faschismus besitzen. Das Wesentliche an dieser »Problembewältigung« sei, dass mit der Schuldzuweisung an einige Personen oder Gruppen dem Rest der Gesellschaft pauschal Absolution erteilt werde. Zur Bekämpfung des Faschismus empfiehlt sich dann die Verschärfung der Kontrolle und Einschüchterung der »asozialen Massen«, wobei die Tatsache, dass gerade der Abbau demokratischer Rechte ein wesentliches Element des Faschismus ist, aus dem Blick gerät (vgl. Bauman 1992, 168, 129, 180).

Die Auffassung von der natürlichen Asozialität der Menschen und der höheren Moral der Mächtigen, die jene zu kontrollieren und zu disziplinieren haben, hat in den letzten Jahren wieder Auftrieb gewonnen; sie entspricht, so Bauman, der Praxis des Social Engineering, das Bestandteil des faschistischen Genozids mit seinem Entwurf einer – durch »Ausmerzung« der »Minderwertigen« zu verwirklichenden – idealen Gesellschaft sei (ebd., 32, 85, 106). Trotz ihrer mörderischen Implikationen, die sich im Faschismus offenbart haben, würden die Vorstellungen des Social Engineering nach wie vor das soziologische Denken mit seiner Polarisierung von Individuum und Gesellschaft und der ihr impliziten Fiktion, die Verbesserung der Verhältnisse über die »Verbesserung« der Individuen erreichen zu können, bestimmen. Diese »gärtnerische« Sicht schlägt sich selbst bei »gesellschaftskritischen« AutorInnen nieder: so etwa, wenn, wie von Bilden (1989, 40ff.), die »Utopie« einer »besseren« Gesellschaftsordnung entworfen und die Individuen aufgerufen werden, sich dieser Utopie entsprechend zu verhalten, um ihr Elend zu überwinden – ohne die Gründe, die sie in ihrem Elend verharren lassen, zu berücksichtigen und sich für deren Überwindung mitverantwortlich zu sehen. Das Bild vom Sklaven, der seine Ketten zerreißt, ist aber, so Levi, simple Rhetorik; diese würden, wenn überhaupt, immer nur von Menschen zerrissen werden, deren Ketten leichter und lockerer sind. Alle Revolutionen, die die Weltgeschichte verändert haben, seien von Menschen ausgeführt worden, die die Unterdrückung genau kannten, jedoch nicht am eigenen Leibe erfahren hatten (1993, 167).

Die etablierte Psychologie eher Teil des institutionellen Rassismus als eine Waffe gegen ihn?

Wenn sich SozialwissenschaftlerInnen überhaupt mit dem Thema Faschismus beschäftigten und es nicht von vornherein als »Geschichte« abtaten – durch die man zwar tief betroffen, aber für die man nicht verantwortlich und zuständig ist –, dann, wie Bauman am Beispiel der Soziologie verdeutlicht, im Wesentlichen mit der Absicht, sich durch diese Erfahrung nicht weiter von den gewohnten Bahnen und »bewährten« Verfahren abbringen zu lassen. Entweder habe man dieses Thema in Spezialbereiche verbannt oder versucht, ihm mit der traditionellen Vorurteilsforschung und ihren Klassifikationsschemata für abweichendes Verhalten beizukommen. Der wissenschaftliche Fortschritt bestand demnach in der Verfeinerung alter oder der Konstruktion neuer Kategorien, wobei die Frage nach der Berechtigung bzw. den Voraussetzungen sowie Konsequenzen solcher Kategorisierung von vornherein nicht gestellt wurde. Damit sei jede Möglichkeit vertan, einen effektiven Beitrag zur Verhinderung einer prinzipiell möglichen Wiederholung einer Auschwitz-artigen Katastrophe zu leisten (1992, 25, 129, 191).

Die Vorwürfe, die Bauman gegenüber der Soziologie erhebt, gelten in verschärfter Form für die etablierte Psychologie, deren Wissenschaftsverständnis nach die Berücksichtigung der gesellschaftlichen Voraussetzungen individuellen Verhaltens als professionelle Grenzüberschreitung bzw. Flucht vor den »eigentlichen« wissenschaftlichen Aufgaben erscheint. Sie erweist sich damit eher als Stütze rassistischen Denkens denn als Bollwerk dagegen. Das ließe sich nur durch einen prinzipiellen Perspektivwechsel verhindern, dem zufolge die Menschen nicht als Objekte gesellschaftlicher Formierung, sondern als potenzielle Subjekte ihrer Entwicklung gesehen werden; dies schließt die Untersuchung der vielfältigen Behinderungen individueller Lebens- und Ausdrucksmöglichkeiten ein. Statt die Verhältnisse von vornherein als unhinterfragbare Rahmenbedingungen individuellen, aber auch wissenschaftlichen Denkens und Handelns zu akzeptieren und die Individuen entsprechend ihrer »Entwickeltheit« bzw. Verwendbarkeit zu kategorisieren und sich somit an der Legitimierung der Ausgrenzung der »Nicht-Dazugehörigen« zu beteiligen, wären die Verhältnisse selbst auf ihre Berechtigung zu hinterfragen bzw. den Lebensnotwendigkeiten der Individuen anzupassen. Dieser Perspektivwechsel ist erst vollzogen, wenn er ausnahmslos allen Menschen, also auch jenen gilt, die andere ausgrenzen – schon weil die Ausgrenzung der Ausgrenzer die Grenzen zu ihnen auflöst. Der erforderliche Perspektivwechsel hat, um mit Sartre zu sprechen, die Erkenntnis zur Voraussetzung, dass es nicht genügt, »durch Propaganda, Erziehung und legale Verbote an den *freien* Willen des Antisemiten zu appellieren. Da er, wie jeder Mensch, einen durch die Situation bedingten freien Willen darstellt, so ist es die Situation, die wir von Grund auf ändern müssen. Man muss nur die Chancen dieser Selbstbestimmung von Grund auf ändern, um die Ich-Wahl zu verwandeln. Man trifft dadurch nicht den freien Willen, aber der freie Wille entscheidet auf Grund anderer Gegebenheiten und im Hinblick auf andere Formationen« (187).

Von dieser Einsicht sind die Sozialwissenschaften zurzeit jedoch noch weit entfernt. Im Gegenteil: Allen, die die gesellschaftliche Dimension individuellen Handelns in die Debatte zu bringen suchen, droht der Ausschluss aus dem Kreis der »Etablierten« bzw. der »scientific community«: Spätestens dann, wenn sie die Veränderung der gesellschaftlichen Verhältnisse als Voraussetzung der Veränderung individuellen Verhaltens hervorheben, werden sie als politisch = unwissenschaftlich stigmatisiert. »Reine« Wissenschaft wie »wirkliches« Können besteht traditionellem Verständnis nach offensichtlich in dem

Kunststück, die Probleme zu managen, ohne die realen Bedingungen, die sie verursachen, zu berühren.

Die Illusion, dass man, sofern man sich nicht in »die Politik« einmischt und den Dingen ihren Lauf lässt, überparteilich und damit »wissenschaftlich« ist, enthebt »etablierte« WissenschaftlerInnen offensichtlich von vornherein der Notwendigkeit, die Konsequenzen ihres eigenen Tuns und Forschens zu reflektieren. Solange aber die gesellschaftlichen Voraussetzungen und Folgen des eigenen Handelns außerhalb der Diskussion bleiben, ist man nicht an Erkenntnis, sondern an der Absicherung der eigenen Position interessiert, für die die Ausgrenzung anderer der Preis ist.

Literatur

Bartov Omar (1995). Hitlers Wehrmacht. Soldaten, Fanatismus und die Brutalisierung des Krieges. Reinbek: Rowohlt.

Bauman Zygmunt (1992). Dialektik der Ordnung. Die Moderne und der Holocaust. Hamburg: Europäische Verlagsanstalt.

Bilden Helga (1989). Geschlechterverhältnis und Individualität im gesellschaftlichen Umbruch. In: H. Keupp & H. Bilden (Hg.), Verunsicherungen. Das Subjekt im gesellschaftlichen Wandel. Göttingen: Hogrefe. S. 19–46.

Browning Christopher R. (1993). Ganz normale Männer. Das Reserve-Polizeibataillon 101 und die »Endlösung« in Polen. Reinbek: Rowohlt.

Elias Norbert & Scotson John L. (1993). Etablierte und Außenseiter. Frankfurt/M.: Suhrkamp.

Gilman Sander L. (1993). Jüdischer Selbsthaß. Antisemitismus und die verborgene Sprache der Juden. Frankfurt/M: Jüdischer Verlag.

Goffman Erving (1970). Stigma. Über Techniken der Bewältigung beschädigter Identität. Frankfurt/M.: Suhrkamp.

Hewstone M. & Augoustinos M. (1995). Soziale Attributionen und soziale Repräsentationen. In: Uwe Flick (Hg.), Psychologie des Sozialen. Repräsentationen in Wissen und Sprache. Reinbek: Rowohlt. S. 78–99.

Hohmann Joachim S. (1988). Geschichte der Zigeunerverfolgung in Deutschland. Frankfurt/M.: Campus.

Levi Primo (1993). Die Untergegangenen und die Geretteten. München: dtv.

Lewin Kurt (1953). Selbsthass unter Juden. In: ders., Die Lösung sozialer Konflikte. Bad Nauheim: Christian. S. 258–277.

Neckel Sighart (1991). Status und Scham. Zur symbolischen Reproduktion sozialer Ungleichheit. Frankfurt/M.: Campus.

Reemtsma Jan Philipp (1990). Die Falle des Antirassismus. *Konkret* 11, S. 54–58.

Sartre Jean Paul (1994). Überlegungen zur Judenfrage. Reinbek: Rowohlt.

Scheuerer, Franz (1989). Der mühsame Abschied vom Rassedenken. *Informationsdienst zur Ausländerarbeit* 4. S. 61–66.

Todorov Tzvetan (1993). Angesichts des Äußersten. München: Fink.

Wetherell Margaret & Potter Jonathan (1992). Mapping the Language of Racism. Discourse and the Legitimation of Exploitation. New York: University Press Group.

Wicklund Robert A. & Eckert Martina. (1992). The Self-Knower. A Hero under Control. New York: Springer.

Quellenangaben

Kalpaka, Annita & Räthzel, Nora (1986/1990). Wirkungsweisen von Rassismus und Ethnozentrismus. In: dies. (Hg., 1990), Die Schwierigkeit, nicht rassistisch zu sein. Leer: Mundo-Verlag, S. 12–80.

Cohen, Philip (1990). Unter die Haut: Antisemitismus, Rassismus und Antirassismus im Vereinigten Königreich. Auszug aus: Gefährliche Erbschaften: Studien zur Entstehung einer multirassistischen Kultur in Großbritannien. In: Kalpaka/Räthzel (Hg., 1990), Die Schwierigkeit, nicht rassistisch zu sein. Leer: Mundo-Verlag, S. 81–144.

Holzkamp, Klaus (1994). Antirassistische Erziehung als Änderung rassistischer »Einstellungen«? Funktionskritik und subjektwissenschaftliche Alternative. In: ders. (1997), Schriften I. Normierung, Ausgrenzung, Widerstand. Hamburg/Berlin: Argument, S. 279–299.

Osterkamp, Ute (1996). Institutioneller Rassismus – Problematik und Perspektiven. In: dies. (1996), Rassismus als Selbstentmächtigung. Berlin/Hamburg: Argument, S. 199–219.

Autor_innen und Herausgeber_innen

Philip Cohen ist Direktor des Livingmaps Network und Herausgeber der Online-Zeitschrift www.livingmaps.review. Arbeitsgebiete: Die Folgen der Deindustrialisierung für die Arbeitenden. Urbane Ethnografie, kritische Kartografie, Kulturgeografie. Veröffentl. u.a.: On the Wrong Side of the Track? East London and the Post Olympics (2013), London: Lawrence and Wishart; Reading Room Only: Memoir of a Radical Bibliophile (2013), Nottingham: Five Leaves Press; MATERIAL DREAMS: Maps And Territories In The Un/Making Of Modernity (2015), London: Palgrave Macmillan.

Klaus Holzkamp (1927–1995), Mitbegründer der Kritischen Psychologie, lehrte als Professor am Psychologischen Institut der Freien Universität Berlin. Zentrale Werke: Grundlegung der Psychologie ([2]2003), Frankfurt/M.: Campus; Lernen – Subjektwissenschaftliche Grundlegung (1993), Frankfurt/M.: Campus; die Holzkamp-Schriften im Argument Verlag dokumentieren sein Werk bereits in sechs Bänden. Seit 1970 Mitherausgeber der Zeitschrift *Sozialpsychologie* und seit 1978 Herausgeber der Zeitschrift *Forum Kritische Psychologie*.

Annita Kalpaka, Professorin für Soziale Arbeit an der Hochschule für Angewandte Wissenschaften Hamburg. Langjährige Praxis in der Antidiskriminierungs- und Stadtteilarbeit und in der außerschulischen Bildung. Veröffentlichungen und Interessenbereiche u.a.: Migrations- und Rassismusforschung, Rassismustheorien, Lerntheorien vom Subjektstandpunkt; rassismuskritische Bildungsarbeit; Antidiskriminierungsarbeit.

Ute Osterkamp, geb. 1935, Privatdozentin an der Freien Universität Berlin. Arbeitschwerpunkt: Kritische Psychologie/Die Entwicklung einer Psychologie vom Standpunkt des verallgemeinerten Subjekts. Zahlreiche Veröffentlichungen auch zum Thema Rassismus, u. a.: Rassismus als Selbstentmächtigung (1996), Berlin/Hamburg: Argument.

Nora Räthzel, Professorin für Soziologie an der Universität Umeå, Schweden. Arbeitsgebiete: Arbeit und Natur, Arbeiterbewegungen und Umweltbewegungen, Transnationale Konzerne und Arbeitsbedingungen. Veröffentlichungen u. a.: Transnational Corporations from the Standpoint of Workers (2015), mit Diana Mulinari und Aina Tollefsen, London: Palgrave. Trade Unions in the Green Economy. Working for the Environment (2013), mit David Uzzell, London: Earthscan/Routledge.

Mitherausgeber

Klaus Weber, Prof. Dr. phil. habil., Erzieher und Diplompsychologe, lehrt an der Hochschule München für angewandte Sozialwissenschaften Psychologie. Seit 1997 Gastprofessor am Institut für Psychologie der Universität Innsbruck. Arbeitsgebiete: Subjekttheorien und (Neo) Faschismus. Letzte Veröffentlichung: Adolf Hitler nachgedacht. Psychologie, Person, Faschismus (2016), Hamburg: Argument. Mitglied der GEW und des InkriT e. V.; Vertrauensdozent der Rosa-Luxemburg-Stiftung und der Hans-Böckler-Stiftung. Wissenschaftlicher Beirat des DGB Bildungswerks Bayern e. V. und des Argument Verlags.

Weiterlesen im Argument-Programm

Stuart Hall: Ausgewählte Schriften

Ideologie, Kultur, Rassismus
Ausgewählte Schriften 1 · ISBN 978-3-88619-373-8

Rassismus und kulturelle Identität
Ausgewählte Schriften 2 · ISBN 978-3-88619-226-7

Cultural Studies – Ein politisches Theorieprojekt
Ausgewählte Schriften 3 · ISBN 978-3-88619-260-1

Ideologie, Identität, Repräsentation
Ausgewählte Schriften 4 · ISBN 978-3-88619-326-4

Populismus, Hegemonie, Globalisierung
Ausgewählte Schriften 5 · ISBN 978-3-88619-323-3

In Hörweite von Stuart Hall: Gesellschaftskritik ohne Gewähr
Hg. v. Maria Backhouse, Stefan Kalmring, Andreas Nowak
Argument Sonderband 317 · ISBN 978-3-86754-317-0

Robert Miles
Rassismus
Einführung in die Geschichte und Theorie eines Begriffs
ISBN 978-3-88619-389-9

Étienne Balibar, Immanuel Wallerstein
Rasse, Klasse, Nation. Ambivalente Identitäten
ISBN 978-3-88619-386-8

Ingo Schneider/Martin Sexl (Hg.)
Das Unbehagen an der Kultur
Argument Sonderband 318 · ISBN 978-3-86754-318-7

www.argument.de

Weiterlesen im Argument-Programm

Die Klaus-Holzkamp-Werkausgabe

Im Auftrag des Instituts für Kritische Theorie herausgegeben von Frigga Haug, Wolfgang Maiers und Ute Osterkamp

Normierung, Ausgrenzung, Widerstand
Schriften I, 1997, ISBN 978-3-88619-397-4

Theorie und Experiment in der Psychologie
Eine grundlagenkritische Untersuchung
Schriften II, 2005, ISBN 978-3-88619-398-1

Wissenschaft als Handlung
Versuch einer neuen Grundlegung der Wissenschaftslehre
Schriften III, 2006, ISBN 978-3-88619-399-8

Sinnliche Erkenntnis
Historischer Ursprung und gesellschaftliche Funktion der Wahrnehmung
Schriften IV, 2006, ISBN 978-3-88619-405-6

Kontinuität und Bruch. Aufsätze 1970–1972
Schriften V, 2009, ISBN 978-3-88619-406-3

Kritische Psychologie als Subjektwissenschaft
Schriften VI, 2015, ISBN 978-3-88619-407-0

Einzelpreis je Band: 33 €, bei Subskription: 24,90 €